4e - 3e

Jeanine Guion, orthophoniste
Jean Guion, docteur ès sciences de l'éducation

ORTH

Apprendre l'orthographe

HATIER

Illustrations : Mauro Mazzari

Conception graphique : Frédéric Jely

Mise en page : atelier JMH (Nathalie Poux)

Mise en place des règles : Sylvie Lavaud

Couverture : Sandra Chamaret

Édition : Évelyne Brossier

ISBN : 978-2-218-93345-5

ORTH 4e-3^{e}

Cet ouvrage correspond au nouveau programme d'orthographe du collège, pour les élèves de 4e et de 3e. Il contient près de 600 exercices et se divise en trois parties :

LES TESTS D'ORTHOGRAPHE

Ils donnent la possibilité d'**évaluer** le niveau de chaque élève en début d'année et de **faire le bilan** des notions acquises après l'apprentissage.

LES RÈGLES D'ORTHOGRAPHE

Elles couvrent **les grands domaines de l'orthographe :**
- l'orthographe d'usage ;
- les homophones grammaticaux (on/ont, la/l'a/là/las,...) ;
- les accords en genre et en nombre ;
- les formes verbales.

Un rappel des règles devant être connues est présenté sous forme de mémento pages 20 à 24.

- À la suite des règles, des fiches d'**orthographe lexicale** contiennent les mots à savoir écrire sans hésiter à la fin du collège, en complément de ceux qui ont déjà été appris les années précédentes. Ces mots sont accompagnés d'exercices spécifiques.

LES RÉVISIONS ET LES DICTÉES

Chaque fiche de révision comprend **un texte suivi d'exercices** de vocabulaire, de grammaire, d'orthographe, de conjugaison et de réécriture. Des renvois aux règles étudiées facilitent les révisions. Ces fiches sont suivies de **dictées** qui peuvent être adaptées en fonction des objectifs du professeur.

ET AUSSI...

Ce livre contient par ailleurs :
- **les corrigés** d'une partie des exercices pour permettre l'autocorrection et les contrôles ;
- **un index** pratique et facile à utiliser ;
- l'alphabet phonétique international.

La maîtrise de l'orthographe du français est possible pour tous, à condition qu'elle donne lieu à un apprentissage raisonné et régulier.

Conseils d'utilisation

Les règles

L'élève doit s'imprégner du **tableau visuel de la règle** avant de faire ses exercices. Il doit aussi apprendre à **exprimer ce qu'il comprend.** Sous le tableau, la rubrique À RETENIR propose une formulation de la règle. Cette formulation peut également être élaborée en classe avec le professeur et devenir l'occasion d'un travail collectif de réflexion grammaticale.

Les exercices

Le niveau de difficulté est signalé par ›, ›› ou ››› sous le numéro de chaque exercice. Lorsqu'il s'agit d'un exercice à trous, l'élève doit répondre **en écrivant les éléments qui, dans la phrase, permettent de comprendre la bonne réponse.** Il sélectionne ainsi les informations qui expliquent les marques orthographiques.

Les mots à savoir

Ils sont présentés par petits groupes à la suite de l'étude des règles. Ces mots sont accompagnés d'exercices spécifiques pour stimuler la réflexion et en faciliter la mémorisation. Ils doivent **être appris régulièrement.** Les élèves peuvent se les dicter mutuellement, et noter dans un carnet répertoire ceux qui leur sont plus difficiles à retenir.

L'évaluation

• Les exercices sont prévus pour pouvoir être facilement notés.
On peut estimer qu'un élève a réussi un exercice systématique lorsqu'il a 8 ou 9 réponses justes sur 10.
• Les exercices corrigés en fin d'ouvrage rendent l'autocorrection possible, les autres permettent des contrôles, si le professeur le souhaite. Les tests ne sont pas corrigés dans le livre. Les corrigés complets figurent sur le site Internet **www.orth-hatier.com.**

La progression

ORTH est d'un emploi très souple. Le professeur reste libre de définir l'ordre d'étude des règles en fonction de sa progression pédagogique ou selon les lacunes de ses élèves.

Présentation d'une règle

- **Leçon étudiée.**
- **Tableau de la règle** avec des exemples simples. La présentation visuelle aide à bien comprendre la notion étudiée et à la retenir.
- **Exercice d'application non corrigé.**
- **Notation** facile sur 10 ou sur 20.

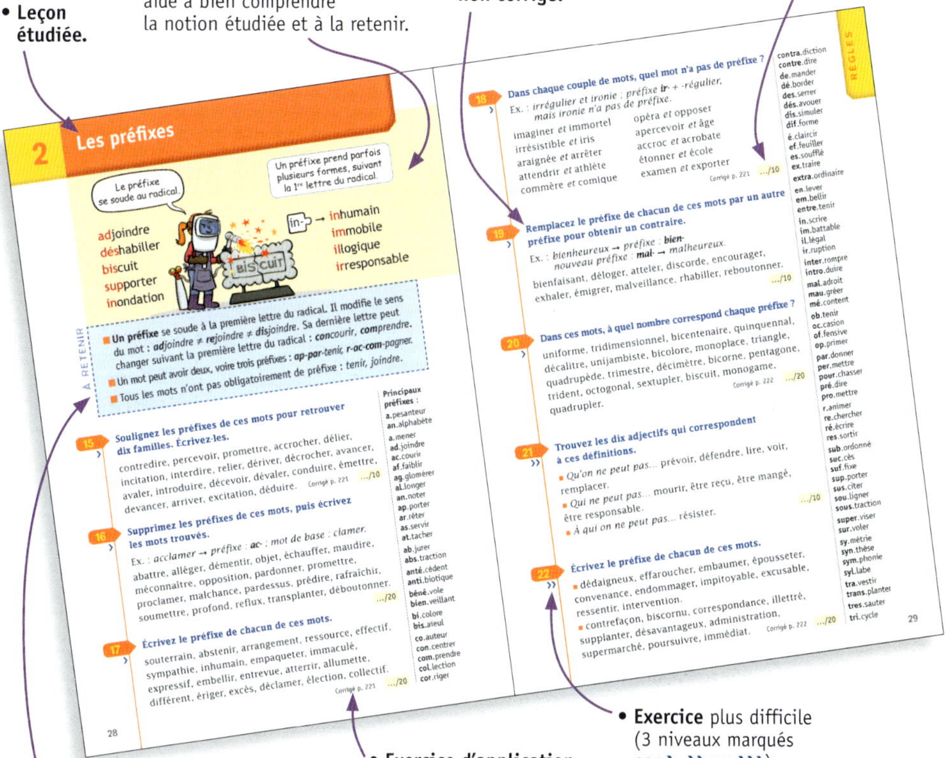
2 Les préfixes

Le préfixe se soude au radical.

Un préfixe prend parfois plusieurs formes, suivant la 1re lettre du radical.

adjoindre, déshabiller, biscuit, supporter, inondation

in- → inhumain, immobile, illogique, irresponsable

À RETENIR

■ Un préfixe se soude à la première lettre du radical. Il modifie le sens du mot : adjoindre ≠ rejoindre ≠ disjoindre. Sa dernière lettre peut changer suivant la première lettre du radical : concourir, comprendre.

■ Un mot peut avoir deux, voire trois préfixes : ap-par-tenir, r-ac-com-pagner.

■ Tous les mots n'ont pas obligatoirement de préfixe : tenir, joindre.

15 › Soulignez les préfixes de ces mots pour retrouver dix familles. Écrivez-les.
contredire, percevoir, promettre, accrocher, délier, incitation, interdire, relier, dériver, décrocher, avancer, avaler, introduire, décevoir, dévaler, conduire, émettre, devancer, arriver, excitation, déduire. Corrigé p. 221 …/10

16 › Supprimez les préfixes de ces mots, puis écrivez les mots trouvés.
Ex. : acclamer → préfixe : ac- ; mot de base : clamer.
abattre, alléger, démentir, objet, échauffer, maudire, méconnaître, opposition, pardonner, promettre, proclamer, malchance, pardessus, prédire, rafraîchir, soumettre, profond, reflux, transplanter, déboutonner. …/20

17 › Écrivez le préfixe de chacun de ces mots.
souterrain, abstenir, arrangement, ressource, effectif, sympathie, inhumain, empaqueter, immaculé, expressif, embellir, entrevue, atterrir, allumette, différent, ériger, excès, déclamer, élection, collectif. Corrigé p. 221 …/20

Principaux préfixes : a.pesanteur, an.alphabète, a.mener, ad.joindre, ac.courir, af.faiblir, ag.glomérer, al.longer, an.noter, ap.porter, ar.rêter, as.servir, at.tacher, ab.jurer, abs.traction, anté.cédent, anti.biotique, béné.vole, bien.veillant, bi.colore, bis.aïeul, co.auteur, con.centrer, com.prendre, col.lection, cor.riger

28

18 › Dans chaque couple de mots, quel mot n'a pas de préfixe ?
Ex. : irrégulier et ironie : préfixe ir- + -régulier, mais ironie n'a pas de préfixe.
imaginer et immortel, irrésistible et iris, araignée et arrêter, attendrir et athlète, commère et comique, opéra et opposer, apercevoir et âge, accroc et acrobate, étonner et école, examen et exporter. Corrigé p. 221 …/10

19 › Remplacez le préfixe de chacun de ces mots par un autre préfixe pour obtenir un contraire.
Ex. : bienheureux → préfixe : bien- nouveau préfixe : mal- → malheureux.
bienfaisant, déloger, atteler, discorde, encourager, exhaler, émigrer, malveillance, rhabiller, reboutonner. …/10

20 › Dans ces mots, à quel nombre correspond chaque préfixe ?
uniforme, tridimensionnel, bicentenaire, quinquennal, décalitre, unijambiste, bicolore, monoplace, triangle, quadrupède, trimestre, décimètre, bicorne, pentagone, trident, octogonal, sextupler, biscuit, monogame, quadrupler. Corrigé p. 222 …/20

21 ›› Trouvez les dix adjectifs qui correspondent à ces définitions.
■ Qu'on ne peut pas… prévoir, défendre, lire, voir, remplacer.
■ Qui ne peut pas… mourir, être reçu, être mangé, être responsable. …/10
■ À qui on ne peut pas… résister.

22 ›› Écrivez le préfixe de chacun de ces mots.
■ dédaigneux, effaroucher, embaumer, épousseter, convenance, endommager, impitoyable, excusable, ressentir, intervention.
■ contrefaçon, biscornu, correspondance, illettré, supplanter, désavantageux, administration, supermarché, poursuivre, immédiat. Corrigé p. 222 …/20

contra.diction, contre.dire, de.mander, dé.border, des.serrer, dés.avouer, dis.simuler, dif.forme, é.claircir, ef.feuiller, es.souffle, ex.traire, extra.ordinaire, en.lever, em.bellir, entre.tenir, in.scrire, im.battable, il.légal, ir.ruption, inter.rompre, intro.duire, mal.adroit, mau.gréer, mé.content, ob.tenir, oc.casion, of.fensive, op.primer, par.donner, per.mettre, pour.chasser, pré.dire, pro.mettre, r.animer, re.chercher, ré.écrire, res.sortir, sub.ordonné, suc.cès, suf.fixe, sup.porter, sus.citer, sou.ligner, sous.traction, super.viser, sur.voler, sy.métrie, syn.thèse, sym.phonie, syl.labe, tra.vestir, trans.planter, tres.sauter, tri.cycle

RÈGLES

29

- **Formulation de la règle** présentée dans le tableau.
- **Exercice d'application de la règle, avec corrigé** en fin d'ouvrage.
- **Exercice** plus difficile (3 niveaux marqués par ›, ›› ou ›››).

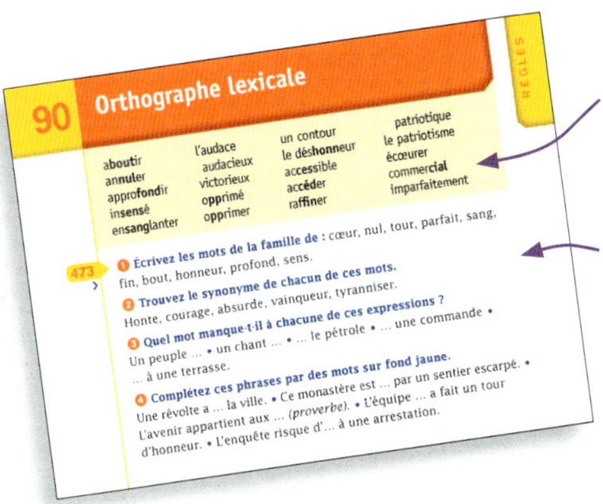
90 Orthographe lexicale

aboutir, annuler, approfondir, insensé, ensanglanter

l'audace, audacieux, victorieux, opprimé, opprimer

un contour, le déshonneur, accessible, accéder, raffiner

patriotique, le patriotisme, écœurer, commercial, imparfaitement

473 › ❶ Écrivez les mots de la famille de : cœur, nul, tour, parfait, sang, fin, bout, honneur, profond, sens.
❷ Trouvez le synonyme de chacun de ces mots.
Honte, courage, absurde, vainqueur, tyranniser.
❸ Quel mot manque-t-il à chacune de ces expressions ?
Un peuple … • un chant … • … le pétrole • … une commande • … à une terrasse.
❹ Complétez ces phrases par des mots sur fond jaune.
Une révolte a … la ville. • Ce monastère est … par un sentier escarpé. • L'avenir appartient aux … (proverbe). • L'équipe … a fait un tour d'honneur. • L'enquête risque d'… à une arrestation.

RÈGLES

- **Mots à apprendre** avec mise en évidence des régularités orthographiques et des difficultés.
- **Exercices** portant sur ces mots à apprendre (observation, recherche, classement, synonymie, etc.).

Liste des règles

	pages	4e	3e
Un rappel de règles			
Mémento des notions devant être connues	20	●	●

	pages	4e	3e
L'orthographe d'usage			
1. Les radicaux	25	●	●
2. Les préfixes	28	●	●
3. Les suffixes	31	●	●
4. Les dérivés de mots en **-ion**	34	●	●
5. Les noms terminés par **-ment**	35	●	
6. Les adverbes terminés par **-ment**	36	●	●
7. Les nombres	37	●	
8. Les liens de parenté	38	●	●
9. Les éléments d'origine latine	41	●	
10. Les familles à deux radicaux	44		●
11. Les éléments d'origine grecque	45	●	●
12. Les mots empruntés au latin	48		●
13. Les mots empruntés à l'anglais	49		●
14. Les mots ayant une autre origine	51		●
15. Les mots venant d'un nom propre	52		●
16. Les homonymes	53	●	●
17. Les paronymes	55	●	●
18. Les abréviations et les sigles	58	●	●
19. Les interjections et les onomatopées	59		●
Exercices supplémentaires	60	●	●

	pages	4e	3e
Les homophones grammaticaux			
20. on, on n' / ont	66	●	●
21. c'est / s'est / ces / ses / sais, sait	67	●	
22. c'était / s'était ; ce sera / se sera...	68	●	●
23. la / l'a, l'as / là / las	69	●	●
24. tout / tous / toute(s)	70	●	●
25. Les difficultés orthographiques liées à **y**	71	●	●

26. Les difficultés orthographiques liées à **en**	72	● (rouge)	● (vert)
27. s'en / sans / sens, sent / c'en	73	● (rouge)	
28. s'y / si / -ci, ci-	74	● (rouge)	
29. t'en / tant / tend, tends / temps	75	● (rouge)	
30. qu'en / quand / quant	76	● (rouge)	
31. quel(s) que, quelle(s) que / quelque(s)	77		● (vert)
32. même / même(s)	79	● (rouge)	● (vert)
33. ce qu'il / ceux qui le / ce qui le	80		● (vert)
34. Autres homophones	81	● (rouge)	● (vert)
Exercices supplémentaires	82	● (rouge)	● (vert)

Les accords en genre et en nombre

35. Les difficultés liées au genre des noms	86		● (vert)
36. L'accord de l'adjectif qualificatif	88	● (rouge)	● (vert)
37. L'accord sujet-verbe	89	● (rouge)	● (vert)
38. Les difficultés de l'accord sujet-verbe	91		● (vert)
39. L'accord du participe passé employé sans auxiliaire	93	● (rouge)	● (vert)
40. L'accord du participe passé employé avec **être**	94	● (rouge)	● (vert)
41. L'accord du participe passé employé avec un auxiliaire	95	● (rouge)	● (vert)
42. L'accord du participe passé employé avec **avoir**	96	● (rouge)	● (vert)
43. L'accord du participe passé des verbes pronominaux	97		● (vert)
44. L'accord du participe passé suivi d'un infinitif	99		● (vert)
45. L'accord du participe passé : cas difficiles	101		● (vert)
46. L'accord du participe passé : révision	102	● (rouge)	● (vert)
47. L'accord des noms composés	104	● (rouge)	
48. L'accord des adjectifs composés	106		● (vert)
49. L'accord des adjectifs de couleur	107	● (rouge)	
50. Adjectif ou adverbe	108	● (rouge)	
51. Adjectif ou participe présent	109	● (rouge)	● (vert)
52. Accords et nuances de sens	110		● (vert)
Exercices supplémentaires	111	● (rouge)	● (vert)

Les formes verbales

53. Le tiret et les lettres euphoniques	117	● (rouge)	● (vert)
54. Le présent de l'indicatif	118	● (rouge)	
55. Les difficultés du présent de l'indicatif	119	● (rouge)	● (vert)
56. Le futur de l'indicatif	121	● (rouge)	
57. L'imparfait de l'indicatif	122	● (rouge)	

58. Le passé simple de l'indicatif	123	●	
59. Les difficultés du passé simple	124		●
60. Passé simple ou imparfait de l'indicatif	125	●	●
61. Les temps composés de l'indicatif	126	●	
62. Temps simple ou temps composé	127	●	
63. Les participes passés terminés par **-é**, **-u**, **-i**, **-is** ou **-it**	128	●	●
64. L'impératif	129	●	●
65. Les terminaisons en **-é / -er / -ez / -ais**, **-ait**, **-aient**	130	●	●
66. **avoir** ou **être**	131	●	●
67. Le conditionnel présent	132	●	
68. Futur de l'indicatif ou conditionnel présent	133	●	●
69. Le conditionnel passé	134	●	●
70. Le subjonctif présent	135	●	●
71. Indicatif présent ou subjonctif présent	137	●	●
72. Le subjonctif passé	138		●
73. Passé composé de l'indicatif ou subjonctif passé	139		●
74. Le subjonctif imparfait	140		●
75. Passé simple de l'indicatif ou subjonctif imparfait	142		●
76. Le subjonctif plus-que-parfait	143		●
77. Mode indicatif ou mode subjonctif	144		●
Exercices supplémentaires	146	●	●

L'orthographe lexicale

78. à **102.**	151	●	
103. à **126.**	176		●

Tests d’orthographe

■ Les tests reprennent **les quatre grandes rubriques** de l’orthographe française :
- l’orthographe d’usage ;
- les homophones grammaticaux ;
- les accords en genre et en nombre ;
- les formes verbales ;

avec, chaque fois, deux niveaux de difficulté.

■ Le professeur peut utiliser ces tests en début d’année scolaire **pour connaître le niveau de ses élèves** et, plus particulièrement, leurs lacunes.
À partir de ce bilan, il peut **établir un programme** général pour sa classe ou donner à chaque élève un plan de travail en fonction de ses erreurs.

■ Ce **programme**, **collectif ou individuel**, peut être ajusté au fur et à mesure des progrès ou des besoins nouveaux apparus dans d’autres devoirs ou lors de dictées.

1 TEST : orthographe d'usage 4e

1 **Écrivez le radical de chacun de ces mots.**
coiffure déballer passage

2 **À partir de chaque verbe, écrivez deux verbes contenant un préfixe.**
courir lever

3 **Changez ces verbes en noms en utilisant toujours le même suffixe.**
innover hésiter restaurer réciter

4 **Quels noms terminés par -ment correspondent à ces participes passés ?**
senti dévoué recueilli

5 **Transformez ces adjectifs en adverbes terminés par -ment.**
mou patient méchant

6 **Écrivez les nombres 3 577 et 1 880 en lettres.**

7 **Justifiez les lettres muettes de ces noms par un mot de la même famille.**
un sursau**t** le respe**ct** le hasar**d** un excè**s**

8 **Avec chacun de ces éléments d'origine latine, écrivez un mot français.**
horti- *(= jardin)* -cide *(= tuer)* paci- *(= paix)*

9 **Pour chacun de ces mots, trouvez un homonyme de même catégorie grammaticale, puis écrivez-le dans une expression qui en éclairera le sens.**
résonner un pou une amande

10 **Écrivez les abréviations de ces mots.**
monsieur et cetera quartier général

Les numéros des questions renvoient aux règles correspondantes.

1 R1	4 R5	7 R8	10 R18
2 R2	5 R6	8 R9	
3 R3	6 R7	9 R16	

1 point par question entièrement réussie. Réussite … /10

TEST : orthographe d'usage

3e

1 **Écrivez le radical de chacun de ces mots.**
irréprochable sonorité condensé

2 **Coupez chaque mot en préfixe, radical et suffixe.**
déception inutilité conquérir interrupteur

3 **Écrivez les adjectifs dérivés de ces noms.**
une tradition une région une sensation

4 **Quel adverbe correspond à chacun de ces adjectifs ?**
précis suffisant apparent gai

5 **Quel mot de base a servi à former chacun de ces mots ?**
efflanqué une banquette servitude dénoyauter

6 **Ces mots ont un deuxième radical dans leur famille. Lequel ? Écrivez chaque fois un mot le contenant.**
fleurir honneur donner

7 **Quel mot français vient de deux mots grecs signifiant tête et pied ?**
hémisphère polymorphe céphalopode pédagogue

8 **Quels sont les trois mots empruntés au latin ?**
kimono veto philosophie quiproquo interview album

9 **Complétez chaque expression avec le bon homonyme.**
- une maison de *(plain/plein)*-pied
- un procès à *(huit/huis)* clos
- une *(cession/session)* du parlement
- rédiger des *(statues/statuts)*

10 **Pour chaque mot, choisissez le bon synonyme.**
- stupidité *(inertie/ineptie)*
- découvrir *(déceler/desceller)*
- alliance *(collision/coalition)*
- discours *(allocution/allocation)*

Les numéros des questions renvoient aux règles correspondantes.

1 R1	4 R6	7 R11	10 R17
2 R1 R2 R3	5 R8	8 R12	
3 R4	6 R10	9 R16	

1 point par question entièrement réussie. Réussite ... /10

3 TEST : homophones grammaticaux 4e

1 **Complétez ces phrases par on, on n' ou ont.**
N'…-elles rien oublié ? … en est guère sûrs.

2 **Réécrivez cette phrase en remplaçant sut par sait. Ajustez le reste de la phrase.**
On ne sut pas qui s'était proposé de l'aider, si c'était Jean ou Paul.

3 **Complétez cette phrase par la, l'a, l'as, là ou las.**
Cette maquette, est-ce toi qui … peinte ?

4 **Complétez cette phrase par tout, tous, toute ou toutes.**
Il la déchira en … petits morceaux qu'il dispersa à … vents.

5 **Réécrivez cette phrase de façon à utiliser le pronom y.**
Nous aimerions que tu t'abonnes à cette revue.

6 **Choisissez entre s'en, sans, sent ou c'en pour compléter.**
Elle exagère : … est trop ! Mais … rend-elle seulement compte ?

7 **Choisissez entre si, s'y, ci- ou sis pour compléter.**
Concernant le terrain … à Narbonne, veuillez trouver …-joint, en double exemplaire, le document qui … rapporte.

8 **Choisissez entre t'en, tant, temps ou tend pour compléter.**
Ne … soucie pas … ! Prends ton … .

9 **Complétez ces phrases par qu'en, quand ou quant.**
… lui diras-tu que tu refuses ? Et … pensera-t-il ?

10 **Remplacez un des mots de cette phrase par même ou par mêmes.**
Ses deux frères jouaient aussi du banjo.

Les numéros des questions renvoient aux règles correspondantes.

1 R20	4 R24	7 R28	10 R32
2 R21	5 R25	8 R29	
3 R23	6 R27	9 R30	

1 point par question entièrement réussie. Réussite … /10

TEST : homophones grammaticaux 3e

1 **Complétez ces phrases par on, on n' ou ont.**
... évacuera les déchets que demain. ... espère que vous serez là.

2 **Complétez ces phrases par ce fut ou se fut, c'était ou s'était.**
S'il ... davantage entraîné, il aurait réussi. Mais hélas, lors des épreuves de sélection, ... un échec.

3 **Complétez cette phrase par la, l'a, là ou las.**
Puisque Julie est fatiguée, on ... reconduit chez elle.

4 **Choisissez entre tout, tous, toute ou toutes pour compléter.**
La plupart de ces insectes sont ... engourdis par le froid.

5 **Complétez ces répliques par qui ou qu'y, ni ou n'y, quand ou qu'en.**
– Personne ne nous répond ! ... pouvons-nous ?
– Je crois qu'on ... peut rien et je ne sais vraiment pas ... penser.

6 **Complétez ces phrases par quel(s) que, quelle(s) que ou quelque(s).**
Nous nous mettrons d'accord, ... soient les conditions.
Il y a ... deux cents ans qu'on l'a découvert.

7 **Complétez ces phrases par même ou par mêmes.**
Dites-le vous-..., David. • ... les adultes reçurent un cadeau.

8 **Choisissez entre ce qu'ils, ceux qui le ou ce qui le pour compléter.**
... côtoient prétendent qu'il est irascible et ... disent semble exact.
C'est sans doute ... pousse à être si solitaire.

9 **Remplacez le mot en bleu par plutôt, parce que ou par ce que.**
Ne cachez pas vos erreurs *car* elles vous permettront de progresser.

10 **Choisissez entre quoique et quoi que pour compléter.**
... nous disions, nous ne pourrons pas le convaincre.

Les numéros des questions renvoient aux règles correspondantes.

1 R20	4 R24	7 R32	10 R34
2 R22	5 R25 R26	8 R33	
3 R23	6 R31	9 R34	

1 point par question entièrement réussie. Réussite ... /10

5 TEST : accords en genre et en nombre 4e

1 **Accordez les adjectifs qualificatifs en italique.**
On la croyait *(étourdi)* et on jugeait ses professeurs trop *(indulgent)*.

2 **Accordez les verbes de cette phrase.**
Les perles que lui montr… sa tante la fascin… .

3 **Complétez les participes passés. Accordez, si nécessaire.**
Nous aurions volontiers présenté… les maquettes, mais elles ne furent pas achevé… dans les délais.

4 **Accordez les participes passés, si nécessaire.**
Le chien n'aboyait plus car il les avait reconnu… : elles lui avaient souvent apporté… des os qu'il avait chaque fois enterré… au fond du jardin.

5 **Écrivez ces noms composés au pluriel.**
un chef-d'œuvre un haut-parleur un porte-bonheur

6 **Écrivez ces noms composés au singulier.**
des ronds-points des porte-bagages des trois-mâts

7 **Accordez les adjectifs en italique, si nécessaire.**
Il portait une veste *(bleu clair)*, des chaussures *(marron)* et des chaussettes *(noir)*.

8 **Complétez par les mots en italique. Accordez, si nécessaire.**
Vos remarques semblent très … *(clair)*, mais parlez moins … *(fort)*.

9 **Accordez les mots en italique, si nécessaire.**
Quand vous êtes *(ensemble)*, essayez de marcher bien *(droit)*.

10 **Complétez par ant ou par ants.**
Il leur parla, les rassur… de quelques mots gentils.

Les numéros des questions renvoient aux règles correspondantes.

1 R36 4 R42 7 R49 10 R51
2 R37 5 R47 8 R50
3 R40 R41 6 R47 9 R50

1 point par question entièrement réussie. Réussite … /10

6 TEST : accords en genre et en nombre 3e

1 **Ajoutez un ou une avant chacun de ces noms.**
espèce planisphère oasis épithète

2 **Accordez les verbes. Utilisez le présent de l'indicatif.**
Chacun de ses voisins témoign... qu'il ne les dérang... jamais.

3 **Utilisez le présent pour accorder les verbes.**
Ce sont les options qu'impos... notre projet. Louis, je te rappelle que ce n'est pas toi qui décid... et qui donn... les ordres.

4 **Complétez les participes passés, si nécessaire.**
Ces chemins que la pluie a raviné... ne peuvent être emprunté... sans risques. Elle les a donc évité... .

5 **Complétez les participes passés, si nécessaire.**
Ils se sont décid... et ils se sont donn... rendez-vous devant la mairie.

6 **Complétez les participes passés, si nécessaire.**
- Ils se sont fai... rembourser leur achat.
- Elle a photographi... les coureurs qu'elle a vu... passer.

7 **Complétez les participes passés, si nécessaire.**
Ci-joint... une copie des documents sign... . Je vous les ai renvoy... puisqu'ils se sont égar... .

8 **Accordez les adjectifs composés, si nécessaire.**
Des personnages *(haut placé)* descendirent de voitures *(bleu sombre).*

9 **Complétez par ant ou par ants.**
Deux guides souri... s'approchèrent des touristes qui, obéiss... aux instructions, attendaient en papot... par petits groupes.

10 **Accordez ou non les mots en italique.**
Êtes-vous *(décidé),* Jules ? Et vous, les enfants, êtes-vous *(prêt)* ?

Les numéros des questions renvoient aux règles correspondantes.

1 R35	4 R41 R42	7 R45 R46	10 R52
2 R37 R38	5 R43	8 R48 R49	
3 R38	6 R44	9 R51	

1 point par question entièrement réussie.

Réussite ... /10

7 TEST : formes verbales 4e

1 **Complétez par un tiret, par -t- ou par t'.**
Pourquoi … y rends … tu si tard ?

2 **Conjuguez les verbes rectifier, rejoindre et pressentir à la première personne du singulier du présent de l'indicatif.**

3 **Écrivez les verbes en italique au futur ou au conditionnel présent.**
Je *(souscrire)* volontiers à cet abonnement si j'en connaissais le prix.
Dès que je le *(savoir)*, je vous *(téléphoner)*.

4 **Écrivez les verbes en italique au passé simple ou à l'imparfait de l'indicatif.**
Je *(regarder)* le parc quand je *(voir)* la foudre tomber sur un arbre qui *(se fendre)* en deux.

5 **Complétez par les verbes en bleu aux temps composés correspondants.**
Je *décrivis* la situation. → Quand j'… la situation, je me tus.
Il faut que nous *intervenions*. → Il est content que nous … .

6 **Conjuguez les verbes dessiner et peindre aux trois personnes de l'impératif présent.**

7 **Complétez en utilisant des terminaisons qui se prononcent /e/.**
Il ne peut pas vous indiqu… le chemin, il n'y est jamais all… .

8 **Réécrivez cette phrase après avoir mis le verbe en bleu au passé simple de l'indicatif.**
Elle me *montre* le costume que je porterai au théâtre.

9 **Écrivez les verbes en italique au conditionnel passé.**
Si je n'avais pas eu un emploi du temps aussi chargé, je *(s'inscrire)* au cours de chinois et j'y *(aller)* chaque semaine.

10 **Écrivez les verbes en italique au présent de l'indicatif ou du subjonctif.**
Il suffit qu'on le *(voir)* pour qu'on le *(reconnaître)*.

Les numéros des questions renvoient aux règles correspondantes.

1 R53	4 R60	7 R65	10 R71
2 R54	5 R61	8 R67	
3 R56 R67 R68	6 R64	9 R69	

1 point par question entièrement réussie. Réussite … /10

TEST : formes verbales

3e

1 **Écrivez les verbes en italique au présent de l'indicatif.**
- Je *(résoudre)* cette difficulté.
- J'*(acquérir)* des connaissances.
- On *(s'asseoir)* sur des poufs.
- On le *(rappeler)* à son devoir.

2 **Conjuguez les verbes craindre, résoudre et naviguer à la troisième personne du singulier du passé simple de l'indicatif.**

3 **Complétez en utilisant des terminaisons qui se prononcent /e/.**
Il devra vous second... . Veill... à lui expliqu... ce qu'elle a décid... .

4 **Complétez en utilisant l'auxiliaire être ou l'auxiliaire avoir.**
- Est-ce toi qui ... concerné par l'appel que j'... reçu ce matin ?
- Je voudrais que tu ... gagné.

5 **Écrivez les verbes au futur de l'indicatif ou au conditionnel présent.**
Si j'étais moins étourdi, je *(voir)* sans doute mieux mes erreurs et je *(faire)* des progrès. C'est promis, à l'avenir, je *(être)* plus attentif !

6 **Réécrivez cette phrase en utilisant le subjonctif passé.**
Je suis heureux qu'il réussisse et qu'il parte enfin en vacances.

7 **Soit la phrase : Il faut qu'il revienne à midi. Réécrivez-la de façon à utiliser le subjonctif passé, puis le subjonctif plus-que-parfait.**

8 **Écrivez les infinitifs des verbes, puis dites à quel temps et à quel mode ils sont employés.**
Elle craignait qu'il ne tînt pas parole.

9 **Que choisissez-vous pour le verbe en italique : le passé simple de l'indicatif ou le subjonctif imparfait ? Écrivez ce verbe.**
Pourquoi souhaitiez-vous qu'on l'*(envoyer)* en mission ?

10 **Choisissez entre le passé simple de l'indicatif et le subjonctif plus-que-parfait pour écrire les verbes en italique.**
Je craignis qu'on m'*(oublier)*, qu'on *(passer)* déjà à table, alors je me *(diriger)* d'un pas rapide vers la salle à manger de l'hôtel.

Les numéros des questions renvoient aux règles correspondantes.

1 R55	4 R66	7 R72 R76	10 R75 R76
2 R59	5 R68	8 R74	
3 R65	6 R72	9 R75	

1 point par question entièrement réussie. Réussite ... /10

Règles

RÈGLES D'ORTHOGRAPHE

■ Elles sont présentées en **quatre rubriques** *(liste pp. 6 à 8)* :
- l'orthographe d'usage ;
- les homophones grammaticaux ;
- les accords en genre et en nombre ;
- les formes verbales.

Dans chaque rubrique, les règles suivent un **ordre croissant de difficulté**. Elles sont indépendantes les unes des autres, car chacune fait travailler une particularité de l'orthographe. Le professeur peut ainsi choisir les règles en fonction du niveau de sa classe.

■ Ces règles sont précédées d'**un mémento** avec les notions devant être connues à l'entrée en 4e, pour une éventuelle révision.

■ À la suite des règles, figurent des fiches d'**orthographe lexicale** regroupant des mots à savoir écrire à la fin du collège, en complément de ceux appris les années précédentes. Ils sont accompagnés d'exercices spécifiques faisant travailler le vocabulaire, les familles de mots, les séries préfixales et suffixales, la synonymie, l'antonymie, etc.

■ Certains exercices sont autocorrectifs, d'autres non. On peut facilement les noter. Leur niveau de difficulté est signalé par ›, ›› ou ›››.

Rappel de règles

Les notions de base

Le groupe nominal est un groupe de mots formé, à la base, d'un nom précédé d'un déterminant. Le nom peut être accompagné d'un ou de deux adjectifs.

Ex. : *un séjour, un long séjour, un long séjour agréable.*

Le pronom remplace un groupe nominal (plus rarement un adjectif ou une proposition).

Ex. : *Mon frère regarde les avions.* → ***Il les*** *regarde.*
Mon frère est-il heureux ? → *Oui, il* ***l'****est.*

L'adverbe est un mot invariable. Il modifie le sens d'un verbe, d'un adverbe ou d'un adjectif.

Ex. : *Il mange* ***peu****. Il mange* ***très*** *peu. Elle est forte,* ***très*** *forte.*

La négation modifie le sens d'un verbe. Les deux mots utilisés pour une négation encadrent le verbe et forment **une locution adverbiale de négation** : *ne* ou *n'* avant le verbe ; *pas, plus, rien, jamais, que, point, guère*… après le verbe.

Ex. : *Elle* ***n'****arrive* ***jamais*** *à l'heure.*

Si le verbe est à un temps composé, la locution adverbiale de négation encadre l'auxiliaire.

Ex. : *Elle* ***n'****est* ***pas*** *venue.*

Les accents, le tréma

L'accent grave se met sur le **e** si la syllabe suivante contient le son /ə/.

Ex. : *un poème, une flèche.*

– On ne met pas d'accent sur un **e** à l'intérieur d'une syllabe écrite pour représenter le son /ɛ/, sauf pour les mots terminés par -**êt** et -**ès**.

Ex. : *merci, un prêt, un procès.*

– On ne met jamais d'accent sur un **e** suivi de **x**.

Ex. : *un examen.*

L'accent aigu se met sur le **e** si la syllabe suivante contient un autre son voyelle que /ə/.

Ex. : *une poésie, flécher.*

L'accent circonflexe remplace une lettre disparue, souvent un **s**.

Ex. : *festin* → *fête.*

– On le retrouve en général dans les mots d'une même famille.

Ex. : *rêver, rêveur, une rêverie, rêvasser.*

– Il est parfois utilisé pour marquer une différence de sens : *dû, participe passé ≠ du, article contracté.*

Remarque : au féminin et au pluriel, **dû** (devoir) perd son accent, car on ne peut plus le confondre avec l'article **du** : *de l'argent dû, une somme due, des sommes dues.*

■ **Le tréma** est utilisé pour montrer que deux voyelles doivent se lire séparément *(mais ≠ maïs)*. Il se met sur la seconde voyelle.*

Ex. : *un homme naïf.*

La ponctuation

■ Signes de ponctuation suivis d'une **lettre majuscule** :

point d'interrogation	?	*A-t-il les résultats ?*
point d'exclamation	!	*Comme je suis heureux !*
points de suspension	...	*Il faut que tu répondes à ...*
point	.	*Nous avons terminé.*

■ Signes de ponctuation suivis d'une **lettre minuscule** :

deux points	:	*J'ai deux chats : un noir et un tigré.*
point-virgule	;	*Quand elle arriva, il neigeait ; et quand*
virgule	,	*elle repartit, il pleuvait.*

■ **Dans un dialogue**, le **tiret** indique une réplique.
Après un point d'interrogation ou d'exclamation, il n'y a pas de majuscule au premier mot de la phrase indiquant la personne qui parle.

Ex. : *Comme il entrait dans la boutique, une femme s'approcha de lui :*
– Que désirez-vous ? demanda-t-elle.
– Moi ? Rien ! répondit-il, intimidé.

■ On ouvre les **guillemets** au début d'une citation, on les ferme à la fin. On peut aussi les ouvrir et les fermer pour encadrer un dialogue.

Ex. : *« Avant donc que d'écrire apprenez à penser. »* (Boileau).

Ne pas confondre

a	Verbe ou auxiliaire **avoir**. Ex. : *Il **a** du travail.* (**avoir** du travail) *Elle **a** travaillé.* (**avoir** travaillé)
à	Préposition *(**à**, de, en, dans, par, pour, sur, sous, vers...).* Ex. : *Il va **à** la gare,* (il vient **de** la gare) ***à** onze heures.* (**pour**, **vers** onze heures)

* Voir les modifications orthographiques de 1990, pp. 241-243.

<table>
<tr><td>ou

où</td><td>Conjonction (mais, ou, et, donc, or, ni, car).
Ex. : une fille ou un garçon.
(ou bien)
Adverbe ou pronom interrogatif.
Ex. : Où va-t-il ?
(à quel endroit)
où marque aussi le temps : au moment où.</td></tr>
<tr><td>et

est</td><td>Conjonction (mais, ou, et, donc, or, ni, car).
Ex. : une fille et un garçon.
(et puis)
Verbe ou auxiliaire être.
Ex. : Il est aimable. Il est arrivé.
(être aimable) (être arrivé)</td></tr>
<tr><td>son

sont</td><td>Déterminant possessif (son, sa, ses…).
Ex. : C'est son ami.
(le sien)
Verbe ou auxiliaire être.
Ex. : Ils sont inséparables. Ils sont arrivés.
(être inséparable) (être arrivé)</td></tr>
<tr><td>ce

se</td><td>Déterminant démonstratif (ce, ces, cet, cette).
Ex. : J'ai déjà rencontré ce monsieur.
(celui-ci)
Pronom du verbe pronominal (se dépêcher, se moquer…).
Ex. : Il se dépêche.
(se dépêcher)</td></tr>
<tr><td>peu

peux
peut</td><td>Adverbe (invariable).
Ex. : J'ai peu de temps.
(pas beaucoup)
Verbe pouvoir au présent de l'indicatif.
Ex. : Je peux, tu peux, il peut venir.</td></tr>
<tr><td>près

prêt
prêts

prêt
prêts</td><td>Adverbe (= proximité de lieu ou de temps).
Ex. : Il se tient près de moi.
(auprès, à côté)
Adjectif qualificatif, s'accorde avec un nom.
Ex. : Il est prêt, ils sont prêts à partir.
(elle est prête)
Nom commun de la famille du verbe prêter.
Ex. : Obtenir un prêt.</td></tr>
</table>

mais	Conjonction *(**mais**, ou, et, donc, or, ni, car)*. Ex. : *Il est petit **mais** fort.*
m'est	Verbe ou auxiliaire **être** précédé de **m'** (= me). Ex. : *Cela **m'est** possible.* (**être** possible)
mets	Nom commun, masculin singulier. Ex. : *un **mets** délicieux.* (**un plat**)
mai	Nom de mois *(le mois de **mai**)*.
mes	Déterminant possessif *(mon, ma, **mes**…)*. Ex. : *Ce sont **mes** amis.* (**les miens**)
leur	Pronom personnel, pluriel de **lui**. Ex. : *Je **leur** envoie des fleurs. Les **leur** avez-vous portées ?* (Je **lui** envoie…) (Les **lui** avez-vous portées ?)
leur(s)	• Déterminant possessif *(notre, votre, **leur**, nos, vos, **leurs**)*. Ex. : *leur maison* *leurs vêtements* (**une** maison **à eux**) (**des** vêtements **à eux**) • Pronom possessif. Ex. : *Ces raquettes, ce sont **les leurs**.*
quel(s) **quelle**(s)	Déterminant interrogatif (parfois pronom). Ex. : ***Quelle** heure est-il ? **Quels** sont ces cris ?*
qu'elle(s)	Pronom **elle** précédé de **qu'** (= que). Ex. : ***Qu'elle** joue bien !* (qu'**il** joue bien !)

Les accords

■ **Les noms** prennent un **s** au pluriel, parfois un **x**.

Ex. : *une fleur, des fleur**s** ; un jeu, des jeu**x**.*

Le pluriel dépend du sens.

Ex. : *un vase de fleur**s**, un vase de verre.*
(avec **des fleurs**) (**en** verre, fait avec **du** verre)

- Les noms en -**eau** ont leur pluriel en -**eaux**.
  Ex. : *un bateau, des bateau**x**.*
- Les noms en -**au** ont leur pluriel en -**aux**.
  Ex. : *un tuyau, des tuyau**x**.*
  Sauf : *landau(s).*

- Les noms en -**eu** ont leur pluriel en -**eux**.
  Ex. : *un jeu, des jeu**x**.*
  Sauf : *pneu(s), bleu(s).*
- Les noms en -**ou** ont leur pluriel en -**ous**.
  Ex. : *un clou, des clou**s**.*
  Sauf : *bijou(x), caillou(x), chou(x), genou(x), hibou(x), joujou(x), pou(x).*
- Les noms en -**al** ont leur pluriel en -**aux**.
  Ex. : *un journal, des journau**x**.*
  Sauf : *bal(s), carnaval(s), chacal(s), festival(s), récital(s).*
- Certains noms en -**ail** ont leur pluriel en -**aux** : *un travail, des travau**x**.*
  D'autres noms en -**ail** ont leur pluriel en -**ails** : *un détail, des détail**s**.*

■ **L'adjectif qualificatif** s'accorde en genre et en nombre avec le nom auquel il se rapporte. Il peut être épithète ou attribut.

Ex. : *Il a les yeux bleu**s**. Il porte une écharpe noir**e**.*
*Ses yeux sont bleu**s**. Son écharpe est noir**e**.*

■ **Lequel**, **laquelle**, **lesquels** et **lesquelles** sont presque toujours des pronoms. Ils s'accordent avec le groupe nominal qu'ils remplacent.

Ex. : *Parmi ces fleurs, **lesquelles** préfères-tu ?*
*La personne à **laquelle** je pense est absente.*

Avec les prépositions **à** et **de**, *lequel*, *lesquels* et *lesquelles* se contractent et deviennent *auquel*, *duquel*, *auxquels*, *desquels*, *auxquelles*, *desquelles*.

Ex. : *Ce sont les personnes **auxquelles** tu as écrit.*

Le verbe

■ Le verbe a une **terminaison** qui dépend de son infinitif, du temps et du mode de la conjugaison, ainsi que de la personne à laquelle il est conjugué.

Ex. : *prendre → je pren**ds** (présent de l'indicatif) ; il faut que je pre**nne**,*
*que nous pren**ions** (présent du subjonctif).*

■ Les verbes et les noms peuvent parfois se prononcer de la même façon, mais ils portent toujours des marques différentes.
Le nom a un **genre** (masculin ou féminin). Il varie en **nombre** (singulier ou pluriel).

Ex. : *il travaill**e**, ils travaill**ent** ; il clou**e**, ils clou**ent** ; je transfèr**e**.*
*un trav**ail**, des trav**aux** ; un clou, des clou**s** ; un (des) transfert(**s**).*

1 Les radicaux

À RETENIR

- **Le radical** est le morceau du mot qui porte l'essentiel du sens : *-pass-* dans *dépasser* ; *-pann-* dans *dépanner* ; *-coll-* dans *décoller*...
- On le retrouve dans les mots d'une même famille : *dé**pass**er, re**pass**er, **pass**ager, **pass**oire*... Son orthographe est stable.

1 › **Regroupez ces mots en cinq familles, puis écrivez le radical de chacune d'elles.**

plafond, atomique, passager, adhérent, profond, territoire, atome, passerelle, cohérent, approfondir, Méditerranée, fonder, anatomie, passoire, terrine, adhérer, atomiseur, incohérence, terrasse, anatomique.

Corrigé p. 221 .../10

2 › **Retrouvez les deux familles de chaque série, observez le radical de chacune d'elles, puis complétez les deux derniers mots.**

- **p**, **pp**, **f** ou **ff** : griffe, fripier, griffer, friper, défri...er, gri...onner.
- **at** ou **ât** : patiner, patinage, pâte, pâteux, emp...é, p...inoire.
- **l** ou **ll** : démolir, mollesse, démolisseur, ramollissement, démo...ition, ramo...ir.
- **p** ou **pp** : galoper, enveloppe, développement, galopade, envelo...er, galo...in.
- **r** ou **rr** : horreur, fureur, horrible, furieusement, ho...ifier, fu...ibond.

.../10

3 › **Écrivez le radical de chacun de ces verbes.**

ralentir, s'attrister, aplatir, emballer, démentir, ensanglanter, embellir, desceller, imposer, déchiffrer.

Corrigé p. 221 .../10

4 ›

Dans chaque série, un mot n'est pas de la même famille que les autres. Trouvez cet intrus et le radical des autres mots.

- emballage, balle, ballotter, balance, remballer.
- salir, salle, saleté, salissure, sale.
- barre, barrière, barrage, barreau, baraque.
- manteau, menteur, démentir, démenti, mentir.
- venteux, vantard, venter, éventail, paravent.

Corrigé p. 221 .../10

5 ›

Regroupez ces mots en cinq familles, puis écrivez le radical de chacune d'elles.

bouffon, bourrelet, dédommager, bourrer, bouffée, dommage, brasser, malheureux, bouffi, bourru, endommager, bonheur, embrassade, bourreau, bienheureux, bouffant, rembourrage, brassard, bouffissure, dommageable.

.../10

6 ››

Retrouvez les deux familles de chaque série, observez le radical de chacune d'elles, puis complétez les deux derniers mots.

- profession, confesseur, coffre, coffrage, pro...esseur, co...ret.
- boiter, boiteux, boîte, déboîter, b...tiller, b...tier.
- nourriture, couramment, accourir, nourrir, concou...ir, nou...isson.
- selle, célèbre, sellerie, célébrer, ...ébrité, ...ette.
- chevalet, chevalier, métallique, métallurgiste, chev...ière, mét...urgie.

Corrigé p. 221 .../10

7 ››

Dans chaque série, deux familles sont représentées. Aidez-vous de leur radical pour compléter avec une simple ou une double consonne.

r ou **rr** **l** ou **ll** **f** ou **ff** **p** ou **pp**

- beurre, refleurir, beurrier, affleurer, beu...er, effleu...er.
- installation, étalement, détaler, installateur, éta...age, insta...er.
- consolation, collerette, consoler, collier, déco...eté, inconso...able.
- colle, cale, coller, caler, reca...er, déco...er.
- grappe, dégrafer, grappin, agrafe, gra...iller, agra...euse.

.../10

8 ››

Écrivez le radical de chacun de ces mots.

desserrer, opération, gaufrette, illustration, barreau, balayage, déception, endurance, précision, encollage.

Corrigé p. 221 .../10

9 ››

Écrivez le radical de chacun de ces mots.

déballer, processeur, excepter, ferrure, accueillir, décoffrer, gaufrier, conquérir, commander, monnayer. .../10

10 ››

Écrivez le radical de chacun de ces verbes.

s'adonner, embraser, anéantir, condenser, délibérer, élaborer, ressemeler, vénérer, se prémunir, agripper. Corrigé p. 221 .../10

11 ›››

Regroupez ces mots par familles, puis écrivez le radical de chacune d'elles.

synonyme, cohésion, décolorer, fainéant, enchaînement, accepter, servante, réchauffement, barrique, subvention, anonymat, anéantir, chaînette, coloration, adhésion, chauffage, desservir, conception, barricade, intervention. .../10

12 ›››

Ces paires de mots sont-elles constituées avec des mots de la même famille ? Justifiez vos réponses.

Abrupt, rupture • encolure, encolleuse • erreur, aberrant • exhibition, hiberner • cellule, cellier • souffrir, soufre • susceptible, inspecteur • collerette, décolleté • agressif, progresser • horrifié, horaire. Corrigé p. 221 .../10

13 ›››

Regroupez ces mots par familles, puis écrivez le radical de chacune d'elles.

bâillement, contresens, politesse, aplanir, censure, dépolir, panne, plantation, polluer, sympathique, recensement, planeur, bâillonner, sensible, transplantation, pollution, approximatif, esplanade, antipathique, dépanneuse, implanter, proximité, entrebâiller, recenser, dépolluer, sympathiser, approximation, impoli, dépannage, sensation. Corrigé p. 221 .../10

14 ›››

Écrivez trois mots contenant le radical -plomb-, trois mots contenant le radical -lit-, puis quatre mots contenant le radical -pot-.

.../10

2 Les préfixes

Le préfixe se soude au radical.

Un préfixe prend parfois plusieurs formes, suivant la 1re lettre du radical.

adjoindre
déshabiller
biscuit
supporter
inondation

in- → **in**humain
immobile
illogique
irresponsable

À RETENIR

- **Un préfixe** se soude à la première lettre du radical. Il modifie le sens du mot : ***ad**joindre* ≠ ***re**joindre* ≠ ***dis**joindre*. Sa dernière lettre peut changer suivant la première lettre du radical : ***con**courir*, ***com**prendre*.
- Un mot peut avoir deux, voire trois préfixes : ***ap-par**-tenir*, ***r-ac-com**-pagner*.
- Tous les mots n'ont pas obligatoirement de préfixe : *tenir, joindre*.

15 **Soulignez les préfixes de ces mots pour retrouver dix familles. Écrivez-les.**

contredire, percevoir, promettre, accrocher, délier, incitation, interdire, relier, dériver, décrocher, avancer, avaler, introduire, décevoir, dévaler, conduire, émettre, devancer, arriver, excitation, déduire. Corrigé p. 221 .../10

16 **Supprimez les préfixes de ces mots, puis écrivez les mots trouvés.**

Ex. : *acclamer* → *préfixe :* ***ac-*** *; mot de base : clamer.*
abattre, alléger, démentir, objet, échauffer, maudire, méconnaître, opposition, pardonner, promettre, proclamer, malchance, pardessus, prédire, rafraîchir, soumettre, profond, reflux, transplanter, déboutonner.

.../20

17 **Écrivez le préfixe de chacun de ces mots.**

souterrain, abstenir, arrangement, ressource, effectif, sympathie, inhumain, empaqueter, immaculé, expressif, embellir, entrevue, atterrir, allumette, différent, ériger, excès, déclamer, élection, collectif.

Corrigé p. 221 .../20

Principaux préfixes :
a.pesanteur
an.alphabète
a.mener
ad.joindre
ac.courir
af.faiblir
ag.glomérer
al.longer
an.noter
ap.porter
ar.rêter
as.servir
at.tacher
ab.jurer
abs.traction
anté.cédent
anti.biotique
béné.vole
bien.veillant
bi.colore
bis.aïeul
co.auteur
con.centrer
com.prendre
col.lection
cor.riger

18 ›

Dans chaque couple de mots, quel mot n'a pas de préfixe ?

Ex. : *irrégulier et ironie ; préfixe* ***ir-*** *+ -régulier, mais ironie n'a pas de préfixe.*

imaginer *et* immortel
irrésistible *et* iris
araignée *et* arrêter
attendrir *et* athlète
commère *et* comique
opéra *et* opposer
apercevoir *et* âge
accroc *et* acrobate
étonner *et* école
examen *et* exporter

Corrigé p. 221 .../10

19 ›

Remplacez le préfixe de chacun de ces mots par un autre préfixe pour obtenir un contraire.

Ex. : *bienheureux → préfixe :* ***bien-*** *nouveau préfixe :* ***mal-*** *→ malheureux.*

bienfaisant, déloger, atteler, discorde, encourager, exhaler, émigrer, malveillance, rhabiller, reboutonner.

.../10

20 ›

Dans ces mots, à quel nombre correspond chaque préfixe ?

uniforme, tridimensionnel, bicentenaire, quinquennal, décalitre, unijambiste, bicolore, monoplace, triangle, quadrupède, trimestre, décimètre, bicorne, pentagone, trident, octogonal, sextupler, biscuit, monogame, quadrupler.

Corrigé p. 222 .../20

21 ››

Trouvez les dix adjectifs qui correspondent à ces définitions.

- *Qu'on ne peut pas...* prévoir, défendre, lire, voir, remplacer.
- *Qui ne peut pas...* mourir, être reçu, être mangé, être responsable.
- *À qui on ne peut pas...* résister.

.../10

22 ››

Écrivez le préfixe de chacun de ces mots.

- dédaigneux, effaroucher, embaumer, épousseter, convenance, endommager, impitoyable, excusable, ressentir, intervention.
- contrefaçon, biscornu, correspondance, illettré, supplanter, désavantageux, administration, supermarché, poursuivre, immédiat.

Corrigé p. 222 .../20

contra.diction
contre.dire
de.mander
dé.border
des.serrer
dés.avouer
dis.simuler
dif.forme
é.claircir
ef.feuiller
es.soufflé
ex.traire
extra.ordinaire
en.lever
em.bellir
entre.tenir
in.scrire
im.battable
il.légal
ir.ruption
inter.rompre
intro.duire
mal.adroit
mau.gréer
mé.content
ob.tenir
oc.casion
of.fensive
op.primer
par.donner
per.mettre
pour.chasser
pré.dire
pro.mettre
r.animer
re.chercher
ré.écrire
res.sortir
sub.ordonné
suc.cès
suf.fixe
sup.porter
sus.citer
sou.ligner
sous.traction
super.viser
sur.voler
sy.métrie
syn.thèse
sym.phonie
syl.labe
tra.vestir
trans.planter
tres.sauter
tri.cycle

23 ›› **Pour chacun de ces mots, quel préfixe devez-vous supprimer pour retrouver le mot de base ?**

contrepoison, déclamer, compassion, s'ébattre, dissimuler, inné, condisciple, entrevue, illégal, présomptueux. Corrigé p. 222 .../10

24 ›› **Changez les préfixes de ces mots pour obtenir des contraires.**

malveillant, défiance, bienfait, immigration, dessouder, exportation, désorganiser, émerger, réprobation, sympathie. .../10

25 ›› **Ajoutez un préfixe à chacun de ces mots pour obtenir un contraire.**

légal, moral, résolu, partial, proportionné, licite, valider, équilibrer, tendre, normal. Corrigé p. 222 .../10

26 ››› **Parmi ces mots, lesquels contiennent le préfixe auto- signifiant « soi-même » ? Expliquez le sens de l'élément auto- dans les autres mots.**

autodéfense, autoradio, autonomie, autocollant, autoroute, automobile, autodrome, autorail, autodiscipline, autocorrection.

.../10

27 ››› **Trouvez le préfixe qui peut être commun à chacune de ces séries de mots. Écrivez les mots obtenus.**

Ex. : *tension, porter, traire* → *préfixe* **ex-** *: extension, exporter, extraire.*

- geler, courir, jurer, venir, sentir.
- passer, vêtement, sauter, élever, voler.
- bâiller, ouvrir, voir, choquer, mêler.
- suivre, fendre, chasser, lécher.
- histoire, nom, avis, exister, caution. Corrigé p. 222 .../10

28 ››› **Parmi ces mots, lesquels contiennent deux préfixes ? Écrivez ces préfixes.**

entrecroiser, inaccoutumé, adoucir, rabaisser, rhabiller, désappointé, irremplaçable, bisannuel, réprouver, raffiner. Corrigé p. 222 .../10

29 ››› **Parmi ces mots, lesquels ne contiennent pas de préfixe ?**

imaginaire, maudit, alcôve, ébréché, pesamment, disque, indignité, méritoire, discorde, gratitude, bagarre, approcher, récitation, disposer, tresser, irrégulier, esseulé, citadin, marchandise, bimensuel.

.../20

3 Les suffixes

trotter
trottoir
trotteur
trottiner
trot –

Les suffixes servent à former des noms, des adjectifs, des verbes, des adverbes.

NOM → une passoire
ADJECTIF → nuageux
VERBE → cueillir
ADVERBE → lentement

À RETENIR

- **Un suffixe** se soude à la fin du radical. Il peut modifier la catégorie grammaticale d'un mot : *trott**er*** (verbe), *trott**oir*** (nom).
- Tous les mots n'ont pas obligatoirement un suffixe : *trot*.

30 **Associez chaque élément de gauche à un suffixe sur fond jaune pour trouver dix mots.**

fouill-	débrouill-	-ement	-ible
bourr-	dénou-	-ette	-is
embarc-	impercept-	-ation	-ier
lamp-	statu-	-al	-ard
plâtr-	sentiment-	-u	-ion

Corrigé p. 222 .../10

31 **À partir de ces adjectifs, ajoutez des suffixes pour trouver des noms.**

Ex. : *docile → la docilité.*

stupide, bizarre, délicat, jaloux, fou, modeste, vieux, vaillant, couard, gentil. .../10

32 **Changez le suffixe de chaque nom pour trouver un verbe de la même famille, puis écrivez le suffixe que vous avez enlevé.**

Ex. : *une coiffure → coiffer (-ure).*

un débarquement, une bouilloire, un hachis, un éternuement, une sonnette, une déchirure, une exagération, un gouvernail, un assassinat, une réussite.

Corrigé p. 222 .../10

Principaux suffixes :

baign.**ade**
bénévol.**at**
secrét.**ariat**
croiss.**ance**
prés.**ence**
fluor.**escence**
traîn.**eau**
travers.**ée**

cour.**age**
atterr.**issage**
group.**ement**
avert.**issement**

glaç.**on**
vign.**eron**
coiff.**ure**
sign.**ature**

ventil.**ateur**
cant.**atrice**

passag.**er**
étag.**ère**
plâtr.**ier**
écol.**ière**

brind.**ille**
vitr.**ail**
roc.**aille**

pil.**ule**

poul.**et**
barr.**ette**
passer.**elle**

33 ›

Supprimez ou changez le suffixe de chaque verbe pour trouver un nom de la même famille.

clouer, vitrifier, poignarder, emprunter, coloniser, fracturer, bosseler, soupçonner, abîmer, imaginer.

Corrigé p. 222 .../10

34 ›

Changez les suffixes de ces verbes pour trouver des verbes de la même famille, puis écrivez les suffixes que vous avez enlevés.

sautiller, chantonner, tirailler, voleter, trottiner, rêvasser, mâchonner, siffloter, mordiller, trembloter.

.../10

35 ›

Associez chaque élément de gauche à un suffixe sur fond vert pour trouver dix mots.

déchir-	dépend-	-ite	-el
effaç-	essentielle-	-able	-ure
faill-	individu-	-erie	-ment
moral-	origin-	-if	-aire
pêch-	primit-	-ance	-ité

.../10

36 ››

Utilisez un suffixe (et parfois aussi un préfixe) pour trouver un verbe à partir de chacun de ces adjectifs.

juste, pauvre, égal, vulgaire, plat, fertile, sombre, ample, civil, uniforme.

Corrigé p. 222 .../10

37 ››

Supprimez ou changez le suffixe de chaque nom pour trouver un autre nom de la même famille.

- candidature, teinturerie, ferraille, chevelure, ceinturon, chômage, oiselet, esclavage, paillasse, interrogatoire.
- alternative, vantardise, sonnerie, antiquité, médecine, randonnée, déserteur, conservateur, vote, magistrature.

.../20

38 ››

Supprimez ou changez les suffixes pour transformer ces adjectifs en noms.

méritoire, mielleux, confidentiel, symbolique, subversif, démocratique, dédaigneux, fraternel, cellulaire, querelleur.

Corrigé p. 222 .../10

soupl.**esse**
antiqu.**aire**
contrôl.**eur**
économ.**ie**
étourd.**erie**
music.**ien**
fouill.**is**
organ.**isme**
spécial.**iste**
bronch.**ite**
vitr.**ine**
bêt.**ise**
précis.**ion**
peign.**oir**
flor.**aison**
agit.**ation**
appar.**ition**
san.**té**
sûr.**eté**
solid.**ité**
lass.**itude**
matin.**al**
mort.**el**
afric.**ain**
franç.**ais**
chin.**ois**
habit.**able**
pais.**ible**
apais.**ant**
vant.**ard**
rouge.**aud**
imagin.**aire**
verd.**âtre**
aventur.**eux**
moqu.**eur**
flatt.**euse**
veng.**eresse**
printan.**ier**
invent.**if**
volcan.**ique**
feuill.**u**
rêv.**asser**
tir.**ailler**
saut.**iller**
craqu.**eler**
clou.**er**
fleur.**ir**
trott.**iner**
simpl.**ifier**
util.**iser**
griff.**onner**
tap.**oter**
vrai.**ment**
puiss.**amment**
prud.**emment**
à tât.**ons**

39 ›› **Trouvez dix mots en associant chaque élément de gauche à un suffixe sur fond bleu.**

vign-	press-	-eau	-is
bât-	croch-	-ie	-itude
châss-	fourr-	-iture	-u
fâch-	serv-	-eron	-isse
pourr-	infam-	-oir	-eux

Corrigé p. 222 .../10

40 ›› **Transformez ces noms en verbes en changeant les suffixes.**

une dissimulation, la langueur, le discernement, une raillerie, l'appréhension, le rayonnement, un pressentiment, la défiance, une recommandation, une interpellation. .../10

41 ››› **Quels sont les dix suffixes qui figurent dans ces mots ?**

moucheron, traînard, modération, destinée, pesamment, sévérité, exemplaire, objectivité, floraison, dégénérescence, continuation, méchamment, phosphorescence, broussaille. Corrigé p. 222 .../10

42 ››› **Classez ces noms en deux groupes suivant leurs suffixes.**

gravité, probité, dictée, gorgée, naïveté, jetée, destinée, gelée, montée, férocité, assemblée, validité, enjambée, timidité, nuitée, souveraineté, portée, solennité, assiettée, fidélité. .../10

43 ››› **Trouvez les dix mots qui n'ont pas de suffixe.**

dégel, rodage, plafond, agressif, transport, incorrect, geôlier, inertie, insoumis, racontar, bonheur, succès, métal, paillasse, surnom, huileux, servitude, pressoir, sursaut. Corrigé p. 222 .../10

44 ››› **Il y a un intrus dans chaque série de mots. Précisez lequel et justifiez votre choix.**

- paperasse, terrasse, populace, cuirasse.
- évacuation, aversion, vexation, vénération.
- provincial, officiel, superficiel, artificiel.
- bossu, ventru, tissu, chevelu, bourru.
- jaunâtre, saumâtre, bleuâtre, psychiatre.

.../10

4 Les dérivés de mots en -ion

collection → collectionneur
station → stationnaire
impression → impressionnable

⚠ → –ion + al → –ional : national, régional...
Sauf : confessionnal.

À RETENIR

- La plupart des mots terminés par **-ion** s'écrivent avec **deux n** quand on leur ajoute un suffixe : *collection + eur → collectionneur.*
- Avec quelques suffixes, les mots en **-ion** ne doublent généralement pas le **n** : *région + al → régional.*

45 › **Écrivez les verbes dérivés de ces noms.**

une addition, une impression, une caution, un espion, une station, une action, une commission, une mention, une ration, une audition.

Corrigé p. 222 .../10

46 ›› **Remplacez chaque mot ou expression en bleu par un adjectif dérivé d'un mot sur fond jaune.**

intention	passion	fonction	tradition	région
profession	nation	perfection	vision	sensation

Une nouvelle *extraordinaire* • l'hymne *d'un pays* • une faute *volontaire* • une coutume *provinciale* • un film *très intéressant* • un poète *qui devine l'avenir* • une danse *d'autrefois* • l'enseignement *d'un métier* • un homme *minutieux* • un meuble *pratique*. .../10

47 ››› **Quels mots dérivés de mots en -ion- correspondent à ces définitions ?**

Ex. : *Punir → sanctionner (de **sanction**).*

Constructeur d'avions. • Diviser en fractions. • Vouloir par ambition. • Épreuve sportive officielle. • Soldat servant dans une légion. • École où les élèves sont nourris et logés. • Acrobate qui effectue des contorsions. • Artiste qui parvient à créer l'illusion. • Interroger quelqu'un. • Personne très riche.

Corrigé p. 222 .../10

5 Les noms terminés par -ment

À RETENIR

Les noms terminés par -**ment** s'écrivent :

- -**iment** ou -**issement** s'ils correspondent à un participe passé en -**i** ;
- -**ement** s'ils correspondent à un participe passé en -**é**.

48 ›

Retrouvez les participes passés à l'origine de ces noms en -ment.

Ex. : *grossissement* → *grossi.*

maniement, applaudissement, entêtement, engourdissement, déblaiement, gémissement, croisement, dévouement, tintement, rapatriement, sentiment, rayonnement, déploiement, zézaiement, hennissement, dénuement, déraillement, ralliement, larmoiement, enjouement.

Corrigé p. 222 .../20

49 ››

Écrivez les noms en -ment construits à partir de ces participes passés.

payé, découragé, remercié, nettoyé, rationné, jappé, licencié, recueilli, désappointé, enroué, éternué, tutoyé, renié, attendri, balbutié, aboyé, rapproché, ressenti, campé, bégayé.

.../20

50 ›››

Parmi ces noms, quels sont ceux qui ne sont pas construits comme les exemples décrits dans le tableau de la leçon ? Expliquez pourquoi.

régiment, supplément, tressaillement, débarquement, frémissement, châtiment, bâtiment, agrément, empressement, assortiment.

Corrigé p. 222 .../10

6 Les adverbes terminés par -ment

ADJECTIF		ADVERBE	Règle
lourd	→	lourdement	ADJ. (consonne) + ement
confus	→	confusément	ADJ. (consonne) + ément
vrai	→	vraiment	ADJ. (voyelle) + ment
fréquent	→	fréquemment	ADJ. –ent → emment
constant	→	constamment	ADJ. –ant → amment

⚠ gai → gaiement, gentil → gentiment, (in, assi)dûment.

À RETENIR

- **Les adverbes** sont des mots invariables. Certains sont composés d'un adjectif suivi du suffixe **-ment**.
- L'adverbe s'écrit **-amment** si l'adjectif se termine par **-ant**, mais il s'écrit **-emment** si l'adjectif se termine par **-ent**.

51 › **Écrivez au masculin les adjectifs qui sont à la base de ces adverbes.**

fraternellement, habituellement, harmonieusement, nouvellement, pensivement, brièvement, définitivement, follement, verticalement, gentiment.

Corrigé p. 223 .../10

52 ›› **Écrivez les adverbes qui correspondent à ces adjectifs.**

amer, ancien, exclusif, essentiel, impatient, fréquent, posé, habile, plaisant, solennel, mou, méchant, minutieux, théorique, abondant, modéré, conscient, sévère, annuel, constant. .../20

53 ›› **Écrivez les adverbes qui correspondent à ces mots.**

ample, actuel, ardent, instant, spontané, horizontal, mystérieux, suffisant, pareil, hardi, confus, effronté, en notant, apparent, strict, vaillant, en se précipitant, évident, incessant, imprudent.

Corrigé p. 223 .../20

54 ››› **À ces mots correspondent des adverbes en -ement ou en -ément. Écrivez-les.**

profond, temporaire, immense, théorique, huitième, commode, précis, obscur, net, aucun, premier, uniforme, loyal, effroyable, intense, tel, secret, exprès, nul, aveugle. .../20

7 Les nombres

les **quatre mille** habitants
cinq cent vingt-huit euros

Nombres inférieurs à cent* reliés entre eux par **et** ou **–** → vingt **et** un / soixante-dix-sept

ACCORD	20 / 100	INVARIABLE
quatre-vingt**s** euros (4 fois 20)	à la fin du nombre	la page **quatre-vingt** (la 80e page)
deux cent**s** euros (2 fois 100)		l'an **neuf cent** (la 900e année)

⚠ trois cent**s** (3 fois 100) **millions** (NOM : des millions) quatre cent mille **euros** (NOM : mille euros)

À RETENIR

- **Les déterminants numéraux** sont des mots **invariables**, sauf *vingt* et *cent* s'ils sont à la fin d'un nombre et précédés d'un nombre qui les multiplie.
- **Vingt** et **cent** sont invariables s'ils signifient *vingtième* ou *centième*.
- Les numéraux inférieurs à **cent** sont reliés entre eux par **et** ou par un **trait d'union**.*

55 › **Écrivez ces nombres en lettres.**

95	902	2 075	80 000	12 362
358	680	1 734	41 300	100 019

Corrigé p. 223 .../10

56 ›› **Écrivez ces nombres en lettres.**

677	1 281	8 080	21 076	3 020 600
2 249	5 894	39 624	50 506	80 000 000

.../10

57 ››› **Dans ces phrases, écrivez tous les nombres en lettres.**

J'en suis à la page **200**. • Lisez le paragraphe **80**. • On a fêté les **20** ans de ma sœur. • En l'an **800**, Charlemagne fut couronné empereur. • J'ai lu **300** pages de ce roman. • Les **400** places du théâtre suffirent. • On comptait **200 600 000** habitants. • Les **100** premières photos sont les plus nettes. • **82 %** des élèves ont réussi. • Il est né en avril **1983**.

Corrigé p. 223 .../10

* Cf. pages 241 et 243.

8 Les liens de parenté

VOYELLES	br**ai**se br**a**sier	ser**e**in sér**é**nité	ois**eau** ois**e**leur
CONSONNES	dra**p** dra**p**erie	outi**l** outi**ll**age	exqui**s** exqui**s**e

numéroter
numéro

À RETENIR

■ On comprend souvent l'orthographe d'un mot en le comparant à des mots de la même famille : **ai** de *braise* et **a** de *brasier* ; **p** muet de *drap* qui s'entend dans *draperie*. Mais ce n'est pas systématique : *numéroter* et *numéro*.

58 **Reliez chaque mot de gauche à un mot sur fond jaune de façon à justifier les lettres en gras.**

p**ai**re	cor**p**s	magistrat	apparier
ban**c**	distin**ct**	corporel	biaiser
m**aî**tre	sourci**l**	filial	tapissier
pie**d**	tapi**s**	distinctif	banquette
fi**l**s	biai**s**	piédestal	sourciller

Corrigé p. 223 .../10

59 **Pour chaque mot, trouvez un mot de la même famille qui justifie la lettre (ou les lettres) en gras.**

Ex. : *extrait → extraction.*

stupéf**ai**t, gr**ai**sse, niai**s**, respe**ct**, outi**l**, v**au**rien, se**pt**, écl**ai**rer, pl**ei**n, ch**ai**r.

Corrigé p. 223 .../10

60 **Pour chaque mot, écrivez un mot de la même famille qui justifie la lettre muette finale.**

Ex. : *drap → draperie.*

indécis, échafaud, argot, acquis, confident, mandat, crédit, trépas, dard, gérant, attrait, méfiant, ras, brancard, vigilant, tracas, mépris, concret, refus, persil.

.../20

61 ›
Quels mots plus courts retrouvez-vous dans ces mots ?

Ex. : *escroquerie* → *escroc.*

énervé, amasser, ballotter, parier, fracasser, sénateur, coutellerie, promptitude, oiseleur, trotteur, bourgade, ruisselant, rabaisser, tyrannie, apprêter, mesquinerie, débiteur, cahoter, excessif, galanterie.

.../20

62 ››
Écrivez le mot contenu dans chacun de ces mots. Attention ! Un seul d'entre eux garde une lettre muette le rattachant à sa famille.

bijoutier, numéroter, dénoyauter, tuyauterie, dépité, abrité, bleuté, filouter, schématique, amitié. Corrigé p. 223 .../10

63 ››
Regroupez ces vingt mots en dix couples de façon à expliquer la présence ou l'absence des lettres finales muettes.

tort	soubresaut	tributaire	replier
cahot	renvoi	fluxion	tortueux
tribut	pore	cahoteux	pulsation
pouls	ragoût	renvoyer	goûter
flux	repli	sauter	poreux

.../10

64 ››
Retrouvez le mot contenu dans chacun de ces mots. Pour cela, supprimez le suffixe, puis ajustez le radical si nécessaire.

embarrasser, exquise, abuser, verdâtre, accrochage, égoutier, horizontal, outillage, soumission, nudité. Corrigé p. 223 .../10

65 ››
Écrivez un verbe de la famille de chaque mot pour justifier les lettres en gras.

Ex. : *escroc* → *escroquer.*

décl**in**, chalan**d**, décre**t**, câl**in**, tami**s**, (pour) acqui**t**, trépa**s**, essai**m**, surno**m**, apprê**t**. Corrigé p. 223 .../10

66 ››
Écrivez un nom de la famille de chaque mot pour justifier les lettres en gras.

Ex. : *escroc* → *escroquerie.*

agn**e**au, verni**s**, ch**a**uve, puit**s**, urb**ai**n, affron**t**, mond**ai**n, vantar**d**, opport**un**, abstr**ai**t.

.../10

67 ››
Trouvez un adjectif qui fait entendre la lettre en gras.

Ex. : *accroc* → *crochu.*

san**g**, échev**e**au, bri**è**veté, flan**c**, **a**igle, hasar**d**, **a**imer, fron**t**, exqui**s**, capo**t**. Corrigé p. 223 .../10

68 ›››

Écrivez un mot de la même famille qui fait entendre la lettre muette finale.

Ex. : *échafaud → échafau**d**age ou échafau**d**er.*

lambris, encens, (en) suspens, sournois, inédit, exempt, prompt, instinct, jonc, gigot, courtois, amas, dévot, aplomb, mandat, argument, magistrat, concret, subit, débrouillard. .../20

69 ›››

Regroupez ces vingt mots en dix couples de façon à expliquer les lettres en gras.

opport**u**n	ar**c**eau	romanesque	âcre
exempl**ai**re	r**e**in	faillir	précarité
rom**a**ncier	f**a**ux	polariser	arc
pol**a**ire	préc**a**ire	tronquer	opportuniste
tron**c**	**a**igre	exemplarité	rénal

Corrigé p. 223 .../10

70 ›››

Écrivez le mot contenu dans chacun de ces mots.

Ex. : *débiteur → débit.*

rizière, soudainement, hoqueter, créditer, raboter, surnommer, surhumain, flanquer, défier, emprunteur, victorieusement, cachotterie, cadenasser, argumentation, apparenté, acquisition, candidature, minutieusement, mécontentement, inconditionnel.

.../20

71 ›››

Écrivez le mot contenu dans chacun de ces mots. Attention ! Certains d'entre eux sont de faux amis.

Ex. : *aborder → bord, mais brindille → brin.*

coûteux, poireauter, examiner, bracelet, chagriner, caillouteux, se hasarder, rigolote, caoutchouteux, comploter, captivité, toussoter, inconfortablement, essayiste, empaquetage, immortalité, meurtrissure, appétissant, filouter, s'abriter. Corrigé p. 223 .../20

72 ›››

Écrivez ces mots par paires. Ce sont tous de faux amis !

congédier	bazar	piano	élancer	horizontal
pianoter	élan	clou	flou	bazarder
horizon	siroter	effort	sirop	prélasser
clouté	flouter	prélat	congé	s'efforcer

.../10

9 Les éléments d'origine latine

À RETENIR

■ De nombreux mots français trouvent leur origine en latin. Certains sont venus par la **langue savante** : *canis* → *canin*. Ils se sont moins transformés que ceux venus par la **langue populaire** : *canis* → *chien*.

73 › **Associez chaque élément de gauche à un élément sur fond jaune pour former dix mots.**

sui-	agri-	-fère	-grade
igni-	ovi-	-litre	-cide
herbi-	coni-	-cole	-cure
manu-	cruci-	-fuge	-pare
déci-	digiti-	-vore	-verbiste

Corrigé p. 223 .../10

74 › **Quels éléments latins retrouvez-vous dans ces mots ?**

piscine, aqueduc, multitude, équilibre, arène, centimètre, radiateur, capillaire, immobile, viril, rectangle, granulé(s), cordial, pédale, avion, calcaire, prestidigitateur, tricolore, carbone, vorace.

Corrigé p. 224 .../20

75 › **Définissez ces mots en vous aidant de la liste des éléments d'origine latine.**

Ex. : *manucure* → *qui soigne les mains.*

carnivore, herbicide, somnifère, quadrupède, omnivore, pédicure, vermifuge, aquaculture, (champ) pétrolifère, (animal) vermivore. .../10

agr(**i**, **o**) : champ
alt(**i**, **o**) : haut
ambi : tous les deux
ambul : aller
angul, **angl** : angle
anim : âme, vie
ant(**e**) : avant
api : abeille
aqu(**a**) : eau
arbor : arbre
aren(**a**) : sable
audi : écouter
aur(**i**) : or
auricul : oreille
avi : oiseau
bell(**i**) : guerre
bene : bien
bi(**s**) : deux
calc(**o**) : chaux
calor(**i**) : chaleur
capill : cheveu
capit : tête
carbo(**n**) : charbon
carn(**i**) : chair
cent : cent, centième
centri : centre
cide : tuer
circon : autour
circum : autour
clav : clé
co : avec, ensemble

76 Associez ces prénoms français d'origine latine à leur sens d'origine.

Lucie Léo Victor Béatrice Fabrice
Agnès Dominique Honoré Maxime Sylvie

1. Vainqueur. **2.** Honneur. **3.** Ouvrier (lat. *faber*). **4.** Heureuse (lat. *beata*). **5.** Lion. **6.** Seigneur (lat. *dominus*). **7.** Agneau. **8.** Lumière (lat. *lux*). **9.** Forêt. **10.** Le plus grand, maximum.

Corrigé p. 224 .../10

77 Écrivez au moins un mot français où l'on retrouve une partie du mot latin en italique.

Ex. : *dicere,* ***dictus*** *(dire) → diction, dictionnaire...*

Negare, *negatus* (nier) • vincere, *victus* (vaincre) • legere, *lectus* (lire) • facere, *factus* (faire) • nascere, *natus* (naître) • regere, *rectus* (diriger) • rumpere, *ruptus* (rompre) • audire, *auditus* (entendre) • agere, *actus* (agir) • servire, *servitus* (être esclave).

.../10

78 Reconstituez les doublets*.

Mots de formation savante		Mots de formation populaire	
loyal	sûreté	chant	champ
avoué	cantique	frêle	rigide
raide	blâmer	légal	relâcher
camp	fragile	œuvrer	avocat
opérer	relaxer	sécurité	blasphémer

* ***Doublet :*** *mot de formation savante et mot de formation populaire venant du même mot latin.*

Corrigé p. 224 .../10

79 Formez dix mots en associant chaque élément de gauche à un élément sur fond jaune.

noct-	clavi-	-fère	-grane
oléi-	omni-	-duc	-cide
fongi-	sacri-	-valent	-cule
ambi-	fili-	-ambule	-potent
calori-	via-	-culture	-lège

.../10

cole : cultiver, habiter
color(e) : couleur
cord : cœur
cruc(i) : croix
culteur : qui cultive
cur(e) : soin
curv(i) : courbe
cut(i) : peau
déc(i) : dix
dé(i) : dieu
dextr : à droite
di : jour
digit(o) : doigt
duc : conduire
éd(i) : maison
égo : moi
équ(i) : égal
extra : très, vers l'extérieur
fac(t) : faire
fal(s) : faux
fère : porter, produire
ferr(o) : fer
fier : faire
fique : faire
fil(i) : fil
flor(i) : fleur
fong(i) : champignon
forme : qui a une forme
frag, fract : briser
fratri, frater : frère
fruct(i) : fruit
fug(e) : fuir
fun(i) : corde
gér : porter
glor(i) : gloire
grade : marcher
gran(i) : grain
grat : reconnaissant
horti : jardin
human : humanité
(i)cule : petit, ressemble à
igni : feu
inter : entre
intr(a, o) : au-dedans
juxta : près de
lact : lait
latér : côté
lég : loi
lège : choisir
libra : balance
loqu, locut : parler
long : long
magn : grand
manu : main
médic : médecin
mens : mois

80 ››

Quels éléments latins retrouvez-vous dans ces mots ? Indiquez leur sens.

avocat, uniforme, extraverti, primevère, clavier, diurne, élocution, viabilité, soliloque, circonspect. Corrigé p. 224 …/10

81 ›››

Reconstituez les doublets* nés de ces mots latins : *captivum, nativum, potionem, auscultare, separare, navigare, mobilem, strictum, pensare, masticare*.

Mots de formation savante		Mots de formation populaire	
captif	naviguer	poison	étroit
natif	mobile	peser	écouter
potion	strict	naïf	mâcher
ausculter	penser	chétif	meuble
séparer	mastiquer	nager	sevrer

* ***Doublet :*** *mot de formation savante et mot de formation populaire venant du même mot latin.*

…/10

82 ›››

Dans chaque série, trois mots sur quatre contiennent le même élément latin. Trouvez-le et chassez l'intrus.

- congratuler, gratification, grattement, gratitude.
- fraterniser, ternir, fraternité, confraternel.
- puéril, puérilité, puériculture, purifier.
- gratiné, granit, granulé, granitique.
- oculaire, oculiste, occupation, oculus.

Corrigé p. 224 …/10

83 ›››

Utilisez l'élément latin correspondant à ces mots pour trouver des verbes terminés par -fier. Donnez une définition de chaque mot obtenu.

Ex. : *griller → torr → **torréfier** (faire griller le café).*

faux, maison, fruit, dieu, gloire, reconnaissant, saint, grand, un seul, observer. …/10

84 ›››

Écrivez deux mots contenant chacun de ces éléments.

-cule • bene- • fun(i)- • uni- • circon-. …/10

mobile : qui se meut
moto : qui se meut
multi : nombreux
naut : naviguer
nav : bateau
noct : nuit
ocul : œil
olé : huile
omni : tout
ostréi : huître
ov(o, i) : œuf
paci : paix
pare : mettre au monde
péd, pède : pied
pén(é) : presque
pisci : poisson
plén : plein
popul : peuple
poss, pot : pouvoir
post : après
prim(o) : premier
priv : particulier
puér(i) : enfant
quadr(i, u) : quatre
quinqu : cinq
quint : cinquième
radic : racine
radi(o) : rayon
rect(i) : droit
rétro : en arrière
sanct(i,u) : saint
sangu(i) : sang
sec(t), séqu, seg : couper
semi : à demi
sidér : astre
simili : semblable
socio : société
sol(i) : seul
somn : sommeil
spec(t) : observer
supra : au-dessus de
sylv : forêt
tempor : temps
torr : griller
ultra : au-delà
uni : un seul
val, valor : valeur
ver, veris : printemps
vermi : ver
vers, vert : changer de direction
vi(a) : route
vid(éo), vis : voir
vir : homme
voc, voqu : son, voix
vore : dévorer

10 Les familles à deux radicaux

ac- / con- / re- + **cour** + -ir / -eur

con- / ré- + **curr** + -ent / -ence

sur- / re- / pré- / — + **nom** / **nomm** + — / -er / -able

— / pro- / dé- + **nomin** + -al / -atif / -ation / -ateur

À RETENIR

- Certaines familles de mots ont deux radicaux : ***-cour-*** *et* ***-curr-*** pour la famille de *courir* ; ***-nom(m)-*** et ***-nomin-*** pour la famille de *nommer*.

85 »

Classez ces mots en cinq familles. Écrivez leurs deux radicaux.

déshonneur, nourrisson, honoraire, chevalin, attraper, honorer, chevaleresque, surnommer, cavalier, honnête, chevalet, nourriture, nommer, rattrapage, nutritif, cavalerie, honorable, prénommé, nourrissant, dénominateur, honneur, trappe, dénutri, pronominal, nutriment, honorifique, trappeur.

Corrigé p. 224 .../10

86 »

Classez ces mots en cinq familles. Quels sont leurs radicaux ? L'une d'elles en a trois.

effleurer, champagne, excéder, floraison, succès, enquêter, imbattable, questionner, fleuriste, s'ébattre, bataillon, campagne, procès, combattant, campagnard, excessif, floréal, succession, quête, questionnaire, affleurer, batailleur, floral, champêtre, procéder, abattre, conquête, camp, procession.

.../10

87 »»

Chaque mot de gauche a le même radical qu'un mot de droite. Écrivez ces dix couples de mots, puis regroupez-les en cinq familles à deux radicaux.

nullité	démonétiser	sonner	nullement
annuler	donneur	monétaire	monnaie
pétrifier	donateur	donation	pétrole
empierrer	sonneur	annulation	donner
monnayer	insonoriser	pierreux	sonorité

Corrigé p. 224 .../10

11 Les éléments d'origine grecque

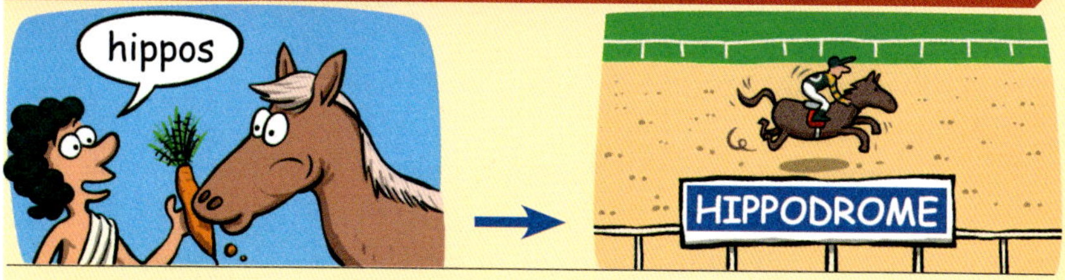

Exemples de mots formés d'éléments grecs :

(dix) **déca** / (cent) **hecto** / (mille) **kilo** → **mètre** (mesure)

(temps) **chrono** / (chaleur) **thermo** / (pesanteur) **baro** → **mètre** (mesure)

À RETENIR

■ De nombreux mots français sont formés avec des éléments d'origine grecque, en particulier dans le domaine des **sciences** et des **techniques**.

88 › **Associez chaque élément de gauche à un élément sur fond jaune pour retrouver dix mots.**

ciné-	aéro-	-phone	-phage
anthropo-	poly-	-mètre	-scope
chrono-	hélico-	-graphie	-logie
techno-	télé-	-ptère	-gone
dactylo-	micro-	-phile	-drome

Corrigé p. 224 .../10

89 › **Expliquez le sens de ces mots en vous aidant de la liste des éléments grecs.**

hydrothérapie, héliothérapie, électrothérapie, chimiothérapie, thalassothérapie, monologue, microcoupure, haltérophile, bibliophile, homonyme. Corrigé p. 224 .../10

90 ›› **En utilisant l'élément -logie, trouvez le nom des connaissances désignées à partir de ces mots.**

l'homme, Dieu, les climats, le fonctionnement du cœur, la vie, les maladies, les mythes, le cheval, l'eau, l'écriture. .../10

91 ›› **Trouvez cinq mots formés avec -graph- et cinq mots formés avec -phon-.** Corrigé p. 224 .../10

aér : air
agog : qui conduit, qui guide
alg : douleur
amph(i) : tous deux, de deux côtés
andr(o) : homme
ant(é, i) : à l'opposé, contraire à
anthropo : homme
arch : le pouvoir
archéo : ancien
astér(o) : étoile
astro : astre
auto : soi-même
biblio : livre
bio : vie
cac(o) : mauvais
calli : beau
cardio : cœur
céphal(o) : tête
céros : à corne
chiro : main
chlor(o) : vert
chromo : couleur
chrono : temps
ciné : qui bouge
cosmo : univers
crat : qui a le pouvoir
cyclo : cercle
dactylo : doigt

92 »

Chassez l'intrus de chaque ligne. Justifiez vos choix.

- sarcophage, œsophage, chauffage, xylophage, anthropophage.
- tuberculose, névrose, virtuose, psychose, dermatose.
- automne, automate, automobile, autonome.
- paramètre, paralysie, paragraphe, parade.
- archet, archevêque, architecte, monarchie.

.../10

93 »

Dix de ces noms désignent une maladie ou un comportement anormal. Lesquels ?

appendicite	satellite	laryngite
otite	méningite	espionite
péritonite	termite	stalactite
élite	favorite	poliomyélite
bronchite	réunionite	hépatite

Corrigé p. 224 .../10

94 »

Écrivez un mot dans lequel on retrouve chacun de ces éléments grecs.

dém(o), derm(o), potam(o), pole, déca, chron(o), cycl(o), psych(o), bio, hyper. .../10

95 »

Associez chaque élément de gauche à un élément sur fond jaune pour former dix mots.

hémi-	neuro-	-oïde	-logie
xylo-	séma-	-algie	-sphère
cinéma-	astér-	-pode	-thèque
péd-	topo-	-logue	-phore
anti-	névr-	-phone	-iatre

Corrigé p. 225 .../10

96 »»

Trouvez le sens de ces mots en vous aidant de la liste des pages 45, 46 et 47.

Un astérisque • un gastronome • la rubrique nécrologique • une personne atteinte de logorrhée • un ophtalmologiste • la presbytie *(défaut de vision)* • un céphalopode • un hématome • un psychiatre • un métronome.

.../10

déca : dix
démo : peuple
derm : peau
di(a) : à travers, séparation
drom : course
dynam : force
dys : trouble
ethn(o) : race humaine
eu : bien
game : mariage
gast(é)r(o) : estomac
gène : qui produit
géo : terre
gone : angle
gramm : lettre, poids
graph : écriture
gyn : femme
hecto : cent
hélico : hélice
hélio : soleil
hémat(o), hémo : sang
hémi : demi
hétéro : différent
hex(a) : six
hippo : cheval
homo : semblable
hor(o) : heure
hydr : eau
hyper : excès
hypo : sous
iatre : médecin
icon(o) : image
is(o) : égal
kilo : mille
kinés(i) : mouvement
lex(ie) : capacité de lire
litho : pierre
log : science, savant en
logo : discours
man(ie) : obsession
méga(lo) : grand
mélo : musique
méta : changement
métro : mesure
micro : petit
mis(o) : qui hait
mono : seul
morph : forme
mytho : fable
nécr(o) : mort
néo : nouveau
néphr(o) : rein
neur(o), névr(o) : nerf
nome, nomie : qui régit, qui administre
oct(o, a) : huit

97 ›››

Chassez l'intrus de chaque ligne. Justifiez vos choix.

- antipode, hexapode, posséder, tétrapode.
- démocrate, technocrate, aristocratie, cratère.
- polymorphe, politesse, polygame, polycopie.
- isocèle, isolement, isotherme, isomorphe.
- horloger, horoscope, horrible, horaire. …/10

98 ›››

Ces noms de fleurs ont pour origine des mots grecs. Retrouvez-les et vérifiez leur orthographe dans un dictionnaire.

Ex. : *glukus (de saveur douce)* → *glycine.*

Anemos *(vent)* • klêma *(sarment)* • geranos *(grue)* • azaleos *(desséché)* • hêlios *(soleil)* + trepein *(tourner)* • margaritês *(perle)* • mus *(souris)* + ôtos *(oreille)* • orkhidion *(petit testicule)* • khrusos *(or)* + anthemon *(fleur)* • rhodon *(rose)* + dendron *(arbre)*.

Corrigé p. 225 …/10

99 ›››

Trouvez les prénoms d'origine grecque qui correspondent à ces définitions.

❶ Aimé de Dieu. ❷ Qui vient de Delphes *(prénom féminin)*. ❸ Celui qui aime les chevaux. ❹ Sagesse *(prénom féminin)*. ❺ Qui travaille la terre *(prénom masculin)*.

Corrigé p. 225 …/10

100 ›››

Quels mots français commençant par le préfixe a- (ou an-) privatif correspondent à ces définitions ?

Ex. : *Perdre ses forces (trophê : nourrir)* → *s'a**trophi**er.*

❶ Élément d'une molécule *(tomein : couper)*. ❷ Qui ne contient pas de germes infectieux *(sêptikos : putréfié)*. ❸ Absence de rythme *(ruthmos : rythme)*. ❹ Sans nom *(onoma : nom)*. ❺ Mou, indifférent *(pathos : ce qu'on éprouve)*. ❻ Qui nie l'existence de toute divinité *(theos : dieu)*. ❼ Arrêt de la respiration *(sphuxis : battement du pouls)*. ❽ Sans nationalité *(patris, patridos : patrie)*. ❾ Sans forme régulière *(morphos : forme)*. ❿ Perte de la mémoire *(mnêsis : mémoire)*. …/10

oïde : semblable à
onym : nom
ophtalmo : œil
ortho : correct, droit
ose : maladie
oxy : acide
par(a) : à côté, contraire à, défectueux
path(o) : maladie, ce qu'on éprouve
péd(o) : enfant
pent(a) : cinq
phag : qui mange
phor : qui porte
phil : qui aime
phob : qui déteste
phon : son, voix
photo : lumière
physi : nature
plégie : paralysie
pod(o) : pied
pole : ville
poly : plusieurs
potamo : fleuve
presby : vieillard
pseudo : faux
psych : âme, esprit
ptère : aile
pyro : feu
rhin(o) : nez
rragie : écoulement anormal
rrhée : qui coule
scaph : bateau
scop : voir
séma : signal
sophi : sagesse
sphér(o) : sphère
stéréo : relief
syn : ensemble
tachy : rapide
techn : technique
télé : au loin
tétra : quatre
thalassa : mer
théo : dieu
thèqu : endroit où l'on range
thérap : remède, soin
therm : chaleur
typo : imprimerie
tom(ie) : couper
top(o) : lieu
xén(o) : étranger
xyl(o) : bois
zoo : animal

12 Les mots empruntés au latin

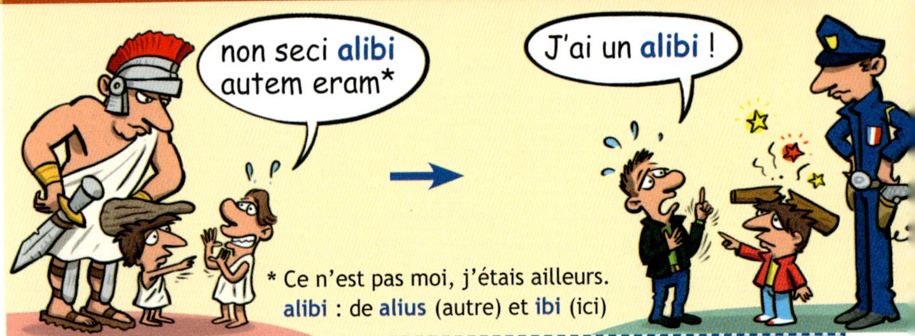

À RETENIR

- Des mots latins sont utilisés en français. En se francisant, ils changent parfois de prononciation ou d'orthographe. Un accent est parfois ajouté sur le **e** quand on le prononce /e/ : *un spécimen*.

101 › **Quels mots pris au latin sont synonymes de ces mots ?**

Un échantillon • un accord • un reçu • de justesse • intégralement • un remplacement • un préjugé • un carnet • une justification • un malentendu.

Corrigé p. 225 .../10

102 › **Dans la liste ci-contre, relevez les dix mots où la présence d'un accent montre qu'ils sont francisés, comme *spécimen*.** Corrigé p. 225 .../10

103 ›› **Complétez avec des mots empruntés au latin.**

Il compte trois victoires à son ... . • C'est le dernier ... de cette chanteuse. • Papy s'est cassé le col du ... . • Il fut remboursé ... du temps passé. • C'est une photo qui départagea les ... . • Un ... lui fit dire un mot pour un autre. • Avez-vous lu l'... 12 de l'article 27 de la loi ? • La mairie est fermée, ... pour la poste. • La dernière œuvre de Mozart est un ... . • Le président a mis son ... à cette décision.

.../10

104 ››› **Quels mots de droite correspondent à ces définitions ?**

Déroulement de carrière. • Réciproquement. • Notez bien. • Affichette. • À plus forte raison.

Corrigé p. 225 .../10

un accessit
un agenda
un album
des aléas
un alibi
un alinéa
a fortiori
a posteriori
apriori
un aquarium
un consensus
un curriculum vitae
un déficit
ex æquo (inv.)
le fémur
idem
in extenso
in extremis
un intérim
un lapsus
un mémento
nota bene
un palmarès
au prorata
un prospectus
un quiproquo
le quorum
un récépissé
un référendum
un requiem
sine die
un spécimen
un ultimatum
un véto
vice versa

13 Les mots empruntés à l'anglais

À RETENIR

■ Les échanges entre les hommes entraînent le passage de mots d'une langue à une autre. Il est conseillé d'utiliser des mots français équivalents aux mots étrangers, notamment aux mots anglais, lorsque c'est possible.

105 › **Quels mots d'origine anglaise répondent à ces définitions ?**

Lieu où l'on gare les voitures • bouffon de cirque • gardien de but • tranche de pain grillée • tranche de bœuf • palmarès des succès de la chanson • fabriqué en France • un chandail • un violon d'Ingres • voleur à la tire.

Corrigé p. 225 .../10

106 › **Réécrivez ces expressions en utilisant les mots français sur fond jaune pour remplacer les mots d'origine anglaise.**

journaliste travail salon présentatrice patron
rabais marche qualité résultat message

Un *boss* exigeant • un prix *discount* • le *score* • un *job* bien payé • un *spot* publicitaire • une *speakerine* • un appartement de *standing* • faire du *footing* • le *living-room* • un grand *reporter*.

.../10

107 › **Trouvez un équivalent français à chaque mot d'origine anglaise.**

Un badge • un flash • une lotion after-shave • une kitchenette • un attaché-case • un tee-shirt • un kidnapping • un caddy • un building • le fair-play.

Corrigé p. 225 .../10

barbecue
barman
best-seller
bifteck
blackbouler
bluejean
bluff
break
budget
bulldozer
cake
canoë
chewing-gum
clown
club
coach
cocktail
corner
crack
crawl
derrick
e-mail
express
film
folklore
football
gadget
gag
goal
golf
hall
handicap
hit-parade
hobby
humour

108 ›› **Réécrivez ces expressions en utilisant les mots français sur fond jaune pour remplacer les mots d'origine anglaise.**

épreuve affaire(s) serveur avertisseur pause
oléoduc réunion baladeur bandit sélectionné

un klaxon, un meeting, un gangster, un challenge, le business, un barman, être nominé, un pipeline, un walkman, faire un break.

Corrigé p. 225 .../10

109 ›› **Quels mots français peuvent être facilement utilisés à la place de ces mots d'origine anglaise ?**

software, leasing, milk-shake, show, pool, square, scoop, dressing-room, stick (de colle), gang. .../10

110 ›› **À quel domaine appartient chaque mot anglais sur fond rose ?**

la presse, la scène, le sport, le crime, le commerce, la correspondance, la publicité, la signalisation, la ruse, la compétition.

le racket un slogan un e-mail un rallye un penalty
le bluff un stop un magazine le shopping un sketch

Corrigé p. 225 .../10

111 ››› **Dans chaque couple de mots, quel est celui d'origine anglaise ?**

Ticket *et* billet • label *et* marque • caleçon *et* slip • as *et* crack • hall *et* entrée • navire *et* paquebot • leader *et* chef • jeu *et* set (au tennis) • blackbouler *et* évincer • courriel *et* e-mail. .../10

112 ››› **Nous utilisons parfois des mots anglais qui, à l'origine, étaient des mots français. Quels mots empruntés à l'anglais correspondent à ces mots d'ancien français ?**

Entrevue • tenez *(au jeu de paume, cri du serveur qui lançait la balle)* • estiquet, etiquet • esquare *(rectangle, carré)* • tonnelle • toster *(griller, rôtir)* • chalenge *(réclamation, défi)* • bacon *(chair de porc salé)* • corniere *(coin, angle)* • poulenet *(cheval de petite taille)*.

Corrigé p. 225 .../10

interview
jazz
jeep
jockey
jury
kidnapping
label
leader
made in
magazine
match
meeting
mess
nylon
paquebot
parking
pedigree
pickpocket
pipeline
planning
pull-over
puzzle
rallye
record
sandwich
self-service
set
shampooing
shopping
short
slip
slogan
spam
sport
square
stand
standard
star
stock
stop
studio
supporter
suspense
tennis
test
ticket
toast
transistor
tunnel
wagon
web
weekend
whisky

14 Les mots ayant une autre origine

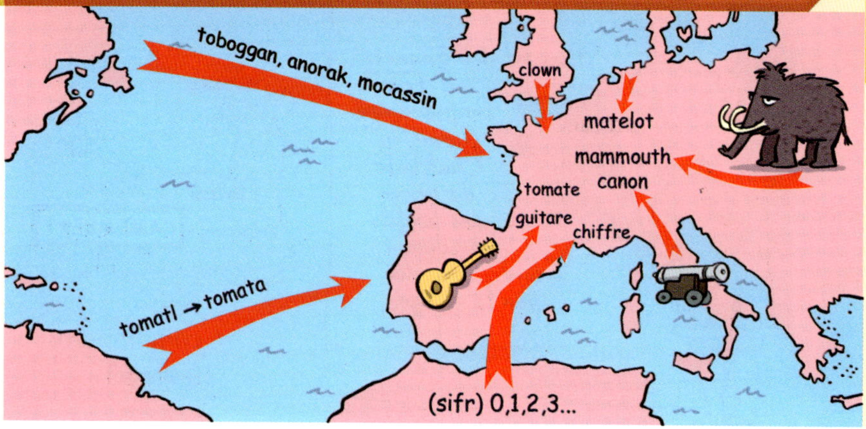

113 › **Ces mots viennent de l'arabe ou du néerlandais. Leur sens aide à comprendre leur origine. Classez-les en deux groupes.**

Ex. : *tribord → vient du néerlandais.*

tribord, chiffre, matelot, digue, algèbre, dock, bâbord, zéro, algorithme, chaloupe, hublot. Corrigé p. 225 .../10

114 › **Ces mots viennent de l'espagnol ou du néerlandais. Leur sens aide à comprendre leur origine. Classez-les en deux groupes.**

Ex. : *banderille → vient de l'espagnol.*

banderille, maquereau, bar, gitane, colin, boléro, guérilla, hareng, guitare, cabillaud, castagnette. .../10

115 ›› **Parmi ces mots, quels sont ceux qui viennent d'une langue étrangère ? Ils portent un h inutile en français.***

inhumain, dahlia, véhicule, déshabiller, aurochs, whisky, cahier, yoghourt, envahir, mammouth. Corrigé p. 225 .../10

116 ››› **Ces mots sont d'origine italienne et appartiennent à cinq domaines différents. Classez-les suivant leur sens.**

artichaut, cartouche, escorte, concert, fresque, vermicelle, veste, soldat, intermède, estrade, colonel, pantalon, sorbet, sentinelle, opéra, façade, ritournelle, spaghetti, escarpin, violoncelle. .../10

---

* ***h** utile en français : **h** qui sépare deux voyelles, **h** aspiré, **h** 1re lettre du radical.*

15 Les mots venant d'un nom propre

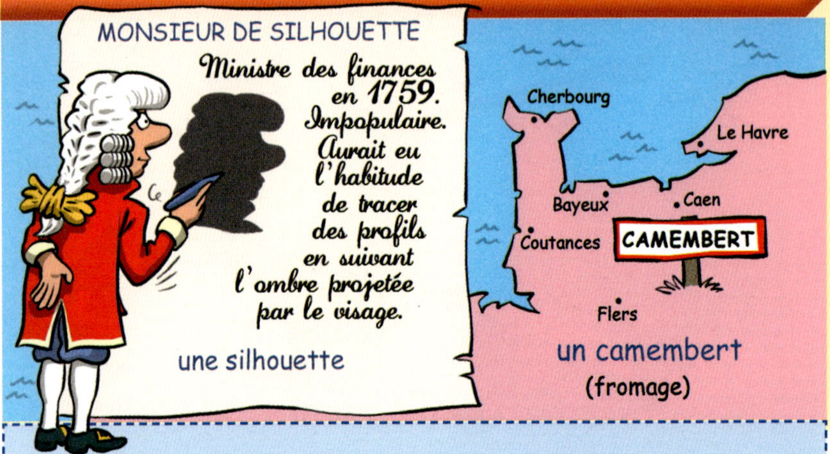

À RETENIR

- Un nom propre (de personnage, de pays) est parfois à l'origine d'un nom commun.

117 ›› **Quels noms communs viennent du nom de ces personnes ?**

Calepino, auteur d'un dictionnaire (1502) • Sax, inventeur d'un instrument de musique (XIXe s.) • Rustin, industriel (début du XXe s.) • l'architecte Mansart (XVIIe s.) • le maréchal du Plessis-Praslin (XVIIe s.) • le comte de Sandwich (XVIIIe s.) • François Barrême, mathématicien (XVIIe s.) • les frères Montgolfier, inventeurs (XVIIIe s.) • Nicot, ambassadeur (XVIe s.) • Guillotin, médecin (XVIIIe s.).

Corrigé p. 225 …/10

118 ›› **Quels mots viennent de ces noms de lieux ?**

Le Kashmir, État de l'Inde • Les Baux-de-Provence, où fut découvert un gisement • Bayonne, ville où fut d'abord fabriquée l'arme qui porte son nom (XVIe s.) • Cordoue, ville célèbre pour ses cuirs • Olumpia (Olympie), ville de Grèce.

Corrigé p. 226 …/10

119 ››› **Quelles fleurs portent le nom de ces personnages ?**

Narcisse, personnage mythologique • Gentius, roi d'Illyrie • Fuchs, botaniste (XVIe s.) • G.J. Kamel, botaniste (fin du XVIIe s.) • Magnol, botaniste (XVIIe s.) • Garden, botaniste écossais (XVIIIe s.) • Bougainville, navigateur (XVIIIe s.) • Huakinthos, favori d'Apollon • Bégon, intendant de Saint-Domingue (XVIIIe s.) • Dahl, botaniste (XVIIIe s.).

…/10

16 Les homonymes

les mêmes sons →

des sens différents →

des écritures différentes → un **sot** (sottise) — un **saut** (sauter) — un **sceau** (sceller)

À RETENIR

- **Les homonymes** sont des mots qui se prononcent de la même façon, mais qui ont des sens différents et des écritures différentes.
- Un mot de la même famille peut aider à comprendre et à retenir l'orthographe d'un homonyme.

120 › **Associez chaque homonyme à un mot de sa famille.**

Ex. : *tan, tant → tan : tanner ; tant : autant.*

Homonymes : tan, tant • côte, cote • repère, repaire • corps, cor • seller, sceller • tare, tard.

Familles de : corne, tardif, sceau, autant, repérer, cotisation, corpuscule, selle, accoster, tanner, patrie, tarer. Corrigé p. 226 .../10

121 › **Associez chaque homonyme à un mot de sa famille.**

Homonymes : laid, lait • coût, je couds, cou • taux, tôt • conter, compter, comté.

Familles de : raconter, col, coûter, comptable, bientôt, laideur, coudre, taxe, comte, allaiter. .../10

122 ›› **Trouvez un homonyme du mot en bleu, en vous aidant de sa définition entre parenthèses. Vérifiez l'orthographe dans un dictionnaire.**

Coin et ... *(fruit du cognassier)* • **joue** et ... *(pièce de bois pour atteler les bœufs)* • **seau** et ... *(cachet officiel)* • **fard** et ... *(le long des côtes)* • **aire** et ... *(époque, période)* • **lit** et ... *(dépôt au fond des récipients contenant des boissons fermentées)* • **tord** et ... *(opposé à raison)* • **main** et ... *(un grand nombre)* • **poil** et ... *(casserole peu profonde et à long manche)* • **reine** et ... *(mammifère des régions froides).* Corrigé p. 226 .../10

123 ›› **Trouvez un homonyme de chaque mot en bleu, puis employez-le dans une expression pour en éclairer le sens.**

Un hareng *saur* • un *fonds* de commerce • un plat en *étain* • une *mante* religieuse • une partie de *hockey* • Il *boite.* • Il a acheté une *poêle.* • L'infirmière tâte le *pouls* du malade. • J'ai versé des *arrhes.* • Ils ont réglé ce *différend* à l'amiable. Corrigé p. 226 .../10

124 ›› **Associez chaque homonyme à un mot de sa famille.**

Homonymes : un mas, un mât • je cite, un site • résonner, raisonner • un balai, un ballet • une bête, une bette.
Familles de : situation, bestiole, sonner, raison, betterave, mâture, balayer, maison, réciter, ballerine. .../10

125 ››› **Trouvez l'homonyme du mot en bleu en vous aidant des indications entre parenthèses.**

- **rôder** et ... (même famille que *corroder, corrosion*)
- **appas** et ... (sert à appâter le poisson)
- **mite** et ... (leur ensemble forme la mythologie)
- **verseau** et ... (l'envers ; cf. également *recto*)
- **forêt** et ... (outil servant à forer)
- **roman** et ... (cf. « la Suisse romande »)
- **septique** et ... (du grec *skeptikos*, « qui observe »)
- **crack** et ... (faillite. De l'allemand *Krachen*, « craquer »)
- **amende** et ... (fruit de l'amandier)
- **poids** et ... (colle. Mot qui a donné *poisseux*) Corrigé p. 226 .../10

126 ››› **Écrivez l'homonyme utilisé dans chaque expression.**

- **cor** ou **corps** : un ... au pied • sonner du ... .
- **ras**, **rat** ou **raz** : un ... de marée • à ... de terre.
- **prou** ou **proue** : peu ou ... • la ... d'un navire.
- **chair**, **chaire** ou **chère** : faire bonne ... .
- **huis** ou **huit** : un procès à ... clos.
- **coi** ou **quoi** : se tenir ... • avoir de ... vivre.
- **dard** ou **dare** : se sauver ...-... • le ... du scorpion.
- **délacer** ou **délasser** : se ... à l'ombre • ... ses chaussures.
- **guerre** ou **guère** : n'avoir ... combattu.
- **court** ou **courre** : une chasse qui tourne ... à cause de l'orage.

.../10

17 Les paronymes

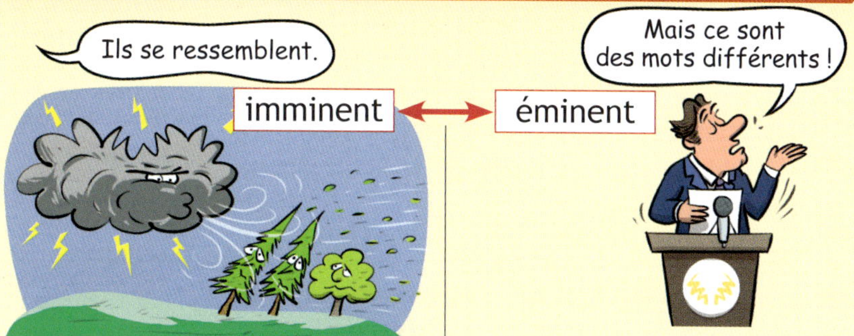

un orage imminent

un éminent personnage

À RETENIR

- **Les paronymes** sont des mots qui se ressemblent à l'oral et à l'écrit, mais qui ont des sens différents.

127 Complétez avec les paronymes qui conviennent.

- **effraction** ou **infraction**. C'est un vol avec … : la fenêtre a été brisée. • Il a commis une … au règlement.
- **percepteur** ou **précepteur**. Édouard avait un … pour lui enseigner l'anglais. • Les impôts sont payés au … .
- **rebattre** ou **rabattre.** Il … le capot de la voiture. • Tu me … les oreilles avec ton histoire.
- **adhérer** ou **abhorrer**. Il est … de tous à cause de ses injustices. • Elle a … à l'association.
- **citation** ou **situation**. La remarque l'a mis dans une … gênante. • Il a appuyé ses dires sur une … de Saint-Exupéry.

Corrigé p. 226 …/10

128 Complétez avec les paronymes qui conviennent.

- **compatibilité** ou **comptabilité**. Les livres de … sont tenus à jour. • Il n'y a entre eux aucune … de caractère.
- **indigence** ou **indulgence**. Le tribunal a montré de l' … envers le coupable. • Le malheureux est dans une … complète.

aberrant (absurde)
abhorrer (détester)
arborer (montrer)
adorer (aimer)

adhérer (un adhérent)
adhérence (adhésif)
adhésion (accord)

affermir (fermeté)
affirmer (affirmation)

allocation (somme allouée)
allocution (discours)

allusion (sous-entendu)
illusion (illusionniste)
alluvion (dépôt)

affection (affectueux)
affliction (affligé)
affectation (destination et manque de naturel)

alternance (succession régulière)
alternative (choix)

altitude (hauteur)
attitude (tenue)
aptitude (cf. être apte)
latitude (cf. longitude)

amnistie (grâce)
armistice (cf. arme)

■ **déceler** ou **desceller**. Ils vont … la plaque pour ouvrir le coffre. • On vient de … une fuite d'eau.
■ **stimuler** ou **simuler**. Cette bonne note va la … . • Elle a essayé de … un malaise.
■ **illusion** ou **allusion**. Elle a fait … à son prochain départ. • Ce phénomène correspond à une … d'optique. …/10

129 ›› **En changeant une lettre à chacun de ces mots, vous obtiendrez un autre mot. Écrivez-le.**

allocution, préposition, collusion, proscription, abcès, rédaction, contentement, omission, prééminent, fraction. Corrigé p. 226 …/10

130 ›› **Dans la liste des paronymes de la leçon, trouvez les mots qui correspondent à ces définitions.**

1 Qui a une grande étendue. 2 Élévation d'un lieu par rapport à la mer. 3 Faire partie de. 4 Couvrir d'un produit liquide. 5 Absence ou suppression de quelque chose. 6 Annulation des poursuites judiciaires et des peines. 7 Exactitude d'un fait. 8 Accuser. 9 Feindre. 10 Action de remettre à neuf. Corrigé p. 226 …/10

131 ›› **Dans chaque couple de phrases, remplacez les mots en bleu par des paronymes.**

■ C'est une femme *extraordinaire* . • Il a bénéficié d'une *exonération* d'impôts.
■ Il m'a *appelé* depuis l'autre rive. • Son visage était *bronzé* par la vie au grand air.
■ Il a versé un *acompte* au notaire. • La dernière *annonce* de la météo est rassurante.
■ La lecture ou la télévision : c'est le seul *choix* ce soir. • La *succession* des orages et des éclaircies continuera encore demain.
■ Il s'est montré si *dépensier* qu'il est aujourd'hui ruiné. • Cet enfant est un *virtuose* au piano.
…/10

avanie (affront)
avarie (dégâts)

citation (citer, réciter)
situation (situer)

coalition (alliance)
collision (accident)
collusion (complicité)

compatibilité (cf. compatible)
comptabilité (cf. compter)

conjecture (supposition)
conjoncture (situation, état des choses)

déceler (découvrir)
desceller (sceau)

effraction (bris de clôtures, serrures)
infraction (violation d'une loi)

enduire (un enduit)
induire (inciter, pousser à)

esquisser (dessiner)
esquiver (éviter)

exception (anomalie)
exemption (dispense)

expansion (essor, croissance)
extension (cf. s'étendre)

faction (guet)
fiction (imagination)

hâler (bronzer)
haler (remorquer)
héler (appeler de loin)

important (importance)
importun (qui gêne)
opportun (qui vient à propos)

imprudence (prudent)
impudence (effronterie)

inclinaison (pente)
inclination (goût, penchant)

inculper (accuser)
inculquer (enseigner)

indigence (misère)
indulgence (compréhension)

ineptie (stupidité)
inertie (cf. inerte)

injection (piqûre)
éjection (cf. éjecter)
injonction (ordre)

132 ›››

Dans la liste des paronymes de la leçon, trouvez un synonyme de chacun de ces mots.

L'insolence • gênant • une alliance • haïr • remplacer • un professeur particulier • absurde • trompeur • une détérioration • familier.

Corrigé p. 226 .../10

133 ›››

Dans la liste des paronymes de la leçon, trouvez les mots qui correspondent à ces définitions.

❶ Action de s'inscrire. ❷ État de l'économie à un moment donné. ❸ Aide en argent. ❹ Faire durer constamment ou très longtemps. ❺ Qui arrive au bon moment. ❻ Obligation. ❼ Mouvement affectif spontané. ❽ Sorte de bosse. ❾ Qualité de ce qui est vrai. ❿ Choc de deux véhicules.

.../10

134 ›››

En changeant une seule lettre, vous obtiendrez un autre mot. Employez-le dans une expression qui en éclairera le sens.

Ex. : *rebattre → rabattre : rabattre sa casquette sur les yeux.*

avanie, attitude, collision, adopter, perpétuer, allusion, épanouir, provision, compléter, infection.

Corrigé p. 226 .../10

135 ›››

En supprimant une lettre (parfois deux), vous obtiendrez un autre mot. Écrivez-le dans une expression ou une phrase.

Ex. : *prodigue → prodige : réussir cet exploit relève du prodige.*

allocution, imprudence, stimuler, enfouir, croasser, étreindre, graduation, affectation, colorié, friction.

.../10

percepteur (cf. percevoir)
précepteur (cf. professeur)

perpétrer (commettre)
perpétuer (faire durer)

personnaliser (rendre personnel)
personnifier (représenter sous les traits d'une personne)

prééminence (pré- : avant ; supériorité)
proéminence (qui dépasse ; en relief)

prévision (cf. prévoir)
provision (réserve)
privation (cf. priver)

prodige (cf. prodigieux)
prodigue (dépensier)

rabattre (diminuer, refermer, replier)
rebattre (battre, répéter sans arrêt)

réfection (cf. refaire)
réflexion (cf. réfléchir)

répartir (partager)
repartir (partir à nouveau, répondre)

simuler (faire semblant)
stimuler (encourager)

spacieux (cf. espace)
spécieux (trompeur, sans valeur)

suppléer (remplacer)
supplier (prier)

tendresse (sentiment)
tendreté (qui n'est pas dur)

usité (en usage)
usuel (familier, ordinaire)
usagé (qui a beaucoup servi)
usé (abîmé)

véracité (vérité)
voracité (cf. vorace)

18 Les abréviations et les sigles

abréviation → **labo** (laboratoire)
sigle → **DRH** (directeur des ressources humaines)
acronyme → **ovni** (objet volant non identifié)

À RETENIR

- **Une abréviation** est la réduction d'un mot à quelques lettres : un *labo*.
- **Un sigle** est une abréviation formée de lettres initiales : *DRH*.
- **Un acronyme** est un sigle prononcé et écrit comme un mot : un *ovni*.

136 ›
Quels mots sont des abréviations ? Écrivez-les en entier.

Ex. : *métro → métropolitain ; piano → n'est pas une abréviation.*
chrono, écho, franco, moto, croco, studio, escroc, polio, lasso, kilo, verso, pro, recto, dico, bravo, prof, abri, tram, mélo. Corrigé p. 226 .../10

137 ››
À quels sigles correspondent ces expressions ?

S'il vous plaît* • Régie autonome des transports parisiens • Taxe sur la valeur ajoutée • Ce qu'il fallait démontrer • Produit intérieur brut • Quotient intellectuel • Fonds monétaire international • Oto-rhino-laryngologiste • Foire aux questions • Défense contre avions. .../10

138 ›››
À quels acronymes correspondent ces expressions ?

Courrier d'entreprise à distribution exceptionnelle • Organisation des Nations unies • Personal Computer • Questionnaire à choix multiple • Organisation de coopération et de développement économiques. Corrigé p. 226 .../10

139 ›››
Écrivez l'abréviation de ces mots ou expressions.

Monsieur • messieurs • madame • mesdames • maître • note de la rédaction • post-scriptum (lat. *écrit après*) • nota bene (lat. *notez bien*) • et cetera (lat. *et les autres choses*) • confer (lat. *comparez*). .../10

* Cf. page 241.

19 Les interjections et les onomatopées

onomatopée

des cocoricos bruyants

interjection

nom → Silence !
verbe → Gare !
adverbe → Eh bien !
groupe nominal → Ma parole !
onomatopée → Chut !

⚠ exclamation : Oh ! Quelle joie !
interpellation : Ho ! (= holà !) Vous, venez !
incantation : Ô rage ! Ô désespoir !

À RETENIR

- **L'onomatopée** est un mot qui tente de reproduire un bruit naturel avec les sons de la langue.
- **L'interjection** est un mot invariable formant une phrase à lui seul et qui exprime une réaction vive.

140 ›› Complétez par ô, par oh ou par ho.

... qu'elle est belle ! • ... vous qui me protégiez ! ... vous qui m'aimiez ! • ... comment est-ce possible ? • ... vous, le plus grand, venez ici ! • ... hisse ! • ... çà, par exemple ! • ... ! tu viens ? • ... il a cassé sa montre ! • Allons, ... debout, vite !

Corrigé p. 227 .../10

141 ››› Écrivez les verbes désignant le cri de ces animaux. Ils viennent tous d'onomatopées.

Ex. : *la chouette* → *hululer.*

le chat, le tigre, le cheval, la tourterelle, le corbeau, le chien, la grenouille, les ovins, les poules, les bovins. .../10

142 ›››

1. Complétez ces phrases par eh ou par hé.

... bien ! en voilà des histoires ! • ... là-bas, arrêtez-vous ! • ... quoi ! vous l'excusez ? • ... oui ! C'est ainsi ! • ... pas si vite !

2. Complétez par des interjections de la liste ci-contre.

... tout cela n'a pas d'importance. • ... ! c'est tombé et c'est cassé. • Hip, hip, hip, ... ! • Il poussa un « ... » en signe de dégoût. • ... ! je suis soulagée.

Corrigé p. 227 .../10

Ah !
Aïe !
Allô !
Atchoum
Bah !
Boum !
Brrr !
Çà !
Chut !
Ciel !
Coin-coin
Crac !
Dis donc !
Eh bien !
Eh quoi !
Euh !
Hé !
Hein !
Hélas !
Hep !
Ho ! Ho !
Holà !
Hourra !
Hue !
Hum !
Oh !
Ohé !
Ouf !
Pardi !
Patatras !
Peuh !
Pouah !
Pst !
Vivat !

Orthographe d'usage

143 ›

Dans chaque série, un mot n'est pas de la même famille que les autres. Trouvez cet intrus et le radical des autres mots. Règles 1, 8

- bourrer, rembourser, bourrelet, rembourrage.
- vannage, vanité, vanner, vannerie, vanneur.
- panne, panure, panier, panade, panetière, paner.
- susciter, inciter, assister, exciter, réciter.
- sursis, précis, indécis, incisif, décision.

.../10

144 ››

Classez ces mots selon les deux sens du préfixe anti-. Justifiez votre réponse. Règle 2

antivol, anticonformiste, antidater, antigel, antipathique, antialcoolique, antichambre, anticonstitutionnel, anticiper, antibrouillard.

.../10

145 ›››

Écrivez le préfixe qui peut être commun à chacune de ces séries de mots, puis les mots obtenus. Règle 2

Ex. : *tension, porter, traire* → *préfixe* **ex-** *: extension, exporter, extraire.*

- mettre, peser, tirer, lever, tenir.
- sécher, siéger, sembler, sortir, signer.
- corne, dent, moteur, cycle, angle.
- former, planter, border, fusion, alpin.
- acceptable, capacité, formulable, humain, intéressant.

.../10

146 ›

Quels sont les dix suffixes présents dans ces mots ? Règles 1, 3

petitesse, surveillance, mécanisme, tirailler, pâture, anonymat, espérance, allégresse, masure, rougeaud, raillerie, justifier, bénévolat, flatterie, ferrailler, blanchâtre.

.../10

147 ›

En changeant le suffixe, transformez ces verbes en noms. Règle 3

engourdir, persévérer, recueillir, émanciper, exhaler, innover, empaqueter, épeler, frémir, scintiller, nager, célébrer, hocher, restaurer, attenter, résister, professer, écumer, gouverner, effarer.

.../10

148 ››› **Trouvez l'intrus de chaque ligne de mots en vous aidant du sens et des catégories grammaticales. Justifiez votre choix.** Règles 1, 3

- ténébreux, impulsif, artisanal, effronterie.
- nullement, tellement, habilement, parlement.
- poulailler, batailler, ravitailler, criailler.
- aventurier, groseillier, héritier, charcutier.
- croquis, hachis, logis, mépris, taillis.

…/10

149 ›› **Écrivez les adverbes correspondant à ces adjectifs.** Règle 6

bruyant, consciencieux, indifférent, étonnant, instantané, vain, insolent, effronté, intelligent, pesant.

…/10

150 ››› **Écrivez les adverbes correspondant à ces mots.** Règle 6

prudent, soudain, récent, spontané, éminent, élégant, innocent, savant, nul, plein, brillant, cordial, excellent, inconscient, courant, absolu, docile, précédent, dû, évident.

…/20

151 › **Reliez chaque mot de gauche à un mot sur fond jaune de façon à justifier les lettres en gras.** Règle 8

ass**ai**nir	tau**x**	dra**p**	raser	draperie	pacifique
ra**s**	ser**ei**n	jou**g**	taxer	corsage	sanitaire
corp**s**	br**ai**se	pai**x**	brasier	juguler	râteler
rât**ea**u			sérénité		

…/10

152 ›› **Écrivez les verbes qui justifient les lettres en gras.** Règle 8

appâ**t**, buti**n**, tro**t**, agrémen**t**, accro**c**, maillo**t**, grési**l**, heur**t**, h**ai**ne, hoque**t**.

…/10

153 ››› **Écrivez ces vingt mots en dix couples de mots de la même famille. Quelles correspondances orthographiques observez-vous ?** Règle 8

Ex. : *peureux, peureuse : correspondance* **x** *(muet)* → **s** *(prononcé /z/).*

jaloux	fluxion	paix	poix	noisette	douce	choix
paisible	roux	noix	jalousie	heureux	toux	rousse
poisseux	tousser	heureuse	doux	choisir	flux	

…/10

154 ››› **Écrivez ces mots par paires. Ce sont de faux amis.** Règle 8

geôlier	eczéma	grenade	eczémateux	grenat
étain	engoncé	enjôler	gond	étamer

…/10

155 ››› **Ajoutez les lettres muettes lorsqu'elles manquent. N'hésitez pas à consulter votre dictionnaire.** Règle 8

un harnai…	un remou…	un héro…	un entrepô…
un relai…	aux dépen… de	du vergla…	un résidu…
un délai…	un pied bo…		

…/10

156 ›› **Complétez par une consonne double ou par une consonne simple. Consultez un dictionnaire, si nécessaire.** Règles 1, 8, 10

un si…lement, une acco…ade, le to…erre, être déco…eté, une déto…ation, un égou…ier, le persi…lage, une asso…ance, égou…er, gue…oyer.

…/10

157 › **Chassez l'intrus de chaque série de mots. Justifiez votre réponse.** Règles 8, 9

- ovipare, primipare, rempart, multipare.
- aquifère, aquatique, aquarelle, acquisition.
- abhorrer, arborescent, arboriculteur, arborisation.
- calorifique, graphique, magnifique, bénéfique.
- mammifère, florifère, diamantifère, planisphère.

…/10

158 ›› **Quels éléments latins retrouvez-vous dans ces mots ? N'hésitez pas à consulter la liste des éléments latins *(pages 41 à 43)*.** Règle 9

univoque, ultrason, manufacture, égoïste, déviation, altesse, puériculture, filiforme, ambulance, fragile.

…/10

159 › **Définissez ces mots en vous aidant de la liste des éléments d'origine latine *(pages 41 à 43)*.** Règle 9

un auditeur, l'égocentrisme, une rivière aurifère, une personne ambidextre, un apiculteur, un magnum (/magnɔm/), la floriculture, la force centrifuge, un ministre plénipotentiaire, une chose sécable.

…/10

160 ›› **Dans chaque série, trois mots sur quatre contiennent le même élément latin. Trouvez-le et chassez l'intrus.** Règle 9

- infructueux, fracturer, fructification, fructifier.
- maniable, magnanime, magnifique, magnat.
- mensonge, mensualiser, mensuellement, mensuel.
- belligérant, rebelle, belliqueux, bêlement.
- audacieux, auditoire, auditorium, audience.

…/10

161 ›› **Chaque mot de gauche a le même radical qu'un mot de droite. Écrivez ces couples de mots en les regroupant en cinq familles.** Règles 1, 8, 10

bonhomme	adhésion	nourriture	nutritionniste
année	coureur	décennal	annuel
nutrition	inhumain	concurrent	surhomme
adhérer	concurrence	adhésif	adhérent
quinquennat	nourrir	surhumain	courir

…/10

162 ›› **Complétez par une consonne double ou par une consonne simple. Consultez un dictionnaire, si nécessaire.** Règles 1, 8, 10

une ca…ière, un ba…aillon, une sou…lerie, un acqui…ement, un ca…ossier, la comba…ivité, le qui…us, cha…ier, boursou…ler, déba…re. …/10

163 ››› **Quels mots sont composés d'un élément d'origine latine associé à un élément d'origine grecque ? Justifiez vos réponses par un exemple.** Règles 9, 11

bicéphale, dysgraphie, astronaute, hémicycle, altimètre, audiomètre, oxygène, vidéothèque, hémiplégie, polyvalent. …/10

164 ››› **Quels éléments grecs retrouvez-vous dans ces mots ?** Règle 11

un scaphandrier, un rhinocéros, la pédagogie, la diarrhée, la dyslexie, une personne misogyne, une cacographie, un pyromane, l'euphonie, la tachycardie. …/10

165 ››› **Quels éléments grecs retrouvez-vous dans ces mots ?** Règle 11

l'euphorie, l'ethnologie, une iconographie, une hémorragie, une cacophonie, un astrologue, un astronome, le diamètre, un paragraphe, la calligraphie. …/10

166 ›› **Quels mots empruntés au latin correspondent à ces définitions ? Aidez-vous des listes des pages 41 à 43, et 48.** Règles 9, 12

❶ La majorité des voix. ❷ Récipient à parois de verre. ❸ Après. ❹ Liste des lauréats. ❺ Résumé des notions essentielles. ❻ Excédent de dépenses. ❼ Exigence qu'on ne peut pas discuter. ❽ L'os de la cuisse. ❾ Risques imprévisibles. ❿ Reporter une réunion sans fixer de date. …/10

167 ››› **Certains mots anglais viennent de mots français. Parmi ceux qui sont sur fond jaune, cinq correspondent aux mots français (ou d'ancien français) sur fond bleu. Lesquels ?** Règle 13

humour planning budget sport corner hobby spam pedigree gadget coach *(celui qui conduit)*

bougette *(petit sac)* • coche *(voiture, carrosse)* • humeur • desport *(jeu, amusement)* • pied de gré *(pied d'escalier)* ou pied de grue *(marque de trois petits traits, utilisée dans des registres anglais pour les degrés généalogiques)*.

.../10

168 ›› **Associez les mots sur fond jaune aux lieux qui sont à l'origine de leur nom.** Règle 15

Ex. : *le parmesan et Parme.*

le parmesan
laconique
un lycée
la faïence
un corbillard
en italique

Corbeil *(ville jadis reliée à Paris par un coche d'eau)* • Parme *(ville italienne)* • Laconie *(région de Sparte, réputée pour la concision avec laquelle on parlait)* • Italie *(pays où fut inventé un caractère d'imprimerie penché à la fin du XVe s.)* • Lukeion *(gymnase où enseigna Aristote, près d'Athènes)* • Faenza *(ville d'Italie renommée pour ses poteries)*.

.../10

169 › **Associez chaque homonyme à un mot de sa famille.** Règle 16

Homonymes : frais, fret • un luth, la lutte • vanter, venter • tinter, teinter • censé, sensé.

Familles de : luthier, vent, tintamarre, affréter, teindre, sens, lutteur, fraîcheur, censure, vanité. .../10

170 ››› **Écrivez l'homonyme utilisé dans chaque expression.** Règle 16

Ex. : *sein ou sain : un aliment* ***sain*** *; nourri au* ***sein****.*

- **paume** ou **pomme** : la ... de la main • la ... d'arrosoir.
- **céans** ou **séant** : le maître de ... • s'asseoir sur son ... .
- **parti** ou **partie** : prendre ... pour • faire ... de.
- **acquis** ou **acquit** : pour ... • un trait de caractère ... .
- **exprès** ou **express** : un colis ... • une voie ... ./10

171 ›› **Associez chaque homonyme à un mot de sa famille.** Règle 16

Homonymes : une session, une cession • le chaos, un cahot • goûter, goutter • une tribu, le tribut • gai, le guet.

Familles de : dégustation, guetter, séance, cahin-caha, céder, chaotique, tributaire, goutte, égayer, tribal. .../10

172 ›››

Écrivez l'homonyme utilisé dans chaque expression. Vérifiez dans un dictionnaire, si nécessaire.

Règle 16

- **for** ou **fort** : dans son ... intérieur.
- **ri**, **ris** ou **riz** : manger du ... de veau *(le thymus du veau).*
- **statu**, **statue** ou **statut** : maintenir le ... quo *(ne rien changer).*
- **plain** ou **plein** : une maison de ...-pied *(sur le même plan).*
- **vau**, **vaux** ou **veau** : aller à ...-l'eau *(péricliter).*
- **envi** ou **envie** : rivaliser à l'... *(à qui mieux mieux).*
- **aire**, **ère** ou **hère** : un pauvre ... *(homme misérable).*
- **sain**, **saint**, **sein** ou **seing** : un blanc-... *(signé en blanc).*
- **écho** ou **écot** : payer son ... *(sa quote-part, sa contribution).*
- **ban(s)** ou **banc(s)** : publier les ... *(publication de mariage).* .../10

173 ›››

Répondez à ces questions en justifiant vos réponses.

Règle 16

Quel objet peut-on poser sur le *chant* ? • Où met-on du *tain* ? • À plusieurs, peut-on manger *à l'envi* ? • L'*écot* se calcule-t-il ou s'entend-il ? • Trois chevaliers peuvent-ils *aller de pair* ? .../10

174 ›››

Quels sigles ou acronymes reconnaissez-vous ?

Règle 18

❶ Light Activation by Stimulated Emission of Radiations. ❷ Sound Navigation and Ranging. ❸ Syndrome de l'immunodéficience acquise. ❹ Radio Detecting and Ranging. ❺ Jeux olympiques. ❻ Société des auteurs, compositeurs et éditeurs de musique. ❼ United Nations Educational, Scientific and Cultural Organization. ❽ United Nations Children's Fund *(Fonds des Nations unies pour l'enfance).* ❾ Union européenne. ❿ United States of America. .../10

175 ›››

Quels verbes ont été formés à partir d'une onomatopée ?

Règle 19

chuchoter, imprimer, cliqueter, gazouiller, reparaître, piailler, persécuter, prévaloir, ronronner, souscrire, papoter, adapter, crisser, décider, émettre, vrombir, susurrer, annuler, zozoter, approuver.

.../10

20 on, on n' / ont

On est fort. C'est le plus fort qu'**on** ait jamais vu.

(Oui — liaison — Oui)

On **n'** a **rien** dit. On **n'** en a **jamais** parlé.

(Non — Non)

⚠ On n'aime que...

on
on n' — VERBE

Ils **ont** travaillé.
Elles **ont** du travail.

ils
elles — **ont** — avoir

À RETENIR

- **ont** correspond au verbe ou à l'auxiliaire *avoir*.
- **on** est un pronom personnel. Il ne faut pas confondre la liaison /n/ avec le premier élément **n'** d'une locution adverbiale de négation : *on **n'a rien** dit.*

176 › **Complétez ces phrases par on ou par ont.**

Elles l'... bien observé. • « Gardes, qu'... lui obéisse ! » • Il venait d'... ne sait où. • Elles m'... choisi. • Beaucoup n'... rien dit. • Qu'est-ce qu'... fait ? • Qu'...-ils capturé ? • Que t'...-elles donné ? • Parfois ... rit, parfois ... pleure. Corrigé p. 227 .../10

177 ›› **Réécrivez ces phrases en utilisant des locutions adverbiales de négation.**

On annulera le voyage. • On en est certain. • On errait par les prés et par les bois. • Dorénavant, on y veillera. • On use de cette eau avec précaution. • On a tout prévu. • Je crois qu'on ignore tout de l'affaire. • On en est tout à fait sûr. • On échappait souvent à ses plaisanteries. • On a souvent besoin d'un plus petit que soi. .../10

178 ››› **Complétez ces phrases par on ou par on n'.**

C'est la meilleure tarte qu'... ait jamais mangée. • Il ne croit pas qu'... hésitera à le choisir. • ... a qu'une courroie pour attacher les valises. • Je ne sais pas si l'... opère le malade ce soir. • ... envoie jamais ces objets fragiles par la poste. • ... accélérait de plus en plus. • ... accueillera que les enfants. • Cette maquette, c'est la plus belle qu'... ait jamais vue. • Quand il pleut, ... aime pas flâner dans les rues. • Les ordres sont stricts, ... introduit personne.

Corrigé p. 227 .../10

21 c'est / s'est / ces / ses / sais, sait

C'est sa voiture. **C'est** elle.
C'est vrai. 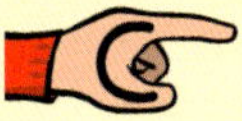 
C'est ici.

c'est — GROUPE NOMINAL / PRONOM / ADJECTIF / ADVERBE

ces arbres 

ces NOM (s)

Il **s'est** couché.

se coucher

s'est VERBE 

Il écoute **ses** airs préférés.  

ses NOM (s)

les siens

je, tu **sais**
il, elle, on **sait** — savoir

À RETENIR

- **c'est** est un présentatif.
- **s'est** fait partie d'un verbe pronominal à un temps composé.
- **sais** et **sait** sont des formes conjuguées du verbe *savoir*.
- **ses**, déterminant possessif, et **ces**, déterminant démonstratif, font partie du groupe nominal.

179 › **Choisissez entre les différents /sɛ/ ou /se/.**

... à toi de jouer, il ... trompé de carte. • ... le sentier où j'ai vu passer la laie et ... petits. • Capucine m'a prêté ... albums de jazz. • ... une chance qu'on ait gagné ! • Il ... appliqué à illustrer ... cahiers, ... derniers temps. • ... oiseaux-là sont familiers. Corrigé p. 227 .../10

180 › **Choisissez entre les différents /sɛ/ ou /se/.**

Elle ne ... plus où sont ... affaires, tellement ... un fouillis ! • ... lui le professeur de français. • Il ... tu, n'ayant plus rien à ajouter. • Si ... toi qui le ..., dis-le. • Il ... esquivé sur la pointe des pieds. • ...-tu comment répondre ? • Ce sont ... lunettes, pas les tiennes ! .../10

181 ›› **Réécrivez ces phrases en mettant les verbes être et savoir au présent de l'indicatif. Ajustez les phrases, si nécessaire.**

S'était-on enfin décidé à le réparer ? • Savait-elle si c'était lui qui viendrait ? • On ne sut pas qui s'était échappé, si c'était elle ou si c'était lui. • Saura-t-on qui va diriger la réunion ? • Se serait-elle absentée, ces jours-ci ? • Ce fut on ne peut plus délicat à choisir.

Corrigé p. 227 .../10

22 c'était / s'était ; ce sera / se sera...

C'est décidé.
C'était décidé.
Demain, ce sera décidé.
Quand ce fut décidé, on le fit.

c'est
c'était
ce sera
ce fut

Il s'est décidé.
se décider
Il s'était décidé.
Il se sera décidé.
Quand il se fut décidé, il partit.

se décider
VERBE pronominal
(à un temps composé)

À RETENIR

- Il ne faut pas confondre les formes conjuguées de **c'est**, présentatif, et de **s'est**, partie d'un verbe pronominal conjugué à un temps composé.

182 › **Complétez par c', ce, s' ou se. Attention aux ressemblances !**

... est-il vexé ? • Quand je l'ai eu, ... était usé. • Elle ... sera vue à la télévision. • Cet homme ... était usé au travail. • Comme ... est vexant ! • On ... est servi car vous n'étiez pas là. • ... est recousu avec du fil très solide. • On ... était égaré. • Dès que ... sera vu, nous lèverons la séance. • À table, ... est servi ! Corrigé p. 227 .../10

183 › **Complétez par c', ce, s' ou se. Attention aux ressemblances !**

... sera livré dans la soirée. • ... est présenté avec goût. • Elle ... est montrée conciliante. • Il ... est présenté avec une cravate rouge. • ... produit est de bonne qualité. • ... sera réalisé avec minutie. • Il ... produit souvent des bruits curieux. • Hugo ... sera livré à des excès alimentaires. • ... est déjà démontré. • Quand son rêve ... sera réalisé, elle aura gagné. .../10

184 ›› **Complétez par c', ce, s' ou se.**

Elle ... sera permis des libertés ! • ... sera filmé en studio. • L'eau ... était évaporée, ... fut une catastrophe. • ... étaient des rats qui ... étaient tapis derrière la chaudière. • Il ... sera tourné trop vite. • Quand ... sera autorisé, vous le ferez. • ... fut terminé dès vingt heures. • Quand il ... fut occupé d'elle, il revint. Corrigé p. 227 .../10

23 la / l'a, l'as / là / las

Il reçut la lettre.
Il **la** reçut.
TEMPS SIMPLE

Il a reçu la lettre.
Il **l'a** reçue.
TEMPS COMPOSÉ

⚠ tu as reçu → tu **l'as** reçu(e)
c'est toi qui **l'as** reçu(e)

là (ici), là-bas, là-haut, hé là !

las, lasse

À RETENIR

- **la**, pronom personnel complément, est suivi d'un verbe à un temps simple ou à l'infinitif.
- **l'a** (ou **l'as**) correspond au verbe ou à l'auxiliaire *avoir* précédé du pronom personnel complément **l'**.
- **là** est un adverbe désignant un lieu, parfois un moment.

185 › **Remplacez chaque groupe de mots en bleu par la, là, l'a ou las.**

De *cet endroit*, nous les verrons. • On *l'avait* éclairée très tôt. • Cette trace, c'est un ours qui *l'aura* faite. • Ce bruit fit sursauter *la chatte*. • Il est *fatigué* d'attendre. • L'ouvrier *l'avait* modifié. • Je ne critique pas *Marion*, mais je défie *cette fille* de s'expliquer. • Cherche *ta bague* où tu dois l'avoir rangée. • On *l'avait* ornée d'un joli ruban. Corrigé p. 227 .../10

186 ›› **Complétez ces phrases par la ou l'a.**

On ... prit avec délicatesse. • Elle ... réussi comme toujours. • Je ... cueillis pour vous. • On ... soumis aux joueurs. • Il ... pris par la main. • Thomas ... cueillie pour ma fête. • Éva ... but d'un trait. • Paul ... soumit à son chef de bureau. • Mon voisin ... bu à moitié seulement. • Elle ... réussit merveilleusement bien. .../10

187 ››› **Complétez ces phrases par la, l'a(s) ou là.**

On ... vit osciller quelques secondes. • Cette pièce-... est réservée aux chimistes. • C'est toi qui ... compris. • C'est un témoin qui ... finalement identifié. • Son érudition ... toujours subjugué. • Il ... parcourut à grandes enjambées. • On ... résolu très facilement. • Elle ne ... jamais crue. • Ce jour-..., elle ... lut sans difficulté. Corrigé p. 227 .../10

24 tout / tous / toute(s)

tous les matins
tous feux éteints

tout le
toute la
tous les
toutes les
NOM(s)

en tout cas, à tout propos,
de tout temps, à tout prix…

Ils sont **tous** là. Elles sont **toutes** là.

PRONOM

Ils sont **tout** pâles.

ADVERBE très, tout à fait
entièrement

⚠ Accord au féminin : toute(s) pâle(s)
consonne (ou h aspiré)

À RETENIR

- **tout**, placé avant le groupe nominal, s'accorde avec celui-ci.
- **tous**, **toutes**, pronoms au pluriel, s'accordent avec ce qu'ils représentent.
- **tout**, adverbe, est invariable. Mais au féminin, il s'accorde si le mot qui suit commence par *une consonne* ou par un *h aspiré*.

188 › **Choisissez entre tout, tous, toute ou toutes pour compléter.**

Elles furent … d'accord. • C'est un film … publics. • Fais la liste de … celles qui vont venir. • Ils étaient … debout. • Je vous aiderai de … cœur. • … les clients recevront le catalogue. • On a eu un flan pour … dessert. • L'engin allait à … allure. • La plupart des arbres étaient … blancs. • Elle était la dernière de … . Corrigé p. 227 …/10

189 ›› **Remplacez l'adverbe en bleu par l'adverbe tout.**

Certains fruits sont *encore* verts. • L'héroïne était *aussi* en larmes. • Les enfants avaient leur veste *complètement* déboutonnée. • Deux de nos maillots sont *un peu* tachés, mais nos shorts sont *encore* propres. • Elle s'approcha *très* près. • Ces fours sont *entièrement* électriques. • Zoé était *vraiment* honteuse de sa faute. • Quelques arceaux sont déjà *bien* rouillés. • Les portes s'ouvrirent *très* grandes. …/10

190 ››› **Choisissez entre tout, tous, toute ou toutes pour compléter.**

Voilà des torchons … neufs. • … compte fait, je reste. • De … temps, il y a eu des conflits. • Je lui ai demandé à … hasard si elle le connaissait. • … timides qu'ils soient, ils protestent. • Il ne cesse de parler à … propos. • À … égards, ce film est intéressant. • Elle est déjà … habillée. • Il a des assiettes … ébréchées. • … adroits qu'ils soient, ils ont perdu le match. Corrigé p. 227 …/10

25 Les difficultés orthographiques liées à y

On y pense.
y → à cette chose / à cet endroit

y PRONOM

NE PAS CONFONDRE

j'y ≠ ci-gît
qu'y ≠ qui
s'y (cf. p.74)

⚠ t'y (je t'y attends)

n'y ≠ je/il nie, tu nies ; ni ; un nid
m'y ≠ je/tu mis, il mit ; mi ; la mie
d'y ≠ je/tu dis, il dit
l'y ≠ je/tu lis, il lit ; un lit ; la lie

À RETENIR

- Le pronom **y** représente des groupes de mots commençant par une préposition, souvent **à**.

191 › **Remplacez le pronom y par un groupe nominal avec préposition.**

Ex. : *J'y cours.* → *Je cours **à** mon cours de judo.*

Je n'y suis pour personne. • Il s'y voit déjà. • Nous t'y enverrons. • Je m'y perds. • Les enfants s'y ébattaient bruyamment. • Je viens d'y passer. • Dans la tempête, les matelots s'y agrippèrent. • Ne t'y fie pas ! • Je l'y rencontre souvent. • Qu'y as-tu trouvé ? Corrigé p. 227 .../10

192 ›› **Modifiez ces phrases de façon à utiliser le pronom y.**

Ex. : *Il n'avait pas pensé à cela.* → *Il **n'y** avait pas pensé.*

Ne comptez pas sur mon aide. • Il s'adonnait à la voile. • Je l'invite volontiers à ma fête. • Elle se rendit à l'agence. • Je m'arrêterai à Lille le mois prochain. • Je ne suis jamais montée sur scène. • Mon professeur d'anglais n'est jamais allé en Irlande. • J'ai pris ton dossier au lycée. • Tu peux t'attendre à une réaction très vive ! • Je me résous à l'abandon. .../10

193 ››› **Complétez en utilisant un des homophones de la leçon.**

Je vous remercie de ... faire penser. • Comment ... prends-tu ? • Elle ... est rendue à bicyclette. • Il aura ... la barre trop haut. • Il tenta ... lancer la balle. • On ... invite toujours, tant il est sympathique. • Vous ... penserez plus, ... moi non plus d'ailleurs. • Ci-... un héros. • Je viens ... étancher ma soif. Corrigé p. 227 .../10

26 Les difficultés orthographiques liées à en

Il en rêve.
→ de cette chose
de cet endroit
de cette personne

en
PRONOM

NE PAS CONFONDRE

j'en ≠ les gens
d'en ≠ une dent ; dans
m'en ≠ je/tu mens, il ment

s'en (cf. p.73)
t'en (cf. p.75)
qu'en (cf. p.76)

⚠ **n'en** (on n'en a pas)

À RETENIR

- Le pronom **en** représente des groupes de mots commençant par la préposition **de**.
- **en** peut aussi être une préposition, comme *à, de, dans, par, pour, chez...*

194 › **Remplacez le pronom en par un groupe nominal avec préposition.**

Ex. : *Chantez-m'en le refrain.* → *Chantez-moi le refrain* **de** *cette chanson.*

J'en reprendrais volontiers. • Veuillez m'en dispenser. • Le qu'en-dira-t-on. • On n'en a jamais assez. • Oui, c'en est ! • Nous t'en achèterons un. • Tous tes amis s'en réjouissent. • Envoyez-m'en quelques-uns. • Qu'en ressort-il ? • Il m'en rebat les oreilles.

Corrigé p. 227 .../10

195 ›› **Modifiez ces phrases de façon à utiliser le pronom en.**

Ex. : *Je me souviendrai de lui.* → *Je m'en souviendrai.*

Ils se servent souvent de leur caméra. • Que fera-t-on de lui ? • Elle n'est pas peu fière d'avoir réussi ! • On l'évinça de la liste. • Elle s'imprégna de ses idées. • Les critiques l'avaient découragé de son projet. • Ne discernes-tu pas l'intérêt de son exposé ? • Il risquait de mourir de cette piqûre de guêpe. • C'est de l'hydrogène. • Il patientait sans se départir de sa courtoisie habituelle. .../10

196 ››› **Complétez en utilisant des homophones de la leçon.**

Je ... avais jamais entendu parler. • Elle est ... souci ! • Tu ne ... soucies pas. • Donnez-... plusieurs. • Je sortirai de ce puits, après quoi je ... tirerai. • Elle ne ... laissa pas imposer. • Puisque ... est fait, tant pis. • Apporte-... un neuf. • Ne ... vante pas ..., tu n'as pas encore gagné !

Corrigé p. 228 .../10

27 s'en / sans / sens, sent / c'en...

Il **s'en** souvient.
se | souvenir → de quelque chose
s'en VERBE

je, tu **sens**
il, elle, on **sent** — sentir

le **sens**
sens dessus dessous

sans parapluie
pas de

cent = 100
centaine

le **sang**
saigner

C'en est trop !
c'est trop

À RETENIR

- **s'en** accompagne le verbe pronominal.
- **sens** et **sent** sont des formes conjuguées du verbe *sentir*.
- **sans** est une préposition qui indique un manque, une privation.
- Dans **c'en**, on retrouve la préposition **en** précédée de **c'** *(= cela)*.

197 › **Choisissez entre les différents /sɑ̃/ de la leçon.**

Il partit … mot dire. • Il a eu dix pour … de réduction. • Les acrobates ne travaillent plus … filet. • Cette cave … le renfermé. • … rend-il compte ? • … est trop, tu exagères ! • Mon … n'a fait qu'un tour. • Il continuait à rouler, … se rendre compte de l'heure. • Ils se sont esquivés … qu'on … doute.

Corrigé p. 228 …/10

198 ›› **Choisissez entre les différents /sɑ̃/ de la leçon.**

Il … fallut de peu. • Il poursuivit son chemin … se hâter. • Ce cheval est un pur-… . • Malgré son grand âge, elle lit … lunettes. • Il ne peut … prendre qu'à lui-même. • Il ne … pas sa force. • Sa chambre est … dessus dessous. • … priverait-il que personne ne le remarquerait. • Ne devrait-on pas … réjouir ? • Il s'esquiva … un mot. …/10

199 ››› **Réécrivez chaque phrase en y introduisant un mot qui se prononce /sɑ̃/.**

On fabrique des appareils ne présentant pas de défaut. • Elle s'est fait un collier avec ces coquillages. • Pourquoi se défend-il avec autant de vigueur ? • Mon frère ne m'en croit pas capable. • Le crayon était si petit que c'était ridicule.

Corrigé p. 228 …/10

28 s'y / si / -ci, ci- / sis...

On **s'y** promène.

se | promener → à cet endroit

s'y VERBE

Je me demande **si** je peux.
est-ce que...

Si tu voulais...
à condition que

Non ! **Si** !

Tu es **si** fort !
tellement

si ♩

ces jours-**ci**

-ci

ci-

celui-ci ceux-ci

ci-dessus ci-joint

un zoo **sis** à Thoiry
situé
une maison **sise** à...

une **scie** il **scie** scier

À RETENIR

- **s'y** accompagne le verbe pronominal.
- **si** peut être conjonction *(si je peux)* ou adverbe *(= tellement, aussi)*.
- **ci-** ou **-ci** indique un lieu ou un moment proche.
- **sis** a le même sens que *situé*.

200 › Complétez avec les différents /si/ de la leçon.

... je m'y étais prise autrement, je n'en serais pas là. • Veuillez trouver ... joint la fiche demandée. • Elle ... plaît beaucoup. • Il ... est vraiment intéressé. • Une ... à métaux est nécessaire pour cette réparation. • ... intelligent soit-il, il doit travailler. • On ... rend facilement. • Elle est ... amusante ! • N'avais-tu pas dit que tu viendrais ces jours ... ? Bien sûr que ... ! Corrigé p. 228 .../10

201 ›› Complétez avec les différents /si/ de la leçon.

« Vous ne me croyez pas ? – Mais ... ! » • Il n'est pas ... vieux que tu le penses. • Line ... montre très adroite. • Observez le tableau ... dessus. • À vendre : terrain ... au bord du CD 98. • Ceux ... n'en font pas partie. • Le chat ... blottit souvent. • Quel plaisir de ... attarder ! • ... habiles qu'ils soient, ils n'ont pas réussi. • Il faut qu'on ... prépare. .../10

202 ››› Réécrivez chaque phrase en y introduisant un mot qui se prononce /si/.

L'immeuble situé au n° 27 sera démoli. • Au retour, ils s'arrêteront à la mairie. • Pourquoi pars-tu très tôt ce matin ? • Donnez-moi celui qui est près de vous. • On s'attend à ce qu'elle nie les faits. Corrigé p. 228 .../10

29 t'en / tant / tends, tend / temps…

Il **t'en** parle.
te | parler → de quelque chose
t'en VERBE

Il a **tant** parlé !
tellement
tant pis — en tant que
tant mieux — tant et si bien que

je, tu **tends**
il, elle, on **tend** la main
tendre

le **temps** qu'il fait

qui passe

à temps, de temps à autre

un **taon**
insecte

le **tan**
tanner, tannerie

À RETENIR

- **t'en** est formé du pronom complément **t'** *(= te)* et de **en**.
- **tant** est un adverbe exprimant la quantité *(= tellement)*.
- **tends** et **tend** sont des formes conjuguées du verbe *tendre*.
- Trois noms : le **temps** (invariable) ; le **taon** (l'insecte) ; le **tan** *(cf. tanner)*.

203 › **Complétez avec les différents /tɑ̃/ de la leçon.**

Je … prie, éteins la lumière. • Il y a … de chefs-d'œuvre dans ce musée ! • Ce sont des gens comme il y en a … . • …-lui la main pour franchir ce fossé. • Le … est une sorte de grosse mouche. • C'est à ton tour de … occuper. • Tu m'en diras … ! • Le pêcheur … ses filets. • Tu devrais … débarrasser. • Ma voiture a fait son … . Corrigé p. 228 …/10

204 ›› **Complétez avec les différents /tɑ̃/ de la leçon.**

Il a réussi … bien que mal à réparer son vélo. • Pourquoi … te dépêcher ? • Je n'ai pas le … de t'expliquer. • Le … est utilisé pour la préparation des cuirs. • Combien … faut-il ? • Dis-lui la vérité : elle te … la perche. • Va-… ! • Pourquoi accorder … d'importance à ces détails ? • Il est … que tu … préoccupes. …/10

205 ››› **Réécrivez chaque phrase en y introduisant un mot qui se prononce /tɑ̃/.**

Peux-tu te charger de cette mission ? • Je vous écris parce que je suis délégué de classe. • Elle tire sur le tissu pour en effacer les plis. • Plus tard, on te remerciera de ce service. • Quel bavard, il ne devrait pas parler sans arrêt ! Corrigé p. 228 …/10

30 qu'en / quand / quant...

Il ne part qu'en été.
en été

Qu'en dites-vous ?
Que dites-vous de cela ?

Quand irez-vous ?
à quel moment

Quand j'aurai le temps.
lorsque

Quant à moi, je reste.
en ce qui me concerne

quant à
quant aux

le camp des joueurs
des campeurs
militaire

À RETENIR

- **qu'en** est formé de **qu'** *(= que)* et de **en** (préposition ou pronom).
- **quand** introduit une proposition qui exprime le temps.
- **quant à** et **quant au(x)** signifient *en ce qui concerne, pour ce qui est de.*
- **camp** est un nom de la famille de *camper, campagne.*

206 ›

Complétez avec les différents /kɑ̃/ de la leçon.

Il ne fut sauvé … fuyant. • … il tira, on sursauta. • Et toi Arthur, … penses-tu ? • Il dit … un mois ce sera fini. • Je le ferai … même. • … à lui, il surveillait les alentours. • Dans quel … jouez-vous ? • … aux enfants, ils dorment. • Tu ne pourras sortir … reculant. • Mon frère est grippé ; … à moi, je suis en forme. Corrigé p. 228 …/10

207 ››

Complétez avec les différents /kɑ̃/ de la leçon.

… feras-tu ce compte rendu ? • De notre enfance, … restera-t-il ? • Nous n'irons … été. • … à toi, que désires-tu ? • … restera-t-il parmi nous ? • … à l'ascenseur, il est en panne. • … le chameau boit, c'est 50 litres à la fois. • Les deux … se sont réconciliés. • … il les aura lus, il décidera. • Ne te soucie pas des …-dira-t-on. …/10

208 ›››

Réécrivez chaque phrase en y introduisant un mot qui se prononce /kɑ̃/.

Notre maison t'est ouverte à n'importe quel moment. • J'ai lu que vers 1910 des inondations dévastèrent la région. • Vos passeports sont prêts ; pour les vaccins, renseignez-vous. • Tu me réclames ces planches, mais qu'est-ce que tu en feras ? • Au sujet de l'itinéraire le plus court, je vais le chercher sur Internet. Corrigé p. 228 …/10

31 quel(s) que, quelle(s) que / quelque(s)

Quelles que soient vos opinions…
FÉMININ PLURIEL — FÉMININ PLURIEL

quel que soit — quels que soient
quelle que soit — quelles que soient
} ÊTRE au subjonctif (*ou* **pouvoir, devoir**)

un **quelque** danger

des **quelques** fleurs

⚠ quelque temps

⚠ INVARIABLE

quelque 500 pages
environ

quelque bonnes que soient ces règles…
si — ADJECTIF

À RETENIR

- **quel que** est suivi d'un verbe au subjonctif ; **quel** s'accorde alors avec le nom auquel il se rapporte.
- **quelque(s)**, déterminant, s'accorde avec le nom.
- **quelque**, adverbe, est invariable. Il signifie *environ* ou *si*.

209 › Accordez quel avec le nom auquel il se rapporte.

Ex. : … *que soient vos paroles* → ***quelles*** *que soient vos paroles.*

… que soit ta surprise
… que soit le sujet
… que soit la quantité
… que soit ta décision
… que soient les essais
… que soient leurs demandes
… que soient les passeports
… que soient les nouvelles
… que soit votre profession
… que soient mes copains

Corrigé p. 228 …/10

210 › Réécrivez ces phrases en remplaçant les mots en bleu par quelque (adverbe) ou par quelques (déterminant).

Ex. : *Je lui ai offert … fleurs.* → *Je lui ai offert* ***quelques*** *fleurs.*

Prenez donc *deux ou trois* caramels. • Consens-tu à me prêter *cinq ou six* livres ? • La descente s'étend sur *environ* dix kilomètres. • *Plusieurs* guirlandes décoraient la salle de réunion. • J'ai lu *environ* cent pages. • *Des* matchs étaient prévus pendant l'été. • L'orchestre compte *approximativement* quarante musiciens. • Vous obtiendrez *des* renseignements à la mairie. • Son chien pèse *à peu près* vingt kilos. • Ils ont planté *en gros* huit cents arbustes. …/10

211 ››

Complétez par quel que ou par quelque. Accordez si nécessaire.

Le médecin a dit que le malade pourrait se lever dans … jours. • Elle sort toujours, … soit le temps. • … soit sa bonne volonté, il ne comprend rien. • Mon imagination m'avait encore joué … tour. • Dans ce cageot, il y a … six kilos de pêches. • … soient les risques, nous ferons cette expédition. • … bisons approchaient de la voiture. • Vous m'avez caché … chose. • Il sortit … pièces de son porte-monnaie. • Je ne l'achète pas, … en soit le prix. Corrigé p. 228 …/10

212 ››

Complétez par quel que ou par quelque. Accordez si nécessaire.

- … en soit mon envie, j'irai. • … envie que j'en aie, j'irai.
- … courageux qu'ils soient, ils risquent de perdre. • … courageux sont passés à l'attaque.
- … erreurs ont été commises. • … soient ses erreurs, il réussira. • … erreur qu'il ait commise, il réussira.
- … soit son orgueil, je travaillerai avec lui. • … orgueilleux qu'ils soient, ils restent sympathiques. • … orgueilleux ont refusé de reconnaître leurs torts.

…/10

213 ›››

Réécrivez chaque phrase en y introduisant un mot qui se prononce /kɛlk/.

Ex. : *Qu'importe vos erreurs, il faut les corriger.*
→ ***Quelles que soient** vos erreurs, il faut les corriger.*

Les *deux ou trois* livres que vous m'avez prêtés m'ont beaucoup plu. • *Qu'importe* votre opinion, je la respecterai. • *Certains* d'entre vous semblent ne pas avoir compris. • J'ai *un peu de* peine à le croire. • J'accepte *indépendamment* de votre choix. Corrigé p. 228 …/10

214 ›››

Complétez par quelque, quelque(s), quel(s) que ou quelle(s) que.

… risques demeurent encore. • … soient les rapports, ils figurent dans le dossier. • … approximatifs que soient ces témoignages, je ne doute pas de leur véracité. • … dangereuses que pussent être ces missions, il les accepta. • Je vous excuse, … soient vos motifs. • … expéditions de ce genre ont été organisées. • … fussent les corvées, elle était volontaire. • … trois millions d'euros furent dépensés. • … aient été les dépenses, ils les auraient approuvées. • … excessive que fût la dépense, ils l'oublièrent. …/10

32 même / même(s)

VARIABLE

Ils font les **mêmes** gestes.

Ce sont les **mêmes**.

Il le dira **lui-même**.
elle-même, elles-mêmes
eux-mêmes, nous-mêmes...

⚠ vous-même — vous-mêmes

⚠ **INVARIABLE** — **Même** les livres furent vendus.
les livres aussi

Les livres même furent vendus. (aussi)
Les livres mêmes furent vendus. (eux-mêmes)

À RETENIR

- **Même** peut prendre le **s** du pluriel quand il est dans un groupe nominal *(les même**s** gestes)*, quand il suit un pronom personnel *(ils le diront eux-même**s**)* et quand il est pronom indéfini *(ce sont les même**s**)*.
- L'adverbe **même** est invariable. Il signifie *aussi, également*.

215 › Complétez par même ou par mêmes.

■ Ils esquissèrent … quelques pas de danse. • Ce sont toujours les … danses. ■ Il n'écoutait … pas les éloges. • Il lui adresse encore les … éloges. • … les éloges le laissent insensible. ■ Les chats, les chiens … avaient eu peur. • Elles élèvent les … races de chiens. ■ Elles étonnaient … leurs professeurs. • On avait encore les … professeurs. • … nos professeurs en ont ri.

Corrigé p. 228 …/10

216 ›› Réécrivez chaque phrase en y introduisant même(s).

J'espère, mon cher ami, que vous me répondrez *en personne*. • Il pleuvait tant que nos sous-vêtements furent *également* mouillés. • Des symptômes *identiques* réapparurent. • Ils défrichèrent les sous-bois *sans aide*. • Les maisons *aussi* furent évacuées. …/10

217 ››› Complétez par même ou par mêmes.

Ce sont ses paroles … . • Ils ont gardé les … traditions. • Alors, … les oiseaux se sont tus. • Nous avons exploré la grotte par nous-…, sans emprunter les … galeries que vous. • On voyait toujours les … bâtisses. • Je ne crois pas ceux-là … qui l'affirment. • Ils sont arrivés en … temps. • Et … des branches furent cassées ! • Elles ont le … âge et les … goûts.

Corrigé p. 228 …/10

33 ce qu'il / ceux qui le / ce qui le

À RETENIR

- Dans certaines expressions, il faut bien réfléchir au sens de ce qu'on écrit pour découper correctement certains mots :
  – **ce qu'il fait** signifie *ce que quelqu'un fait* ;
  – **ceux qui le voient** signifie *les gens qui voient quelqu'un* (ou *quelque chose*) ;
  – **ce qui le passionne** signifie *cette chose qui passionne cette personne.*

218 ›› **Complétez ces phrases par ce qu'il(s), ceux qui ou ce qui.**

Ex. : *Répétez-moi … ont dit.* → *Répétez-moi* ***ce qu'ils*** *ont dit.*

… fait m'intéresse beaucoup. • … ne comprendront pas doivent demander une explication complémentaire. • … me plaît en vacances, c'est de pouvoir me lever tard. • Je dois changer de train trois fois, … n'est pas très pratique. • … vivent, ce sont … luttent. • Nous allons examiner … propose. • … chantent me rappelle notre voyage. • Dis-moi … t'ennuie. • Savez-vous … ont l'intention de faire ?

Corrigé p. 229 …/10

219 ››› **Complétez par ceux qui le, ce qu'il(s) ou ce qui le.**

Ex. : *J'ignore … contrarie.* → *J'ignore* ***ce qui le*** *contrarie.*

Essaie de deviner … a acheté. • Il a été plâtré, c'est … gêne pour marcher. • Ce train est direct : … prendront arriveront plus tôt. • Il a acheté un casque, … protégera. • Ce parcours est difficile : … suivront devront être bien entraînés. • Connais-tu … attendent ? • Sais-tu … attend de nous ? • Avec la sottise qu'il vient de faire, Alexandre sait bien … attend. • … adore, c'est le poulet à la tomate et au basilic. • … aiment se souviendront de lui.

Corrigé p. 229 …/10

34 Autres homophones

Quoique malade, je travaille.
Quoique je sois malade, j'irai.
bien que...

Quoi que vous disiez, j'écoute.
quelle que soit la chose que...

plutôt
de préférence

plus tôt
moins tard

Il est heureux **parce qu'**il a réussi.
puisque, car...

Je le connais **par ce que** tu m'en dis.
par tout ce que...

surtout
par-dessus tout

sur tout
sur toute chose

À RETENIR

- **quoique** en un mot a le sens de *bien que* ; **quoi que** (en deux mots) signifie *quelle que soit la chose que*.
- **plutôt** et **surtout** sont des adverbes ; **plus tôt** (en deux mots) signifie *moins tard* et **sur tout** (en deux mots) signifie *sur toute chose.*
- **parce que** équivaut à *puisque* ; **par ce que** signifie *par la chose que*.

220 »

Complétez par quoique, quoi que, plutôt ou plus tôt.

Ils sont … comme celui-ci. • Il se plaint, … on ne lui ait rien fait. • … on fasse, il est toujours satisfait. • Veuillez me faire parvenir ces échantillons au … . • … convalescent, il a repris son travail tant on avait besoin de lui. • … il raconte, elle ne le croit plus. • Je trouve la vie … monotone. • … ayant blâmé sa sœur sans indulgence, il lui offrait maintenant son aide. • Elle a dû attendre, car elle est arrivée … qu'on ne le pensait. • Il nous a raconté son aventure … deux fois qu'une !

Corrigé p. 229 …/10

221 »

Complétez par parce que, par ce que, surtout ou sur tout.

Son travail a été récompensé … il est exemplaire. • Il ne faut pas juger un homme … il ignore, mais … il sait. • …, n'oubliez pas de m'écrire. • Si l'on en juge … elle dit, son succès est assuré. • Tu peux l'interroger …, grand-père te répondra toujours. • Ses camarades le protégeaient … il était frêle et sans défense. • Cet homme est égoïste, il pense … à lui. • Je suis impressionné … vous nous avez raconté. • Un conseiller donnera son avis … ce qui concerne les possibilités d'orientation.

…/10

Homophones grammaticaux

222 ›› **Transformez ces phrases pour y introduire un homophone de /la/.** Règle 23

Ex. : *Qui t'a dévoilé ce secret ?* → *Qui te* ***l'a*** *dévoilé ?*

Ce silence a beaucoup étonné le gardien. • Quand rencontrerez-vous la conseillère ? • Les adultes ne disent pas toujours la vérité. • Il est trop fatigué pour monter les étages à pied. • Déjà de retour ? • As-tu suivi régulièrement ton entraînement ? • Personne ne privera cette locataire de ses droits. • La banque a-t-elle bien effectué ce virement ? • A-t-il vraiment appris cette leçon ? • Elle sait la règle par cœur. .../10

223 ››› **Complétez ces phrases par la, l'a(s) ou là.** Règle 23

On ... emmitouflé jusqu'aux oreilles. • Elle ... parcourut en dix minutes. • Tu ... immédiatement reconnue. • Il ... soignée et ... apprivoisée. • Les enfants ... chantaient en chœur. • Tu ... reconnus tout de suite. • On ... surpris en train de bâiller. • Elle ... souvent parcourue. • On ... surprit en plein travail. .../10

224 ››› **Choisissez entre les différents /la/ pour compléter.** Règle 23

Il ... scandalisa par ses propos outranciers. • Le comité ... réélut au premier tour. • Pourquoi ...-tu fait évacuer ? • Sa nomination ... vraiment comblé d'aise. • On ... maintint à bonne distance. • Elle arrivera jusque-... sans encombre. • Ne ...-t-il pas déjà lue ? • C'est le remords qui ... davantage puni. • Sa maison de famille, il ... décrit dans le chapitre deux de ses mémoires. • Mon frère ne ... jamais connue. .../10

225 › **Complétez ces phrases par tout, tous, toute ou toutes.** Règle 24

Le géomètre a pris ... les mesures. • La voiture roulait ... feux éteints. • Les invités arrivèrent ... ensemble. • Elle frappa de ... petits coups à la porte. • Confie-moi ... les accessoires. • Quelques napperons étaient ... chiffonnés. • Il me raconta ... ce qu'il savait. • En ... cas, tu as réussi. • Il s'enfuit à ... jambes. • Ils s'admiraient avec leurs pantalons ... neufs. .../10

226 ›› **Complétez ces phrases par tout, tous, toute ou toutes.** Règle 24

Écrivez ce nombre en … lettres. • Selon … apparence, il s'apprêtait à commettre un larcin. • Il voulait ce diplôme à … prix. • Les dahlias ont … été endommagés par l'orage. • Il disparut à … jamais. • La ville … entière se passionnait pour l'aventure. • Ils restèrent … deux un long moment à attendre, … transis de froid. • La comédienne est … à ses projets. • Certains vêtements avaient été … déchirés par le chien. …/10

227 ››› **Complétez ces phrases par tout, tous, toute ou toutes.** Règle 24

La plupart de ces écussons sont … abîmés. • Deux de mes amies habitent … à côté. • La dernière de … paraissait la moins exténuée. • … susceptibles qu'ils fussent, ils durent subir ses reproches. • À chacune de ses nouvelles histoires, nous étions là, … yeux, … oreilles. • Vous aurez le vivre et le couvert pour … avantages. • Je serai … ouïe ! • Ma grand-mère a lu … Chateaubriand. • Elle avait … pouvoirs sur lui.

…/10

228 › **Réécrivez ces phrases de façon à utiliser y ou en.** Règles 25, 26

Ex. : *Je me contente **de ce dessert**. → Je m'**en** contente.*

Je ne m'oppose pas à votre départ précipité. • Il suffit de déchiffrer le code de ce message. • Ses parents l'ont inscrit à un cours de solfège. • Je suis ravi de cet heureux événement. • À ta place, je me fierais à l'avis de son entraîneur. …/10

229 ›› **Écrivez ces phrases de façon à utiliser y ou en.** Règles 25, 26

Il me juge digne de ce travail. • Elle s'introduit dans la capsule spatiale. • Il est temps de te rendre à ce rendez-vous. • Ne le plaignons pas de ses malheurs. • Je crois que tu t'attends à son succès. • On se sert souvent du téléphone. • J'arrive en avance au collège. • Nous t'achèterons des balles de tennis. • Je ne suis jamais allé chez le dentiste. • M'inscriras-tu au club ? …/10

230 ››› **Choisissez entre les différents /ni/ ou /mɑ̃/pour compléter.** Règles 25, 26

Je … peux rien. • Il ne m'a dit … oui … non. • Veuillez … dispenser. • Ne … pas l'intérêt de cette pièce. • Il fouilla dans ses poches, … trouvant que ses clés. • Joséphine est repartie sans … parler. • Cette femme … pour protéger ses enfants. • Ce château en ruine est un véritable … d'aigle. • Ne … tiendras-tu pas rigueur si je refuse d'y aller ? …/10

231 ›› **Utilisez des homophones de /sɑ̃/ et de /si/ pour compléter.** Règles 27, 28

Ex. : *Dis-nous … tu ne t'en … pas capable.*

→ *Dis-nous* ***si*** *tu ne t'en* ***sens*** *pas capable.*

Le voilà promu, mais … que sa situation … soit améliorée. • … gît Jean de la Lune, poète. • De colère, elle … était prise à mon frère. • Si elle hésite, … est terminé pour elle ! • On veut savoir … tu es confortablement installé. • Le chien a flairé un passage et … engouffre aussitôt. • Denis a mis son tricot … devant derrière. • Mais, ne …-tu pas que la solution est évidente ? • Vous en trouverez … inclus une copie. …/10

232 ››› **Utilisez des homophones de /tɑ̃/ pour compléter.** Règle 29

… va la cruche à l'eau qu'à la fin elle se casse. • Je … commande cent kilos. • Un loup n'avait que les os et la peau, … les chiens faisaient bonne garde. • Patience et longueur de … font plus que force ni que rage. • Ce secret m'oppresse, je devrais … parler. • Si vous ne venez pas, … pis ! • Ce fauteuil me … les bras. • Ne … fais pas, nous réussirons. • C'est une espèce de … qui m'a piqué. • Je n'ai pas terminé, … s'en faut ! …/10

233 ››› **Utilisez des homophones de /kɑ̃/ pour compléter.** Règle 30

Si je te donne ce tissu, … feras-tu ? • … à accepter ce travail, autant l'exécuter correctement. • Il savait … frottant deux silex, le feu jaillirait. • … à t'avouer la vérité, cela m'était difficile. • Vous avez vu mon travail : … disent vos collaborateurs ? • … bien même tu échouerais, tu auras appris. • Il offrait des cadeaux ; … à s'acquitter de ses dettes, c'était une autre affaire ! • … direz-vous ce que vous projetez ? • … à son acolyte, il fut arrêté le soir même. • Tout dégénéra … les administrateurs commencèrent à délibérer. …/10

234 ››› **Réécrivez chaque phrase en y introduisant un mot qui se prononce /kɛlk/.** Règle 31

Ex. : *Il vint à peu près cent personnes.* → *Il vint* ***quelque*** *cent personnes.*

Ce cageot contient *environ* quatre kilos de pêches. • Il a encore rencontré *un* bavard sur son chemin ! • Elle gagnera la course *malgré* les conditions météorologiques. • Il y a *un certain* temps déjà que je vous l'ai envoyé. • *Des* signaux violets s'allumaient régulièrement sur le pupitre. …/10

235 ››› **Complétez par quelque, quelque(s), quel(s) que ou quelle(s) que.** Règle 31

L'hôtesse prononça ... mots de bienvenue. • Il y a ... cinq cents ans qu'un Napolitain inventa la boussole. • ... soit leur intelligence, ils doivent travailler. • Une telle générosité méritait ... récompense. • ... doivent être ses efforts, il escaladera la paroi. • ... précieux que soient ces bijoux, je ne les porterai pas. • Il l'a payé trois cents et ... euros. • ... puisse être le coût des travaux, exécutez-les. • ... soient les causes de cet incendie, nous les découvrirons. • Les ... coups de fusil qui claquaient paraissaient inoffensifs. .../10

236 ››› **Choisissez entre les différents /kɛlk/ pour compléter.** Règle 31

Le succès sera très difficile, ... soient sa force et son courage. • On ne vous écoutera pas, ... fondés que soient vos motifs. • Nous serons quarante et ... convives à ce repas. • Le coureur fit ... kilomètres, puis rentra au vestiaire. • ... blessantes qu'aient été ses paroles, le portier n'a pas répondu. .../10

237 ››› **Choisissez entre les différents /kɛlk/ pour compléter.** Règle 31

Le député accorda ... entretiens à des journalistes. • Il aimait les fables de La Fontaine, ... en fût la moralité. • ... cent mètres séparaient leurs deux maisons. • Le préfet ne peut vous recevoir aujourd'hui, ... soient les prétextes invoqués. • ... en soient les raisons, il faudra réitérer votre demande. .../10

238 ›› **Complétez par même ou par mêmes.** Règles 32

On n'est jamais si bien servi que par soi-... . • Je connais plusieurs personnes portant le ... nom. • Je ne peux pas croire que ce soient les ... ! • C'est un lecteur si passionné qu'il relit plusieurs fois les ... livres. • La plupart des gens pensaient de ... . • Elles évincèrent elles-... les trouble-fête. • Dites-le vous-..., mesdemoiselles. • Vous êtes assez grand pour solliciter cette autorisation vous-... . • Les discussions, les débats, les polémiques ..., tout le laissait indifférent. • Les ... vont y retourner. • Les deux militaires portaient les ... galons. .../10

35 Les difficultés liées au genre des noms

Les haltères sont soulevés sans peine.

un haltère

une anagramme

des anagrammes amusantes

poli / poil
miel / lime

À RETENIR

■ Connaître le genre des noms (masculin ou féminin) est indispensable en français : il commande en particulier le choix du pronom (*il* ou *elle*) et l'accord de l'adjectif et du participe passé.

Exemples de noms dont le genre provoque des erreurs :

Masculin		Féminin	
un abaque	un harmonica	une acné	une épitaphe
un abîme	un hémisphère	une acoustique	une épithète
un amalgame	un hortensia	une aérogare	une épître
l'amiante	un humour	une algèbre	une équivoque
un antidote	un hymne	une amnistie	une escadre
un antre	un indice	une amphore	une espèce
un aparté	un insigne	une amygdale	une glaire
un aphte	un interstice	une anagramme	une icône
l'apogée	un intervalle	une ancre *(de bateau)*	une idylle
un appendice	un isthme	une anecdote	une interview
un armistice	un itinéraire	une anicroche	une mandibule
un arpège	un ivoire	une antilope	une moufle
un artifice	un libelle	une apostrophe	la nacre
un astérisque	un méandre	une apothéose	une oasis
un autographe	un mythe	une arabesque	une octave
un bacille	un obélisque	une argile	une orbite
un cerne	un orgue	une asphyxie	une orchidée
un colchique	un orifice	une aspirine	une oriflamme
un dédale	un ovale	une atmosphère	une otarie
un edelweiss	un ovule	une autoroute	la ouate
un élixir	un paraphe	une câpre	une ovation
un éloge	un pétale	une congère	une patère
un emblème	un planisphère	une échappatoire	une pléthore
un en-tête	un poulpe	une ecchymose	les prémices
un épiderme	un prélude	une éclipse	une satire
un épilogue	un scarabée	une écritoire	une spirale
un ermite	un tentacule	une écumoire	une spore
un escompte	un termite	une effigie	une stalactite
un éther	un tubercule	une ellipse	une tribu *(tribal)*
un exode	un tribut *(= impôt)*	une émulation	une urticaire
un globule	un vice *(de construction)*	une enclume	une vis *(visser)*
un haltère	un viscère	une épice	une volute

239 ›
Écrivez ces noms en deux groupes, suivant leur genre.

intervalle, harmonica, espèce, tentacule, écritoire, apostrophe, octave, autographe, ellipse, artifice, mythe, amiante, cerne, ermite, escadre, éther, ouate, apogée, prémices, scarabée. Corrigé p. 229 .../20

240 ›
Accordez les adjectifs avec les noms.

Des pétales rosé... • des anecdotes plaisant... • quel... éloges ! • de nombreu... orifices • de l'argile pétri... à la main • des en-têtes coloré... • des satires méchant... • l'hémisphère boréal... • des oasis saharien... • l'éclipse partiel... . .../10

241 ››
Complétez en choisissant le bon déterminant : ce ou cette.

... poulpe	... volute	... idylle	... globule	... congère
... tubercule	... tribut	... câpre	... paraphe	... spirale

.../10

242 ››
Accordez les adjectifs avec les noms.

Des isthmes vu... d'avion • de long... épîtres • des moufles fourré... • les méandres obscur... de sa pensée • ces indices sont suffisant... • aucun... échappatoire possible • de grand... planisphères • des aphtes douloureu... • des orchidées parfumé... • quel... bon... acoustique ! Corrigé p. 229 .../10

243 ›››
Accordez les adjectifs et les participes passés avec les noms en bleu.

L'*épithète* trouvé... ne convient pas. • Il dessina des *arabesques* bariolé... . • Les *termites* sont tué... par ce produit. • L'*écumoire* est tombé... . • Les *ovations* de la foule étaient spontané... . • Des *edelweiss* ont été planté... . • L'*interview* est bientôt terminé... . • Les *astérisques* furent imprimé... en gras. • Ces *antidotes* sont connu... . • Des *interstices* étaient apparu... dans le mur. .../10

244 ›››
Réécrivez ces phrases en remplaçant les noms en bleu par des pronoms.

L'*éclipse* aura lieu cette nuit. • L'*escompte* est de 10 %. • Ton *acné* peut se soigner. • L'*icône* venait de Byzance. • Son *humour* nous amusa. • L'*exode* fut terrible. • L'*otarie* plongea. • Mon *itinéraire* est juste. • L'*atmosphère* est irrespirable. • L'*algèbre* est difficile.

Corrigé p. 229 .../10

36 L'accord de l'adjectif qualificatif

Thomas trouve Capra gent**ille**.
qui est

Il (la) trouve aussi très joli**e**.
Capra — qui est

⚠ → nom masculin + nom féminin → adjectif masculin pluriel

À RETENIR

- L'adjectif qualificatif s'accorde en genre et en nombre avec le nom ou le pronom auquel il se rapporte, qu'il soit sujet ou complément d'objet du verbe. Plus simplement, on cherche **ce qui est** pour accorder l'adjectif : *c'est* ***la*** *(= Capra)* ***qui est*** *gentille, jolie.*
- L'adjectif est au masculin pluriel s'il se rapporte à plusieurs noms dont un au moins est masculin.

245 ›

Accordez les adjectifs qualificatifs de ces phrases.

Cette affaire, je la considère comme *(sérieux).* • On rendit *(publique)* les propositions du maire. • Si vous ne les trouvez pas *(excellent),* je vous rembourse ces truffes. • Cette lumière et ces éclairs, je les vois plutôt *(bleuté).* • Elle les croyait vraiment *(réel),* tous ces ragots. • On les considère comme *(impropre)* à la consommation. • Êtes-vous *(content)* de votre soirée, messieurs ? • Ce champignon les a rendus *(malade).* • Leur avance était *(lent),* les coureurs la voyaient encore *(ralenti)* par la pluie. Corrigé p. 229 .../10

246 ››

Remplacez les noms en bleu par des pronoms, puis accordez les adjectifs entre parenthèses.

Ex. : *Elle a les cheveux (brun).* → *Elle* ***les*** *a bruns.*

On imagine volontiers *Léo et Zoé (ahuri),* mais on se trompe. • Je pensais *ces vendeurs (cynique).* • On croyait *cette mesure (illégal).* • Elle avait *la langue* vraiment bien *(pendu).* • Ne trouves-tu pas *cette boisson* trop *(sucré)* ? • L'employé certifia *les copies (conforme)* à l'original. • *Cette pêche et cet ananas* semblent trop *(mûr).* • Mon père tenait toujours *ses idées* pour *(vrai).* • Nous considérions *cette actrice* comme *(écervelé)* et peu *(doué).* .../10

37 L'accord sujet-verbe

Mon oncle et **ma tante** aim**ent** naviguer.
1 + 1

Les courses en mer me passionn**ent**,

racont**e** **Arthur**.

À RETENIR

- Le verbe s'accorde toujours avec son sujet. Deux sujets au singulier impliquent un verbe au pluriel.
- Le sujet peut être **séparé du verbe** par un groupe de mots, par un pronom, par une négation.
- Le sujet peut être **inversé** et **placé après** le verbe.

247 › **Complétez les verbes de ces phrases.**

Les panneaux de signalisation routière guid… les automobilistes. • Pierre, qui est le plus raisonnable des trois garçons, travaill… dans un grand garage. • Le prix et la raison lui impos… ce choix délicat. • Pendant huit jours se déroul… un spectacle son et lumière inédit. • Les hommes manœuvrai… le bateau et le dirigeai… lentement au fil de l'eau. • David et Romain préfèr… venir. • Le mécanicien, à l'aide de pinces, essayai… de dévisser le boulon rouillé. • Certains pens… que la vie, sous des formes différentes, exist… sur d'autres planètes.

Corrigé p. 229 …/10

248 › **Complétez les verbes de ces phrases.**

Les gens du village aimai… se retrouver sur la place. • C'est bien à cette revue que s'abonn… la plupart d'entre eux. • Trois niches en ogive abritai… des statuettes. • C'était sur ce nouveau produit que reposai… les espoirs de l'entreprise. • S'il ne les essai… pas, comment saura-t-il si ces chaussures lui convien… ? • Tous ne donn… pas le même avis. • C'est l'une de ces deux machines qui broyai… les aliments. • Que disai… ces personnages ? • Son frère et mon cousin, casque sur la tête, enfourch… la moto. …/10

249 »

Mettez les verbes en italique au présent, en les accordant. Répondez en écrivant le sujet + le verbe.

Aux informations, *(succéder)* un reportage. • L'enregistreur de mes grands-parents *(se programmer)* seulement quinze jours à l'avance. • Une bonne hygiène des nourrissons *(abaisser)* le taux de la mortalité infantile. • Les devoirs que *(donner)* ce professeur *(correspondre)* bien au programme de la classe. • Ils ne la *(voir)* plus guère. • On les *(chercher)* toujours quand elles sont bien rangées. • Pourquoi ne *(cesser)*-t-il pas de chanter ? • Je les *(feuilleter)* souvent. • Si beaucoup *(payer)* une cotisation de soutien, le budget de notre association sera suffisant. Corrigé p. 229 .../10

250 »

Voici des groupes de mots sujets. Écrivez-les séparément suivant qu'ils entraînent un verbe au singulier ou un verbe au pluriel.

Chaque citation • ma tante et mon oncle • l'un de ces outils • la foule • certains seulement • aucun d'entre nous • deux d'entre eux • le pilote ou son coéquipier • nul • presque tous • Karim et son jeune frère • quelques-uns • chacun • la totalité • les deux derniers • personne • beaucoup • la première de toutes • tout le monde • le groupe. .../20

251 »»

Écrivez les verbes en italique à l'imparfait, en les accordant.

La plupart du temps *(se passer)* à lire. • Aucun des deux chiens ne *(vouloir)* lâcher la corde. • Un essaim de guêpes *(bourdonner)* sous les tuiles. • Toutes les couleurs criardes que je n'*(aimer)* pas *(attirer)* l'attention des clients. • Le journal que *(lire)* Jean et Christophe *(traiter)* d'informatique. • Des camionneurs la *(livrer)* chaque matin. • La foule *(se disperser)* peu à peu. • Sur la feuille, en quelques traits, *(s'esquisser)* le visage des touristes. Corrigé p. 229 .../10

252 »»

Accordez les verbes de ces phrases.

Nul ne song... à prendre votre place ! • Chacun s'aiguis... l'esprit comme il peut. • Qui se ressembl..., s'assembl... . • Mon oncle, qui se vantai... d'avoir encore pris un brochet de trois livres, exagérai... un peu. • Chacun de mes professeurs insist... sur l'importance de l'orthographe. • La famille et les voisins, entourant le berceau, admirai... le nouveau-né. • Personne ne discut... vos propos. • La sentinelle emprunta l'un des chemins qui mèn... au fort. .../10

38 Les difficultés de l'accord sujet-verbe

RÈGLES

Il les attrape, puis (il) les mange.

C'est une grange où se réfugient souvent les chats.

Toi et moi avons gagné.
2ᵉ p. + 1ʳᵉ p. → 1ʳᵉ pers. pluriel

Toi et lui avez perdu.
2ᵉ p. + 3ᵉ p. → 2ᵉ pers. pluriel

C'est moi qui gagne.
= je

C'est toi qui gagnes.
= tu

Sujet impersonnel : Il tombe des cordes !

⚠ Plus d'un viendra. Moins de deux viendront.

À RETENIR

- Le verbe s'accorde avec son sujet proche ou éloigné, exprimé ou sous-entendu. Le sujet est parfois inversé et placé après le verbe.
- Quand le sujet est composé de deux personnes différentes, la 1ʳᵉ personne prime sur la 2ᵉ, la 2ᵉ prime sur la 3ᵉ.
- **C'est moi qui** entraîne un verbe à la 1ʳᵉ personne du singulier ; **c'est toi qui** entraîne un verbe à la 2ᵉ personne du singulier ; etc.
- **Plus d'un** entraîne en principe un verbe au singulier, **moins de deux** un verbe au pluriel.

253 › **Accordez les verbes de ces phrases.**

Ce sont eux qui distribu… les cartes routières. • Elle les leur prêt… volontiers. • Il cour… sur lui des bruits fâcheux. • Elle arrive dans un village où s'align… des dizaines de cases. • Dans le potager, ma grand-mère m'apprenait où se trouvai… la ciboulette et le basilic. • La troupe de gamins se dirigeai… vers le petit bois. • À l'ombre des colonnes, se reposai… Hercule. • Les moucherons, autour de chaque lampe, dans… au crépuscule. • Peu de gens savai… la vérité. • De tout temps, les bijoux l'avai… fasciné. Corrigé p. 229 …/10

254 ›› **Accordez les verbes de ces phrases.**

C'est moi qui l'envoi… . • Elle et toi préfèr… la mer. • Toi et moi gagn… toujours. • C'est lui qui cri… le plus fort. • Vous et moi protest… . • Elle et lui triomph… . • Est-ce toi qui jou… de la guitare ? • C'est toi qui le désignai… comme responsable ! • Ma mère et toi av… les mêmes goûts, mais mon père et moi n'aim… pas ce dont vous raffolez. …/10

255 ››

Accordez les verbes de ces phrases.

Moins de deux ans avai… suffi pour qu'il oublie tout. • Je suppose que Charles et vous, malgré l'incident, rester… d'excellents amis. • Ce n'est pas moi qui me faisai… prier ! • Plus d'un brigand se perdi… dans cette forêt. • Es-tu celui qui veu… absolument venir avec nous ? • Il répondit à celui des policiers qui l'interrogeai… . • Ce n'est pas moi qui répondr… ! • Cinquante hommes étai… cachés là. • Qui es-tu donc, cher ami anonyme, qui ne di… jamais rien ? • Un attroupement se form… devant la cathédrale. Corrigé p. 229 …/10

256 ››

Écrivez les verbes en italique au présent de l'indicatif, en les accordant.

Dors, petit enfant, qui ne *(rêver)* pas encore à l'avenir. • Il n'y a que toi qui m'*(aimer)* dans cette famille ! • Elle remercie celui des visiteurs qui lui *(offrir)* des fleurs. • Six heures et demie *(venir)* de sonner à l'horloge. • Les orages, le vent, le brouillard, rien ne *(pouvoir)* me faire reculer. Corrigé p. 229 …/10

257 ›››

Écrivez les verbes en italique à l'imparfait de l'indicatif, en les accordant.

Les chaussées encombrées, les trottoirs sales, le métro bondé, tout le *(pousser)* à quitter la ville. • Chacun *(reprendre)* maintenant sa place. • Le produit, qu'on avait passé avec d'infinies précautions, *(risquer)* d'altérer les couleurs du tableau. • Combien de mélomanes ne le *(connaître)* même pas ! • C'est toi qui *(porter)* les bagages ? …/10

258 ›››

Complétez les verbes de ces deux extraits en les accordant.

Mon cœur, errant d'objet en objet, s'unit, s'identifi… à ceux qui le flatt…, s'entour… d'images charmantes, s'enivr… de sentiments délicieux. *(Rousseau)* • Monsieur Grandet s'était arrangé avec les maraîchers, ses locataires, pour qu'ils le fourniss… de légumes. […] Son bois de chauffage étai… coupé dans ses haies ou pris dans les vieilles truisses* à moitié pourries qu'il enlevai… au bord de ses champs, et ses fermiers le lui charroyai… en ville tout débité, le rangeai… par complaisance dans son bûcher et recevai… ses remerciements. *(Balzac)* Corrigé p. 229 …/10

* *Touffes d'arbres dans une haie.*

39 L'accord du participe passé employé sans auxiliaire

Acclamés par la foule, les vainqueurs sautent de joie.

À RETENIR

- Le participe passé employé sans auxiliaire **s'accorde comme un adjectif**, avec le nom ou le pronom auquel il se rapporte.

259 › **Complétez les participes passés. Répondez en écrivant seulement les participes passés et les mots qui commandent leur accord.**

Reten... à dîner, elle ne rentrera que très tard. • Coll... sur tous les murs, des affiches mal imprim... proposaient une récompense. • Habit... seulement par des chouettes, la grange était abandonnée. • Ils étaient tombés tout habill... dans le torrent. • Acclam... par la foule, les clowns saluèrent. • Sonia ira te chercher, accompagn... de Papa. • Il garda plusieurs heures la joue enfl... par la piqûre. • L'actrice sourit, flatt... par le compliment. • Ils se précipitèrent vers le téléphone, transport... de joie à l'idée d'entendre leur mère. Corrigé p. 229 .../10

260 ›› **Complétez les participes passés. Répondez en écrivant seulement les participes passés et les mots qui commandent leur accord.**

Pourr... par l'humidité, les charpentes des bâtiments seront refaites. • C'étaient de nouveaux discours, émaill... de citations. • Mieux entraîn..., nous aurions gagné le match. • Elle avait découvert des ustensiles anciens, jusque-là relégu... dans un coin de la cave. • Bien ramon..., la cheminée doit avoir du tirage. • Ils protestaient, scandalis... par son attitude. • Sollicit... par des commandes urgentes, l'entreprise a dû s'équiper d'une nouvelle machine. • Bien que cern... et somm... de se rendre, le forcené avait résisté. • La foule resta silencieuse, subjugu... par l'orateur. .../10

40 L'accord du participe passé employé avec **être**

Des arbres ont été déracinés par la tempête.
(qui sont)

Une journaliste est venue.
(qui est)

auxiliaire **être** + participe passé(e)(s)
accord avec le sujet

À RETENIR

- Le participe passé employé avec l'auxiliaire **être** s'accorde toujours en genre et en nombre avec le sujet du verbe.

261 ›
Réécrivez ce court texte en imaginant qu'il a été écrit par Anna, puis écrit par Pierre et Anna.

Je suis exaspéré. Ce devait être un voyage banal. Je suis parti tôt le matin pour être de retour en début d'après-midi. Mais quand je suis revenu, j'étais si chargé que je suis tombé en descendant du train !

Corrigé p. 230 .../10

262 ››
Complétez les participes passés de ces verbes.

Les paiements seront échelonn... sur six mois. • La bête avait été empaill... pour être montr... aux touristes. • Ils seront second... par des gens qualifiés. • Nous étions toutes emmitoufl... dans des vêtements de laine. • Ma sœur et mon frère sont concern... par l'affaire. • Mes branches de lunettes étaient encore déviss... . • Tu ne seras félicit... que lorsque ces notions auront été assimil... . • À peine entrés, ils sont ressort... .

.../10

263 ›››
Écrivez les verbes au passé composé en y ajoutant un complément d'agent.

Ex. : *Les frais (déduire).* → *Les frais ont été déduits par le comptable.*

Ces massifs de fleurs *(piétiner)*. • Ces médicaments lui *(prescrire)* le mois dernier. • Les vibrations *(atténuer)*. • La lecture des cadrans *(fausser)*. • Les auditeurs *(subjuguer)*. • Ces mesures *(préconiser)*. • Des projets de construction *(ébaucher)*. • Les locaux *(endommager)* à nouveau. • Chaque place *(numéroter)*. • La bande de voleurs *(arrêter)* à l'aube.

Corrigé p. 230 .../10

41 L'accord du participe passé employé avec un auxiliaire

La séance est terminé**e**. (être)

Les gens sont sorti**s**. (être)

Les gens ont aimé ... (avoir) ?

Ce n'est pas encore écrit, alors pas d'accord !

À RETENIR

- Le participe passé employé avec l'auxiliaire **être** s'accorde toujours en genre et en nombre avec le sujet du verbe.
- Le participe passé employé avec l'auxiliaire **avoir** ne s'accorde jamais avec le sujet du verbe.

264 ›
Complétez les participes passés.

Les objets seront rang… dans ce coffre. • Les dahlias ont frissonn… sous le vent. • Nous n'avons jamais hésit… . • Elle a vainc… son adversaire. • L'orage éclata quand ils furent part… . • Ils auraient appréci… nos dessins. • Lui ont-ils donn… le livre ? • Le ciel s'est soudain éclairc… . • Les quaies avaient été envah… par la foule. • Rome nous a laiss… des chefs-d'œuvre. Corrigé p. 230 …/10

265 ›
Complétez les participes passés.

Nous avons batt… la campagne. • Les chiens avaient flair… le gibier. • Les gens ne sont pas ressort… . • Ce repos lui fut impos… . • Ils n'ont pas perç… la nuance. • Les machines ont toutes été révis… . • Ils avaient relâch… leur attention. • Ils ont sans doute veill… . • Ils furent bien accueill… . • Au bruit, elle a tressaill… . …/10

266 ›››
Écrivez les verbes au passé composé. Attention à la forme passive !

Les arbres *(couper)* et *(utiliser)* pour la charpente. • Elle *(guérir)* car elle *(suivre)* ses conseils. • Tous les candidats *(recevoir)*. • Les chiens longtemps *(rôder)* par ici. • La succursale *(transférer)* à Pau. • Vous *(trahir)* le secret. • Tu *(demander)* un taxi ? • Ils *(résider)* dix ans en Écosse. Corrigé p. 230 …/10

42 L'accord du participe passé employé avec **avoir**

Ils ont étudié …
avoir

Les règles qu'ils ont étudiées,
ils **les** ont retenues.

Ce sont les règles **qui sont** étudiées, **qui sont** retenues.

À RETENIR

- Le participe passé employé avec l'auxiliaire **avoir** s'accorde avec le COD si celui-ci est placé avant le verbe. Plus simplement, on cherche ***ce qui est*** et l'on accorde si la réponse se trouve avant le participe passé.

267 ›› **Complétez les participes passés.**

Les fleurs que j'ai plant…, je les ai toutes chois… moi-même. • Les promeneurs ont cueill… des fraises des bois et les ont savour… à leur retour. • Elle renonça malgré les encouragements que lui avait donn… son entraîneur. • L'expert que mes parents ont consult… leur a montr… les défauts du plan • Il a souhait… te voir. • Voici les lettres que j'ai écrit… et expédi… . Corrigé p. 230 …/10

268 ›› **Écrivez les verbes au plus-que-parfait en accordant les participes passés.**

Le perroquet répétait les phrases qu'il *(entendre)*. • Les villes et les villages que la guerre *(détruire)* avaient tous été reconstruits. • Nous *(escorter)* nos amis jusqu'à la gare, puis nous les *(quitter)*. • Cette chambre, je la *(décorer)* seul. …/10

269 ››› **Complétez les participes passés.**

Ses discours vous ont endorm…, mesdames ? • Pourquoi l'avoir appel… Prune ? • La grêle a endommag… les toits. • Elle avait acquiesc… d'un signe. • Mes demandes ? Je les ai bien réitér… dix fois ! • Les avions ont atterr… de nuit. • Quand son stage l'aura form…, elle sera employée. • N'aurait-il pas tent… de les corrompre ? • Elle évoquait les poésies qu'elle avait ânonn… à l'école. • J'ai vu les plans qu'ils ont ébauch… . Corrigé p. 230 …/10

43 L'accord du participe passé des verbes pronominaux

elle-même

Elle s'est pressé**e** pour être à l'heure.

C'est elle **qui est** pressée.

pour elle

Elle s'est pressé une orange. ⚠ **indirect**

(COD après le participe passé → p.p. invariable)

Qu'est-ce **qui est** pressé ?

Quand j'écris **pressé**, si je n'ai **pas** encore écrit ce **qui est** pressé → **pas** d'accord !

L'orange qu'elle s'est pressé**e**...

qui est

À RETENIR

- Si le **pronom** du verbe pronominal est **direct**, son participe passé s'accorde en genre et en nombre avec le sujet du verbe.
- Si un verbe pronominal a un **pronom indirect**, son participe passé s'accorde avec le COD si celui-ci est placé avant le verbe.
- Plus simplement, on peut chercher ***ce qui est*** et accorder si la réponse se trouve avant le participe passé.

270 ›

Parmi ces verbes pronominaux, quels sont les dix dont le pronom se (ou s') est complément indirect ?

Ex. : *se déplaire → déplaire **à** soi-même.*

se ressembler	se gendarmer	se plaire	s'envoler
se parler	s'écrouler	se sourire	se succéder
se déchaîner	s'évader	se mentir	se lancer
se nuire	se complaire	se laver	se suffire
se changer	s'en vouloir		

Corrigé p. 230 .../10

271 ››

Complétez les participes passés de ces verbes pronominaux.

- Ils se sont bien repos... . • Ils se sont repos... la question.
- Elle s'est regard... les genoux. • Elle s'est regard... dans la glace.
- Les filles se sont impos... à la fin du match. • Elles se sont impos... de nouvelles règles de vie.
- Ils se sont expliqu... . • Ils se sont expliqu... leurs solutions.
- La foule s'est press... devant la banque. • Ma sœur s'est press... trois mandarines.

Corrigé p. 230 .../10

272 ›› **Parmi ces verbes, trouvez ceux qui sont uniquement pronominaux.**

Ex. : *s'ingénier → verbe uniquement pronominal (ingénier n'existe pas).*

se méfier, se traîner, se gargariser, se préoccuper, s'enflammer, se soucier, s'excuser, s'attacher, s'esclaffer, s'ennuyer, s'envoler, se débarrasser, s'écrier, s'adonner, s'acquitter, se repentir, s'asseoir, s'accouder, s'étouffer, se souvenir. .../10

273 ›› **Écrivez les verbes en italique au passé composé.**

■ Elle *(se couper)* une robe dans une pièce de satin. • Ils *(se couper)* profondément en chahutant.
■ Ils *(se disputer)* pendant plus d'une heure. • Les hyènes *(se disputer)* âprement la proie.
■ Elles *(se préparer)* à sortir. • Ils *(se préparer)* une assiette de crudités. • Les légumes qu'elles *(se préparer)* étaient appétissants.
■ Elle déjeune dès qu'elle *(se laver)* les mains. • Ils *(se laver)* dans l'eau du torrent. • Faute de courage, vous *(s'en laver)* tous les mains !

Corrigé p. 230 .../10

274 ››› **Complétez les participes passés de ces verbes pronominaux.**

Les deux amies se sont servi... une tasse de café. • Le père et le fils se sont pardonn... . • J'approuve les objectifs qu'elle s'est donn... . • Elles se sont rend... des services. • Quels rois se sont succéd... au XVIIe siècle ? • Elle s'était jur... de revenir lui rendre visite. • Les campeurs s'étaient douch... à l'eau froide. • Elle s'est fai... une robe de soirée. • Les deux hommes se sont rencontr... et se sont racont... leur histoire.

Corrigé p. 230 .../10

275 ››› **Complétez les participes passés de ces verbes pronominaux.**

La malade s'était enfoui... sous les couvertures. • Les participantes se sont toutes ralli... à sa solution. • Elle s'est référ... aux définitions données par le dictionnaire. • Ils se sont livr... à leurs adversaires. • Elles se sont imagin... qu'on voulait lire leur disque dur ! • Nous nous sommes toutes baign... près de la cascade. • Son autorisation d'absence, il se l'est accord... sans demander notre avis. • Son intelligence s'est développ... grâce à votre soutien. • Se sont-elles rappel... leur enfance ? • Elle s'était éloign... sans regarder derrière elle. .../10

44 L'accord du participe passé suivi d'un infinitif

en train de faire l'action de tomber

les pommes que j'ai vu**es** tomber

qui tombent

par quelqu'un

les pommes que j'ai **vu** cueillir

INVARIABLE

qui sont cueillies

⚠ Invariables : participes passés de **faire** et de **laisser** suivis d'un infinitif.
Ex. : les pommes que j'ai **fait** tomber, que j'ai **laissé** tomber.

À RETENIR

- Le participe passé suivi d'un infinitif s'accorde si le complément d'objet direct du verbe est placé avant et s'il est sujet de l'infinitif.
- Si l'infinitif a un sens passif, le participe passé est invariable : on peut alors faire suivre l'infinitif d'un complément d'agent.
- Les participes passés des verbes *faire* et *laisser* suivis d'un infinitif sont invariables.

276 › **Complétez les participes passés en vous aidant du tableau de la leçon.**

■ Où sont les oiseaux que j'ai entend… chanter ? • C'est une romance que j'ai souvent entend… chanter. ■ Voici la maison que j'ai vu… saccager. • Ce sont bien les voyous que j'ai vu… saccager sa voiture. ■ Je vous présente les personnes que j'ai envoy… mener cette enquête. • On les a envoy… chercher. ■ Ce sont les élèves qu'on a autoris… à se réunir. • Voici les décisions que j'ai voul… prendre. ■ Regardez les tableaux qu'il a tant aim… peindre. • Ce sont des artistes que j'ai souvent regard… peindre.

Corrigé p. 230 …/10

277 › **Complétez ces phrases avec le participe passé du verbe faire.**

Je les ai … chercher partout. • Ils se sont … bâtir une maison. • Tous les bruits qu'ils ont … ne l'ont pas réveillé. • Les vêtements qu'elle s'est … sont très réussis. • Notre voisine s'est … faire une belle robe de mariée. • Les paquets que vous cherchez, je les ai … hier soir. • Avez-vous entendu parler des soupçons qu'il a … naître ? • J'aime la maison qu'ils se sont … . • Elle s'est … entendre malgré le brouhaha. • Avez-vous entendu parler des exploits qu'il a … ? …/10

278 ›› **Complétez les participes passés en vous aidant du tableau de la leçon.**

Je me souviens des skieurs que j'ai vu... dévaler les pistes. • Mes cousins apprécient Paris, je les ai entend... rentrer tard. • Est-ce que ce sont les paysages ou les visages que tu as préfér... filmer ? • Aimez-vous la chanson que j'ai voul... écrire ? • Sa voiture, tu l'as vu... démarrer tout à l'heure. Corrigé p. 231 .../10

279 ›› **Complétez ces phrases en utilisant le participe passé du verbe en bleu.**

▪ ***Entendre*** → Je ne connais pas tous les guitaristes que vous avez ... jouer. • C'est bien la mélodie qu'on a ... siffler.

▪ ***Vouloir*** → La pièce de bois qu'il avait ... raboter était fendue. • Voici les bois qu'ils auraient ... défricher. • On écouta patiemment les tirades qu'ils avaient ... apprendre.

▪ ***Voir*** → Ce sont les projets que vous avez ... élaborer. • Vous rencontrerez l'équipe que vous avez ... élaborer ce projet. • Jamais je ne les avais ... rire. • Je me souviens de ces maisons que j'ai ... démolir. • Ces insectes, nous les avons ... proliférer en quelques jours. Corrigé p. 231 .../10

280 ››› **Complétez les participes passés de ces phrases.**

Les avez-vous entend... pleurer, ces bébés ? • Où sont les chatons que j'ai regard... dormir hier ? • Connaissez-vous la danse que nous avons vu... interpréter ? • L'infirmière habite tout à côté ; pourquoi ne l'avez-vous pas envoy... chercher ? • Bienvenue à ceux que nous avons vu... défendre ardemment les couleurs de notre club. .../10

281 ››› **Complétez les participes passés de ces phrases.**

Votre souci d'équité vous a fai... dire quelque chose de très juste. • C'est l'émeraude qu'elle a préfér... acheter. • Ils se sont laiss... enfermer dans le stade. • Elle se souvenait des vaches qu'elle avait jadis men... brouter près du ruisseau. • Vérifiez les arceaux qu'ils ont, paraît-il, essay... de fixer solidement. • Tout à coup, deux puissantes voix se sont fait... entendre. • Les avantages qu'ils se sont fai... énumérer sont convaincants. • C'est la barque que nous avons regard... dériver. • Ce sont des pouvoirs qu'elle avait réuss... à usurper. • Où sont les masques qu'on a oubli... de peindre ? .../10

45 L'accord du participe passé : cas difficiles

INVARIABLE	ACCORD
La canicule qu'il a fait cet été... (verbe impersonnel)	
Les **trois** mètres qu'elle a mesuré... (quantité)	**La pièce** qu'elle a mesur**ée**... (qui est)
Passé trois mois...	**Les trois mois** pass**és**...
Ci-joint les copies... (en début de phrase)	**Les copies** ci-joint**es**... (qui sont)

À RETENIR

- Le participe passé des verbes impersonnels est invariable.
- Le participe passé de certains verbes *(coûter, peser, régner, valoir, mesurer, courir, etc.)* est invariable s'il renvoie à un nombre.
- Certains participes passés (seuls ou dans des expressions) sont invariables s'ils sont placés en début de phrase : *passé, attendu, vu, y compris, non compris, supposé, étant donné, ci-joint, ci-inclus...*

282 ››› **Complétez les participes passés de ces phrases.**

Quelle patience il vous a fall... ! • Ce tableau ne vaut pas les trente mille euros qu'il a val... autrefois. • Vous trouverez ci-join... un double de votre facture. • Veuillez m'accuser réception des documents ci-join... . • Combien de camions a-t-il fall... ? • Pass... la surprise, on se précipita sur le téléphone. • Ce n'est pas pour les cent euros qu'ils m'ont coût... ! • Si vous saviez les efforts que cette lettre m'a coût... ! • Ces deux incidents except..., la rentrée s'est très bien pass... .

Corrigé p. 231 .../10

283 ››› **Complétez les participes passés de ces phrases.**

Je me souviens encore des orages qu'il y a eu... cet été. • Vos colis sont prêts, je les ai pes... hier soir. • Où étiez-vous pendant les trois mois qu'a dur... mon absence ? • Avez-vous bien pes... vos paroles ? • Pass... les premières maisons, je reconnus le village. • Les présentations pass..., on sympathisa. • C'est le prix demandé, taxes non compr... . • Que de précautions il a fall... ! • Ne revenons pas sur les difficultés que vous avez véc... . • Pendant combien d'années avez-vous véc... au Liban ?

.../10

46 L'accord du participe passé : révision

ACCORD	INVARIABLE
Les portes sont fermées. (qui sont)	On a peint… Qu'est-ce qui est peint ? 
Les portes qu'elle a fermées… (qui sont)	Les volets qu'on a fait peindre… (fait : invariable)
Les portes, fermées par… (qui sont)	Les volets que j'ai vu peindre… (qui sont peints → par quelqu'un)
Les gens que j'ai vus entrer… (faire l'action de ; qui entrent)	Ils se sont parlé. (à eux ← indirect)
Elles se sont fermées. (elles-mêmes)	Ils se sont bâti… une maison. Qu'est-ce qui est bâti ?
La maison qu'il s'est bâtie… (qui est)	Pas de COD ou COD après le part. passé.

284 »

Complétez les participes passés de ces phrases.

C'était avant tout son amitié qu'il avait recherch… . • Des pansements bien appliqu… ont protég… les brûlures. • Lorsque les murs sont tapiss… de posters, ma chambre est plus gaie. • Grand-père se souvient des générations qui se sont succéd… . • Par qui seront prêt… les haut-parleurs ? • Suspend… un mètre au-dessus de lui, les cerises semblaient le narguer. • Quelle réponse lui as-tu fai… ? • La déléguée que les élèves ont él… a rend… compte du rapport du conseil de classe.

Corrigé p. 231 …/10

285 »

Complétez les participes passés de ces phrases.

Les spectateurs applaudissaient à tout rompre, enthousiasm… par la pièce qu'ils avaient vu… . • Elles se sont attend… à la sortie du collège. • Tes mots d'anglais, les as-tu tradu… ? Le professeur nous les a donn… à apprendre pour demain. • Je la vis arriver, coiff… d'un chapeau mexicain • Aurais-tu déjà recous… ton ourlet ? • C'est une maison qu'ils ont fai… bâtir il y a une trentaine d'années. • Jamais Éva ne pourrait oublier ces heures qu'elle avait véc… . • Savez-vous par qui sont interrog… les suspects ?

…/10

286 ›››
Complétez les participes passés de ces phrases.

Son voyage en Inde dura plus longtemps qu'il ne l'avait prév... . • Je doutais maintenant des idées que l'éducation avait ancr... en moi. • Cette maladie est moins grave que le médecin ne l'avait cru... d'abord. • Les mots composant ces vers ont été agenc... avec un soin extrême. • Toutes les voitures qu'elle avait vu... passer étaient maintenant arrêt... par l'embouteillage. • Ils se sont aussitôt jet... dans la bagarre. • Leurs relations, que la plus petite querelle aurait altér..., avaient cependant dur... plusieurs années. • Ils se sont fai... beaux pour sortir. Corrigé p. 231 .../10

287 ›››
Complétez les participes passés de ces phrases.

J'ai besoin d'eux, alors je les ai envoy... chercher. • Les deux amies se sont expliqu..., puis elles se sont réconcili... . • Les techniciens ne sont pas venu..., comme vous l'aviez prév... . • Les dix minutes qu'elle avait cour... l'avaient épuis... . • Étant donn... l'heure tardive, nous avons tout report... à la semaine prochaine. • Les obligations que mes parents se sont impos... ne leur permettent pas de partir en vacances. .../10

288 ›››
Écrivez les verbes au passé composé. Attention aux formes passives !

Nos vacances *(gâcher)* par les orages qu'il *(faire)* cet été. • Ils *(se déclarer)* la guerre. • Des diplomates les *(voir)* arriver. • Quand elle m'*(apercevoir)*, une grimace *(s'ébaucher)* sur son visage. • J'admire la peine qu'il *(se donner)* pour réussir. • Les suffrages qu'il *(briguer)* passionnément et *(obtenir)* pendant tant d'années lui *(apparaître)* tout à coup comme peu mérités. Corrigé p. 231 .../10

289 ›››
Complétez les participes passés de ces phrases.

Je ne regrette pas les efforts que l'entraînement m'a coût... . • Elles se sont impos... des sacrifices. • Elles avaient convers... toute la soirée, évoquant ces mille riens qui avaient donn... tant de sel aux moments où elles s'étaient retrouv... . • C'étaient de nouveaux discours, qu'ils avaient émaill... de citations. • La maladie s'est déclar... dès son retour de voyage. • Elle a reç... les récompenses que son dévouement lui a val... . • Les avez-vous vraiment fai... chercher partout ? .../10

47 L'accord des noms composés*

des choux-fleurs → des NOM(x)-NOM(s)

des petits-neveux → des ADJ(s)-NOM(x)

des pèse-bébés → des VERBE-NOM(s)

invariable

des arrière-pensées → des ADVERBE-NOM(s)

Réfléchir au sens de ce que l'on écrit :
des chasse-neige → pour chasser la neige*

⚠ une demi-heure **mais** une heure et demi**e**

À RETENIR

- Les noms composés sont en général reliés par un trait d'union.
- Les éléments qui sont des noms ou des adjectifs peuvent porter la marque du pluriel. Ceux qui sont des verbes, des adverbes ou des prépositions sont invariables. L'accord traditionnel s'appuie sur le sens des éléments formant les noms composés.

290 › **Vrai ou faux ? Justifiez votre réponse en vous aidant de la règle.**

1. Un nom composé peut être formé de deux mots de nature différente.
2. Au pluriel, il faut toujours mettre un **s** à tous les mots qui forment un nom composé.
3. Il est important de connaître le sens de chaque mot formant un nom composé pour l'accorder.
4. On écrit des *porte-clés*. Si on écrit ce nom composé au singulier, le nom *clé* garde son **s** du pluriel.
5. Dans un nom composé, les verbes peuvent s'accorder.

Corrigé p. 231 .../10

291 › **Complétez ces phrases de façon à expliquer le nom composé.**

Un garde-malade, c'est … qui s'occupe d'un … . • Une arrière-boutique, c'est une pièce qui se trouve à l' … de la … . • Un taille-crayon, c'est un appareil qui sert à … un … . • Un porte-bagages, c'est un objet qui sert à … les … . • Un sous-vêtement, c'est un … qui se porte … les autres vêtements. .../10

292 ›› **Écrivez au pluriel les noms composés de l'exercice 291.**

Corrigé p. 231 .../10

*Cf. pages 241 à 243.

293 ›› **Écrivez ces noms composés au pluriel.**

un coffre-fort
un casse-tête
un sous-chef
un lève-tard
un poisson-chat
un essuie-glace
un sourd-muet
un lave-vaisselle
un wagon-restaurant
un ramasse-miettes

Corrigé p. 231 .../10

294 ›› **Écrivez ces noms composés au pluriel.**

une porte-fenêtre, une belle-mère, un abat-jour, un couvre-pied, un arc-en-ciel, un procès-verbal, un grand-père, un perce-oreille, un laissez-passer, un presse-papiers. .../10

295 ›› **Écrivez ces noms composés au singulier.**

des attrape-nigauds, des beaux-frères, des plates-formes, des sous-bois, des essuie-mains, des bouche-trous, des passe-droits, des porte-avions, des prête-noms, des trois-mâts. Corrigé p. 231 .../10

296 ››› **Expliquez la présence ou l'absence de s à la fin de chacun des noms formant ces noms composés.**

des coupe-légumes, des vide-poches, des tête-à-tête, des pommes de terre, des chiens-loups, des sous-préfets, des couvre-lits, des remonte-pentes, des essuie-verres, des pèse-lettres. .../10

297 ››› **Écrivez ces noms composés au pluriel.**

un chef-d'œuvre, un sans-culotte, une belle-sœur, un timbre-poste, un porte-monnaie, un rendez-vous, un tire-bouchon, un garde-pêche, un cache-nez, un pur-sang, un cerf-volant, un chef-lieu, une demi-heure, un porte-crayon, un haut-parleur, un clin d'œil, un porte-bonheur, un tiroir-caisse, un pare-chocs, un croque-monsieur. Corrigé p. 232 .../20

298 ››› **Parmi ces noms composés, dix sont invariables. Lesquels ? Écrivez le pluriel des autres.**

porte-bagages, petit-fils, sous-sol, casse-noix, chasse-neige, pèse-personne, rez-de-chaussée, plate-bande, couvre-joint, demi-journée, gagne-pain, porte-savon, loup-garou, mi-temps, petit-suisse, pique-assiette, gagne-petit, sauve-qui-peut, essuie-tout, pense-bête. .../20

48 L'accord des adjectifs composés

mes tantes bien-aimé**es** → des ADVERBE (invariable) - ADJECTIF(e)(s)

des ruines gallo-romain**es** → des mot terminé par O - ADJECTIF(e)(s)

des enfants sourd**s**-muet**s** → des ADJECTIF(e)(s) - ADJECTIF(e)(s)

À RETENIR

- Les adjectifs composés sont en général reliés par un trait d'union.
- Les éléments qui sont des adjectifs peuvent porter la marque du pluriel. Les éléments terminés par **-o** ou qui sont des adverbes sont invariables.

299 ››

Accordez les adjectifs composés, si nécessaire.

Des substances *(semi-conducteur)* • les îles *(anglo-normand)* • les accords *(franco-allemand)* • les paupières *(mi-clos)* • trois enfants *(nouveau-né)* • les services *(après-vente)* • les relations *(sino-japonais)* • des propos *(aigre-doux)* • des personnes *(sous-employé)* • les signes *(avant-coureur)* d'un séisme.

Corrigé p. 232 .../10

300 ››

Accordez les adjectifs composés, si nécessaire.

Il apprit le russe par une méthode *(audio-oral)*. • Cette photo est *(sous-exposé)*. • Ce sont des personnes *(bien-pensant)*. • Des princes *(tout puissant)* les gouvernaient. • Il commanda des machines *(semi-automatique)*. • Des danseuses *(court-vêtu)* entrèrent en scène. • Les avions *(long-courrier)* décollent. • Ce sont des projets *(mort-né)*. • Ils luttèrent contre les envahisseurs *(anglo-saxon)*. • Les députés *(démocrate-chrétien)* s'étaient réunis.

.../10

301 ›››

Accordez les adjectifs composés, si nécessaire.

Des enfants *(sous-alimenté)* • des temples *(gréco-romain)* • des histoires *(tragi-comique)* • des fonctionnaires *(haut placé)* • une *(avant-dernier)* représentation • les peuples *(sud-américain)* • des rayons *(ultra-violet)* • une main-d'œuvre *(sous-qualifié)* • ma ville *(bien-aimé)* • la frontière *(nord-coréen)*.

Corrigé p. 232 .../10

49 L'accord des adjectifs de couleur

ADJECTIF SIMPLE

des maillots verts

ADJECTIF COMPOSÉ

des maillots vert pâle = des maillots d'un vert pâle

⚠ des chaussures marron = couleur du marron

des chaussettes orange = couleur de l'orange

À RETENIR

- Un adjectif de couleur formé d'un seul mot s'accorde avec le nom auquel il se rapporte. S'il est composé de **deux mots**, il est **invariable.**
- Certains sont toujours invariables, même s'ils sont formés d'un seul mot, car ce sont **des noms utilisés comme des adjectifs.** Sont ainsi invariables : *marron, orange, kaki, brique, abricot, crème, paille, olive, bronze, tilleul*… Toutefois, on accorde *rose, mauve, fauve, écarlate, pourpre.*

302 › **Accordez les adjectifs en italique, si nécessaire.**

Des enveloppes *(tilleul)* • des taches *(blanc)* et des *(noir)* • une robe de soie *(gris perle)* • des cravates *(olive)* et d'autres *(bronze)* • des cheveux plutôt *(brun)* • des joues *(écarlate)* • des pulls *(rose)*, voire *(rose orangé).*

Corrigé p. 232 …/10

303 ›› **Associez chaque adjectif de couleur à un groupe nominal de votre choix.**

vert sombre	noisette	jaunâtre	blond	rouge vif
écarlate	saumon	bleu marine	violacé	bleu clair

Une peinture murale • des tapis • des cadres • une peau • de longues mèches • des assiettes • une couverture • des foulards en soie • des draps • des vêtements.

…/10

304 ›› **Accordez les adjectifs en italique, si nécessaire.**

Il avait les cheveux *(blanc)* et les moustaches *(gris).* • Ses pantalons *(vert épinard)* étaient du plus bel effet. • Sa cape est-elle *(noir)* ou *(bleu marine)* ? • Elle s'était acheté une robe *(bleu pervenche).* • Elle avait de charmants yeux *(noisette).* • Le tableau était strié d'éclairs *(mauve).* • Il a choisi une voiture *(bleu roi)*, avec des sièges *(gris ardoise).*

Corrigé p. 232 …/10

50 Adjectif ou adverbe

une veste chèr**e**

Cette veste est chèr**e**.
être

ADJECTIF (e) (s) (es)

Cette veste coûte **cher**.
verbe coûter
ADVERBE
invariable

⚠ des ensembles
NOM

Ils sont ensemble.
Ils partent ensemble.
ADVERBE

À RETENIR

■ Selon les phrases, certains mots peuvent être **adjectifs** ou **adverbes.** L'adjectif s'accorde avec un nom. L'adverbe, qui modifie le sens d'un verbe, d'un adjectif ou d'un autre adverbe, est toujours invariable.

305 › **Utilisez les mots de gauche pour compléter ces phrases.**

■ ***Cher***, ***cher(s)*** ou ***chère(s)*** → Elle ne coûte pas vraiment ... . • Ils ne valent pas très ... . • Elle est trop ... pour mon budget.
■ ***Juste*** ou ***juste(s)*** → Elle a des raisonnements très ... . • Il reste ... dix minutes. • Ces montres sont ... . • Elles ne jouent pas ... .
■ ***Fort***, ***fort(s)*** ou ***forte(s)*** → Ils tapent trop ... . • Ils sont ... en maths. • Il faut que vous inspiriez ... . Corrigé p. 232 .../10

306 ›› **Accordez les adjectifs, mais pas les adverbes.**

Ils ont *(beau)* être en retard, je les attends. • Ils ne voient pas très *(clair)*. • Il y a des cris si *(soudain)* qu'ils font peur. • Les nuages sont *(haut)* dans le ciel. • Ils sont *(soudain)* apparus. • Ils étaient *(ferme)*. • Ses explications paraissent *(clair)*. • Ces tableaux sont très *(beau)*. • Ces ULM volent bien *(haut)* ! • Ils discutaient *(ferme)*. .../10

307 ››› **Accordez les adjectifs, mais pas les adverbes.**

Cette année, le blé pousse *(dru)*. • Des herbes *(dru)* poussent dans le fossé. • La pluie tombait *(dru)*, ce matin-là. • Il ne gardait que les grains les plus *(fin)*. • La voici *(fin)* prête pour la cérémonie. • Avec leur père, les filles filaient *(doux)*. • Elle parlait d'une voix *(haut)* perchée. • Les témoins m'ont paru plutôt *(franc)*. • Il aimait les légumes *(sec)*. • Les deux boxeurs frappaient *(sec)*. Corrigé p. 232 .../10

51 Adjectif ou participe présent

des paroles rassurantes qui sont rassurantes ADJECTIF	des paroles **rassurant** les enfants qui rassurent les enfants VERBE
ADJECTIF -ant e / s / es	VERBE -ant invariable
adjectifs : –**gant** ou –**quant** ⚠ (–**cant** si nom en –tion : vacant → vacation)	infinitif → participe présent –**guer** → –**guant** –**quer** → –**quant**

À RETENIR

- Selon les phrases, certains mots peuvent être **adjectifs** ou **participes présents.** L'adjectif s'accorde avec un nom. Le participe présent est une forme verbale invariable.
- Un participe présent en /kɑ̃/ ou /gɑ̃/ se termine toujours par -**quant** ou -**guant**, car le verbe garde son radical entier dans la conjugaison.

308 ›› **Complétez par ant. Accordez les adjectifs, pas les participes présents.**

Il évoqua des sujets très embarrass... . • Ces gâteaux sont plutôt étouff... ! • Arriv... tard à Lyon, ils n'ont pu se loger. • Les policiers, reconnaiss... leur voleur, l'arrêtèrent. • Elle portait des bijoux étincel... . • Les archéologues, s'intéress... au mystère, reprirent les fouilles. • Ils sont à la fois souri... et obéiss... . • Ils couraient, cri... la bonne nouvelle à tous. • Les sapins apparaiss..., elle comprit qu'elle allait arriver. Corrigé p. 232 .../10

309 ››› **Complétez par quant ou par cant. Accordez, si nécessaire.**

Les emplois va... seront pourvus le mois prochain. • Criti... tout, les jeunes gens se rendaient insupportables. • Connaissez-vous le système des vases communi... ? • Nous sortîmes de la salle en suffo... . • Ces expériences sont très convain... . Corrigé p. 232 .../10

310 ››› **Complétez par guant ou par gant(s). Accordez, si nécessaire.**

Relé... ses livres au grenier, il décida de voyager. • Le carrosse était attelé à des chevaux frin... . • En se distin... des autres, elle fut mise à l'écart. • Il fait partie du personnel navi... . • Ce sont des voyages fati... pour une personne âgée. .../10

52 Accords et nuances de sens

On est arrivé.

Êtes-vous prêt ?

On est arrivés.

Êtes-vous prêts ?

des chaussures noir et blanc

des chaussures noires et blanches

À RETENIR

- Il peut arriver que deux orthographes soient possibles. On choisit alors la solution qui représente le mieux la nuance de sens que l'on veut exprimer.

311 › **L'auteur de chaque phrase pense-t-il plutôt à un groupe (de personnes) ou à plusieurs individus ?**

Une foule de gens avait envahi la place. • On était arrivés vers midi. • Peu de gens venaient. • La moitié des joueurs était malade. • Une file de lycéens attendait devant la porte. • La moitié des députés ont voté pour. • La moitié des spectateurs s'était endormie. • Un grand nombre de soldats furent faits prisonniers. • La plupart des gamins détalèrent. • Le reste des voyageurs attendait au soleil. Corrigé p. 232 .../10

312 ›› **Justifiez l'accord des mots en bleu.**

On était *arrivé*. • Nous sommes *parti* pour Rome. • On était *restés* bons amis. • Êtes-vous *contente* ? • Étant *arrêtés*, on n'avait rien vu. • On est vraiment *satisfait*. • Nous sommes aujourd'hui *attristés* par cet accident. • Serez-vous *prudent*, au moins ? • Je vous trouve vraiment très *sensibles*. • Il faut qu'on soit tous *prêts* à six heures. .../10

313 ›› **Trouvez quels objets ou animaux : 1. n'ont qu'une seule couleur ; 2. ont plus d'une couleur ; 3. sont très petits.**

Des vaches noires et blanches • des drapeaux bleus et blancs • des chats noir et blanc • des chemises bleu, blanc, rouge • des fleurs jaune et rouge • un tas de cailloux très petit • un paquet de bonbons très petits • des stylos bleus et rouges • une canne ou un bâton très petit • des fanions vert et blanc. Corrigé p. 232 .../10

EXERCICES SUPPLÉMENTAIRES

Accords en genre et en nombre

314 › **Ajoutez le déterminant un ou une avant ces noms.** Règle 35

insigne armistice amphore amalgame urticaire autoroute ecchymose hortensia équivoque épilogue …/10

315 › **Écrivez les adjectifs en italique en les accordant.** Règle 36

On la devinait *(sournois)*, prête à tout. • Il avait des manières qu'on disait *(bourru)*. • Ce sont des événements que nous tenons pour *(important)*. • Je trouve votre idée *(amusant)*. • Il la voudrait plus *(actif)*. • Elle se coiffait les cheveux, qu'elle avait *(grisonnant)*. • Ces filles, Arthur les trouva plutôt *(impoli)*. • Les ayant reconnus *(coupable)*, le juge les condamna. • Rien ne les rend si *(attachant)* que leur façon de rire. • On les imaginait volontiers *(complice)*. …/10

316 ›› **Accordez les verbes de ces phrases.** Règles 37, 38

C'est sûrement toi qui ser… choisi pour lui succéder. • La fumée qui s'échappai… continuellement des hautes cheminées polluai… l'atmosphère. • C'est un détail important qu'oubli… de donner tes amis. • Le directeur les associ… aux décisions. • On ne les cit… pas toujours. • L'un des deux changeai… le démarreur, tandis que l'autre vérifiai… la pression des pneus. • Un nuage de sauterelles, sombre et compact, s'abatti… sur le camp. • D'énormes plaques de glace pendai… à la falaise. …/10

317 ››› **Accordez les verbes en italique en les mettant à l'imparfait.** Règles 37, 38

Que *(préparer)* ton frère et ta sœur ? • Et je ne parle ni des efforts que *(coûter)* ce travail, ni de l'abnégation que lui *(imposer)* ces sacrifices ! • Aussi grandes que *(être)* vos ambitions, elles ne vous *(autoriser)* pas à l'accuser. • Quelques arbres tordus par le mistral *(border)* la route. • Que *(pouvoir)* m'apprendre ces coupures de presse ? • Est-ce toi qui, ce matin, *(taper)* sur les tuyaux ? • C'était pour nous que ma tante et ma mère *(préparer)* des crêpes. • Au printemps, toi et moi *(cueillir)* du muguet dans les bois. …/10

318 ›› **Complétez les participes passés. Répondez en soulignant les participes passés et les mots qui commandent leur accord.** Règle 39

Ces leçons, bien récit..., vous vaudront une excellente note. • Les jeunes spéléologues, sais... d'étonnement, restaient à l'entrée de la grotte. • Les garçons ne m'avaient pas vu arriver, trop occup... par leur machine. • La lettre de grand-père, achemin... par courrier rapide, est arrivée le lendemain. • Reven... dans la salle de réunion, les délégués se remirent au travail. .../10

319 ›› **Complétez ces participes passés employés sans auxiliaire.** Règle 39

Une fois restaur..., les lambris du château attirent les touristes intéress... par la décoration. • Le fils de ma voisine, préoccup... par ses examens, a oublié de prévenir. • Importun... par un inconnu, ma grand-mère n'hésita pas à appeler son chien. • Elle s'endormit, fatigu... par ces péripéties, mais enfin rassur... . • Alex et Sasha étaient entrés dans la cage, convainc... que le dompteur serait facile à remplacer. • Les tableaux étaient davantage à leur place accroch... aux murs de la bibliothèque, qu'entass... dans une malle. • Déli... de leur serment, les chevaliers parlaient. .../10

320 ›› **Accordez ces participes passés employés avec un auxiliaire.** Règles 40, 41, 42

Ces hommes ont été arrêt... dès qu'il les eut rejoin... . • Plusieurs bannières étaient pli... dans une malle que j'avais jadis achet... . • Cette couronne, ne l'avait-il pas souvent convoit... ! • N'avaient-ils pas jadis coopér... ? • Ceux avec qui il avait sympathis... hier étaient aujourd'hui port... disparus. • Ses chiens, il les a tous détach... . • Sais-tu comment les joueurs de l'équipe furent entraîn... ? .../10

321 ››› **Complétez les participes passés de ces verbes.** Règles 40, 41, 42

Messieurs, si vous êtes sélectionn..., des garanties seront exig... . • Voici la personne qui vous avait téléphon... . • Ce sont les deux timbres que j'ai gard... pour ta collection. • Pour ceux qui l'avaient entend..., cet opéra fut une révélation. • Avez-vous récupér... ce qu'elle vous avait emprunt... ? • Mon voisin, qui passait en voiture, nous avait reconn... . • Ses affaires étaient entass... dans un bahut minuscule. • La guide a enthousiasm... les voyageurs. .../10

322 ›››

Écrivez les verbes au plus-que-parfait en accordant les participes passés. Attention à la forme passive ! Règles 40, 41, 42

Les chiens *(poursuivre)* le lièvre. • Des clameurs *(retentir)* qui nous *(effrayer)*. • C'est un meuble qu'ils *(fabriquer)* eux-mêmes. • Ce sont les tableaux que je *(gagner)*. • La dette était échue et ils *(obliger)* de la rembourser. • La population du pays *(se concentrer)* autour des points d'eau. • Les explorateurs *(porter)* disparus. • C'est l'un des défauts dont vous me *(parler)*. • J'imaginais quelles émotions il *(ressentir)*, car je les *(éprouver)* moi-même. .../10

323 ››

Complétez les participes passés de ces phrases. Règles 39, 41, 42, 43

Ressuscit... par la bonne nouvelle, elle s'était lev... de son lit et lui avait téléphon... . • Bien qu'épuis... par la longue ascension qu'ils avaient effectu..., les alpinistes avaient réuss... à atteindre le refuge. • Les jeunes gens se sont plu... dans cette station. • Tous ces films que vous dites avoir vu..., vous en souvenez-vous seulement ? • Seront-ils réél... ? • Nous sommes environn... d'animaux sauvages. .../10

324 ››

Complétez les participes passés de ces phrases. Règles 39, 41, 42, 43

N'auraient-ils pas été tent... de l'acheter ? • C'est drôle de l'avoir surnomm... Princesse ! • Vos critiques, les avez-vous bien pes... ? • Elle s'est écorch... le visage. • Attend... en début d'après-midi, les trois avions n'ont atterr... qu'à la nuit tombée. • Les cellules que vous avez vu... au microscope se sont différenci... au cours de leur croissance. • Ce film montre tous les dangers qu'ils ont cour... . • Ces conséquences, ne les aviez-vous pas prév... ? .../10

325 ››

Complétez les participes passés de ces phrases. Règles 39, 41, 42, 43

Il prenait soin de la guitare que son oncle lui avait donn... pour ses quinze ans. • Dès qu'elles se sont aperç..., elles se sont parl... . • Les gens attendent l'ouverture du guichet, patiemment align... les uns derrière les autres. • Plusieurs voitures étaient encore bel et bien perd... dans le désert. • Parfois nous rencontrions une maison isol... au milieu des pins. • On ne les avait jamais vu... danser avec autant de passion. • Ses cheveux se sont éclairc... au soleil. • Nous avons appréci... les documents que le professeur nous a projet... . .../10

326 ››› **Complétez les participes passés de ces phrases.** Règles 42, 44, 45

Que de travaux il a fall... pour terminer cette encyclopédie ! • Je préfère les gâteaux que tu as fai... plutôt que ceux du pâtissier. • Elle est repartie, comme vous l'aviez prév... . • La catastrophe qu'il y a eu... a provoqué des dégâts matériels. • Je n'aime pas les orages qu'il a fai... cet été. • Je pense à l'expédition qu'il a fai... . • Voici la pluie que vous aviez prév... . • Quelle histoire il lui est arriv... ! • Les ours que j'ai vu... danser, je les ai entend... grogner. .../10

327 ››› **Complétez les participes passés de ces verbes pronominaux.** Règle 43

■ Ses amis ne se sont pas bien expliqu... ses difficultés. • Elle s'est bien expliqu... sur ce qu'on lui reprochait. ■ Elle s'était accroch... un insigne à la boutonnière. • Elle s'était raccroch... à la rampe. ■ Ils se sont légèrement bless... . • Sans leur ceinture de sécurité, elles se seraient bless... au visage. ■ Ils se sont rappel... à notre bon souvenir. • Elle s'est soudain rappel... son rendez-vous. ■ Ils se sont jet... à l'eau. • Elle s'est jet... un châle sur les épaules. .../10

328 ›› **Quels verbes pronominaux ont un pronom complément indirect ?** Règle 43

s'étonner, se sourire, se plaindre, se mentir, s'échapper, se plaire, s'absenter, se blottir, se ressembler, s'ennuyer, s'en vouloir, s'apercevoir, se parler, s'avancer, se suffire, se hâter, se déplaire, se reprocher, se cogner, se nuire. .../20

329 ››› **Complétez les participes passés de ces verbes pronominaux.** Règle 43

Elle s'est exagér... la valeur de sa bague. • Alexandra s'est rend... à mes arguments. • La solution s'est impos... d'emblée. • Ils se sont pardonn... leurs fautes. • Ils ne se sont encore jamais vu... . • Les chiens se sont épi... jusqu'à l'arrivée de Paul. • Comment se sont-elles protég... de l'orage ? • Toutes se sont perd... ! • Ils se sont serv... une tasse de thé. • De quels livres se sont-elles serv... ? .../10

330 ››› **Écrivez les participes passés des verbes en italique, puis accordez-les si nécessaire.** Règle 44

Quels efforts il a *(faire)* pour en venir à bout ! • Je les ai *(voir)* partir en courant. • On ne les a pas encore *(entendre)* chanter. • Les souvenirs que j'ai *(vouloir)* évoquer sont plaisants. • Il a été fatigué par les chaleurs qu'il a *(faire)* l'été dernier. • On les a *(faire)* venir. • Les chutes de neige qu'il y a *(avoir)* cette nuit ont causé un accident. • J'apprécie les conseils que j'ai *(entendre)* donner par Clara. • C'est le train de neuf heures qu'ils ont *(faillir)* manquer. • Je suis émerveillée par les insectes que j'ai *(voir)* travailler. .../10

331 ››› **Écrivez les participes passés des verbes en italique, puis accordez-les si nécessaire.** **Règle 46**

J'ai besoin d'eux, alors je les ai *(envoyer)* chercher. • Elles se sont *(expliquer)*, puis elles se sont *(réconcilier)*. • Ils ne sont pas *(venir)*, comme vous l'aviez *(prévoir)*. • Les dix minutes qu'elle avait *(courir)* l'avaient *(épuiser)*. • Étant *(donner)* l'heure tardive, nous avons tout *(annuler)*. • Les obligations qu'ils se sont *(imposer)* ne leur permettent pas de partir en vacances. .../10

332 ›› **Écrivez ces noms composés au pluriel.** **Règle 47**

un réveille-matin, un appui-tête, un électro-aimant, une demi-finale, un grand-oncle, un rond-point, un demi-cercle, un porte-parole, un faux-monnayeur, une arrière-boutique. .../10

333 ›› **Justifiez la présence ou l'absence de s à la fin de ces mots.** **Règle 47**

des semi-remorques, des perce-oreilles, des pique-feu, des oiseaux-mouches, des demi-bouteilles, des abat-jour, des porte-cartes, des pique-bœufs, des arrière-pensées, des pare-chocs. .../10

334 ›› **Accordez les adjectifs de couleur, si nécessaire.** **Règle 49**

Les portes *(orange)* juraient sur des murs *(bleu turquoise)*. • Mon chien a de grands yeux *(marron)*. • Il aimait les chats, surtout les persans *(crème)* et les persans *(noir)*. • Les feuilles *(blanc sale)* n'engageaient vraiment pas à écrire. • La mode était aux vêtements *(kaki)*. • Ses joues devinrent soudain *(pourpre)*. • Elle a mis ses gants *(jaune paille)*. • On a choisi des rideaux *(rose)*. .../10

335 ›› **Accordez les adjectifs de couleur, si nécessaire.** **Règle 49**

Ses cheveux *(blond cendré)* soulignent ses yeux *(bleu)*. • Elle portait une robe *(vert pomme)* et une écharpe *(marron)*. • Yasmina troqua sa tenue *(bleu marine)* contre une robe et un chemisier *(jaune citron)*. • Les meubles étaient tout *(noir)* ! • Il sortit de sa poche deux cartes *(crème)* imprimées de caractères *(gris perle)*. • Le dossier contenait une lettre à l'encre *(bleu pâle)*. .../10

336 ›› **Accordez les adjectifs, mais pas les adverbes.** Règle 50

■ Mes rêves ont tourné *(court)*. • Ses cheveux frisés sont *(court)*. ■ La corde s'est cassée *(net)*. • Elle a parlé *(clair)* et *(net)*. • Les photos me paraissent *(net)*. • Elle a été arrêtée *(net)* dans son élan. • J'ai vu une coupure *(net)*. ■ Ces objets ne sont pas tout à fait *(rond)*. • Ces moteurs ne tournent pas très *(rond)*. .../10

337 ›› **Accordez les adjectifs, mais pas les adverbes.** Règle 50

Il trouva deux bidons *(plein)* d'huile. • Ces jumeaux ont les *(même)* goûts. • Cette erreur a la vie *(dur)*. • Les avocats de la défense ont coupé *(court)* à tous les commentaires. • Les spectateurs se tenaient *(debout)*. • Ces propos semblent *(vrai)*. • Les trois filles étaient toujours *(ensemble)*. • Ils en savent assez *(long)*. • Nordine portait les cheveux coupés *(court)*. • Les arbres sont plantés bien *(droit)*. .../10

338 ›› **Complétez par ant ou par ants.** Règle 51

Ils étaient brûl... de fièvre. • On entendait les enfants gliss... sur le verglas • Ils flânaient dans le jardin, devis... tous les deux. • Je dépassai des promeneurs s'attard... à cueillir des bleuets. • Ils lui étaient très reconnaiss... de son geste. • Les circonstances aid..., elle réussira. • Nous aperçûmes deux biches fuy... dans le bois. • Ce sont des boulevards très commerç... . • Notre présidente composait toujours des discours plais... . • Ils sont heureux, bien que gagn... peu d'argent. .../10

339 ››› **Complétez par guant, quant(s) ou gant(s).** Règle 51

En promul... cette loi, le parlement encourage la recherche. • Elle circule parmi les blessés, prodi... ses soins avec dévouement. • Il aime les biscuits cra... . • On planta une haie de buissons épais et pi... . • C'est en intri... qu'ils obtinrent une promotion. • Elle est habile, intri..., et s'efforce de plaire. • Il tint des propos cho... et dut démissionner. • Ils allaient, diva... à haute voix. • La banquise, en se dislo..., fit chavirer le canot. • Ces marches fati... font partie de l'entraînement. .../10

53 Le tiret et les lettres euphoniques

Gagne-t-elle ?

V___○-t-○__ (voyelle, voyelle)

VERBE SUJET

⚠ Perd-il ?
liaison
/t/

Gagné-je ? Puissé-je le faire ?*

Gagne beaucoup de médailles !
Gagnes-en beaucoup.

V___○s-○__ (voyelle, voyelle, liaison)

VERBE
à l'impératif

⚠ tu t'essuies (s'essuyer)
il t'écoute (t' = toi)
Va-t'en ! (s'en aller)

À RETENIR

- Les lettres euphoniques sont des lettres qu'on ajoute entre un verbe et un pronom pour représenter la prononciation : *gagne-**t**-elle ; gagne**s**-en*.
- Il ne faut pas confondre ces lettres ajoutées avec la liaison *(per**d**-il ?)* ou avec le pronom personnel élidé **t'** *(tu **t'**en vas, va-**t'**en)*.

340 ›
Complétez par un trait d'union, par le t euphonique ou par le pronom t'.

À qui se rallient … ils ? • Retire … en le plus vite possible. • Puisse … elle réussir ! • Pourquoi n'applaudit … il pas ? • L'a … on vue ? • Garde … en deux. • Que me reste … il ? • L'entend … elle ? • T'en a … on offert une ? • Il ne … en donnera plus. Corrigé p. 232 …/10

341 ››
Complétez par le -t- euphonique ou par le pronom t'.

Pourquoi … en prends-tu à eux ? • Qu'envie … elle ainsi ? • Quand finira … il ? • Défais … en rapidement. • Où … en vas-tu si vite ? • Où l'évacue … on ? • Retourne … en d'où tu viens ! • Quand faudra … il la prévenir ? • Va … en d'ici ! • Prends … en au coupable. …/10

342 ›››
Ajoutez ou non la lettre s à ces verbes.

Va…-y et met…-y un peu d'ordre ! • Cherche…-en les motifs. • Ne les importune… pas. • Hache…-en deux avec un peu d'ail. • Reprend…-en une. • Parle… en articulant bien. • Promène…-y les enfants ce soir. • Écoute…-les attentivement. • Colle…-en un sur ton classeur. Corrigé p. 232 …/10

* Cf. page 241.

54 Le présent de l'indicatif

	1er groupe -er	2e et 3e groupes -ir, -oir, -re -indre, -soudre	autres verbes en -dre	pouvoir vouloir valoir
je	__e	__s	__ds	__x
tu	__es	__s	__ds	__x
il	__e	__t	__d	__t
nous	__ons			
vous	__ez			
ils	__ent			

À RETENIR

- Au présent de l'indicatif, les terminaisons du singulier dépendent de l'infinitif du verbe. Les trois terminaisons du pluriel sont identiques pour tous les verbes.

343 › Complétez les verbes au présent de l'indicatif.

Il remédi... à la situation. • Je te rejoin... dans une minute. • On ressen... une grande émotion. • Attention, ce pull détein... ! • Si tu agi... ainsi, tu enfrein... nos règles. • Je consen... à ce partage. • Je dédui... la remise du total. • Il dissoci... sa vie privée de sa vie professionnelle. • Il s'identifi... à son père. Corrigé p. 233 .../10

344 ›› Écrivez les verbes en italique au présent de l'indicatif.

Je *(souscrire)* un emprunt. • La gentillesse *(contribuer)* à améliorer les relations humaines. • Il *(dédier)* ses ouvrages à ses enfants. • Cela n'*(exclure)* pas que tu aies tort. • Pourquoi *(s'astreindre)*-tu à ces efforts ? • Elle le *(congédier)* sèchement. • Les sourds *(suppléer)* à leurs difficultés en lisant sur les lèvres. • Votre projet m'*(agréer)*. • Il *(feindre)* de l'ignorer. • La conversation *(dévier)*. .../10

345 ›› Écrivez les verbes en italique au présent de l'indicatif.

Le maire *(certifier)* conforme ce document. • Cette crème *(adoucir)* les gerçures. • Il *(secouer)* l'amandier avec force. • Cet appareil *(amplifier)* les sons. • L'*(envier)*-tu d'avoir réussi ? • Le chef d'équipe *(saluer)* ses coéquipiers. • Les enfants *(se réconcilier)* facilement. • J'*(interrompre)* mon discours. • Capucine *(modifier)* son apparence à son gré. • Je *(résoudre)* les mots croisés. Corrigé p. 233 .../10

55 Les difficultés du présent de l'indicatif

Soyez attentifs à la prononciation

Verbes en -**é**(-)**er**	**acquérir**	**vaincre**
je cède tu cèdes il cède nous cédons vous cédez ils cèdent	j' acquiers tu acquiers il acquiert nous acquérons vous acquérez ils acquièrent	je vaincs tu vaincs il vainc nous vainquons vous vainquez ils vainquent
Verbes en -**e**(-)**er**	**jeter**	**appeler**
je lève nous levons Verbes en -**ayer**, -**uyer**, -**oyer** ■ je paie ou je paye nous payons ■ j'essuie nous essuyons ■ je nettoie nous nettoyons	je jette tu jettes il jette nous jetons vous jetez ils jettent *Se conjuguent comme* ***jeter :*** projeter, rejeter… ↳ Uniquement ces deux verbes et leurs dérivés	j' appelle tu appelles il appelle nous appelons vous appelez ils appellent *Se conjugue comme* ***appeler :*** rappeler.
asseoir*	**acheter***	**geler***
j' assois tu assois il assoit nous assoyons vous assoyez ils assoient *ou* j' assieds tu assieds il assied nous asseyons vous asseyez ils asseyent	j' achète tu achètes il achète nous achetons vous achetez ils achètent *Se conjuguent comme* ***acheter :*** haleter, crocheter… ■ **dire, redire** → vous dites, vous redites ■ **faire** (et composés) → vous faites, vous défaites	je gèle tu gèles il gèle nous gelons vous gelez ils gèlent *Se conjuguent comme* ***geler :*** peler, congeler, dégeler, surgeler, déceler, démanteler…
clore, **croître**	Verbes en -**quer**, -**guer**	Verbes en -**cer**, -**ger**
■ je clos, il clôt ■ je croîs, il croît	nous marquons nous naviguons	nous plaçons nous plongeons
(inter)**rompre**	**craindre**	**résoudre**
il (inter)rompt	nous craignons	nous résolvons

*Cf. pages 242-243.

346 ›

Écrivez ces verbes à la 1re personne du singulier et à la 3e personne du pluriel du présent de l'indicatif.

congeler, épeler, s'asseoir, convaincre, requérir, décacheter, apparaître, projeter, déplaire, remodeler. Corrigé p. 233 .../10

347 ›

Écrivez ces verbes à la 2e personne du singulier et à la 2e personne du pluriel du présent de l'indicatif.

croître, surgeler, plaindre, résoudre, déficeler, conquérir, redire, étiqueter, contrefaire, crocheter. .../10

348 ››

Écrivez les verbes en italique au présent de l'indicatif.

Vous *(résoudre)* l'équation. • Tu *(s'asseoir)* en tailleur sur le tapis. • Mes cousins *(coopérer)* souvent. • Il *(rapiécer)* son pantalon. • L'expert *(déceler)* une fissure. • Victor me *(défier)* aux échecs. • Le vendeur *(empaqueter)* avec soin les appareils. • Le témoin *(dépeindre)* le chauffard avec précision. • La conversation *(s'interrompre)*. • Chaque matin, elle *(épousseter)* ses bibelots. Corrigé p. 233 .../10

349 ›››

Écrivez les verbes en italique au présent de l'indicatif.

Dans ce travail, nous *(endommager)* parfois le matériel. • À ces mots, il *(se récrier)* vivement. • Dans le service, nous *(briguer)* toutes une promotion ! • C'est quelqu'un qui *(renier)* facilement ses engagements. • Un excès de timidité lui *(clore)* la bouche. • Il *(ressemeler)* lui-même ses chaussures. • Depuis l'an dernier, nous *(restreindre)* les dépenses. • C'est un pays où l'eau *(sourdre)* de la fente des roches. • Elle *(déléguer)* ses pouvoirs. • Des gestes *(suppléer)* à son manque de vocabulaire. .../10

350 ›››

Écrivez les verbes en italique au présent de l'indicatif.

On y *(accéder)* par l'escalier de secours. • Qui trop embrasse, mal *(étreindre)*. • À l'affût, le prédateur *(épier)* sa proie. • Il *(receler)* des objets que la police recherche. • Il me *(convaincre)* très facilement. • Ces compétences *(s'acquérir)* au cours d'un stage de formation. • Cette mode *(corrompre)* le bon goût. • Ils me *(rebattre)* les oreilles avec leurs histoires ! • Ils se lèvent et *(évacuer)* calmement la salle. • Nous lui *(prodiguer)* nos conseils. Corrigé p. 233 .../10

56 Le futur de l'indicatif

je _rai
tu _ras
il _ra
nous _rons
vous _rez
ils _ront

⚠

apprécier → j'apprécierai

pouvoir → je pourrai
(re)voir → je (re)verrai
envoyer → j'enverrai
courir → je courrai
mourir → je mourrai
acquérir → j'acquerrai

À RETENIR

- Au futur de l'indicatif, les terminaisons sont les mêmes pour tous les verbes. Ceux des 1er et 2e groupes gardent l'infinitif entier dans la conjugaison.
- Six verbes s'écrivent avec **deux r** : *pouvoir, voir, envoyer, courir, mourir, acquérir.*

351 ›
Conjuguez ces verbes à la 1re personne du singulier et à la 3e personne du pluriel du futur de l'indicatif.

élever, accueillir, concourir, desservir, prévoir, supplier, amplifier, conclure, décrire, se méfier.

Corrigé p. 233 .../10

352 ›
Quel est l'infinitif de ces formes verbales ?

il faudra	on reliera	il croîtra	on s'assiéra	je confirai
nous saurons	j'acquerrai	on broiera	ils croiront	elles s'écriront

.../10

353 ››
Écrivez les verbes en italique au futur de l'indicatif.

Cette épreuve de saut *(requérir)* toute notre énergie. • Nous te *(confier)* ces objets jusqu'à notre retour. • Les enfants *(accourir)* quand ils entendront la voiture. • J'*(acquitter)* toutes mes dettes et je m'*(associer)* avec toi. • Les architectes *(suggérer)* sans doute des modifications. • La Croix-Rouge *(envoyer)* des médecins et *(distribuer)* des médicaments. • S'il n'y a pas de chaises, on *(s'asseoir)* par terre. • Tu *(régler)* ce problème plus tard.

Corrigé p. 233 .../10

57 L'imparfait de l'indicatif

je _ais
tu _ais
il _ait
nous _ions
vous _iez
ils _aient

⚠ V_ge / V_ç : _ais, _ait, _aient

⚠ V_ier
Ex. : étudier
nous étudiions

À RETENIR

- Les terminaisons de l'imparfait de l'indicatif sont les mêmes pour tous les verbes.
- Si la terminaison commence par un **a**, on ajoute un **e** aux verbes en -**ger** et une **cédille** aux verbes en -**cer**.
- Quand la dernière lettre du radical est un **i**, les terminaisons du pluriel -**ions** et -**iez** obligent à écrire **deux i** : *nous étud**ii**ons, vous étud**ii**ez.*

354 › **Écrivez ces verbes à l'imparfait de l'indicatif.**

Commencer → il ..., vous ... .
Se récrier → je ..., vous ... .
Abréger → tu ..., nous ... .
Parier → nous ..., ils ... .
Avertir → elle ..., nous ... .

Corrigé p. 233 .../10

355 › **Écrivez les verbes en italique à l'imparfait de l'indicatif.**

À mi-course, notre équipe *(devancer)* tous ses adversaires. • Les insurgés *(assiéger)* la ville depuis trois jours. • Autrefois, vous *(exceller)* au tennis. • Nous *(évaluer)* la situation tant bien que mal. • À cette époque, nous *(se soucier)* peu de l'avenir. .../10

356 ›› **Écrivez les verbes en italique à l'imparfait de l'indicatif.**

Les joueurs *(patauger)* dans la boue. • Pourquoi *(dévier)*-vous la circulation ? • Son maillot rouge *(rétrécir)* à chaque lavage. • Depuis qu'il nous *(évincer)* du terrain pour un oui ou pour un non, nous n'*(apprécier)* pas son arbitrage. • Vous vous *(réconcilier)* un jour, et vous vous *(brouiller)* à nouveau le lendemain. • Elle *(s'adjuger)* les meilleures places. • L'hiver, le froid nous *(gercer)* les lèvres. • Nous *(se rallier)* souvent à ses idées.

Corrigé p. 233 .../10

58 Le passé simple de l'indicatif

	-er	-ir -oir -re		tenir et venir et leurs composés
je	_ai	_is	_us	_ins
tu	_as	_is	_us	_ins
il	_a	_it	_ut	_int
nous	_âmes	_îmes	_ûmes	_înmes
vous	_âtes	_îtes	_ûtes	_întes
ils	_èrent	_irent	_urent	_inrent

À RETENIR

- Les terminaisons du passé simple dépendent de l'infinitif du verbe.
- *Tenir, venir* et les verbes de leur famille se terminent par : *-ins, -ins, -int, -înmes, -întes, -inrent.*

357 › **Quel est l'infinitif de ces formes verbales ? Pour deux d'entre elles, deux infinitifs sont possibles.**

il vit, je pourvus, je sus, il dut, je fis, il plut, elle fut, je cousis, nous prévînmes, je mus, je convins, nous bûmes, vous crûtes, je contins, nous créâmes, nous dûmes, elle se souvint, il adjugea, on tint.

Corrigé p. 233 .../20

358 ›› **Écrivez les verbes en italique au passé simple de l'indicatif.**

Elle *(transcrire)* en clair un message secret. • Il *(survivre)* grâce à sa ration d'eau. • Nous *(avoir)* le souci d'éteindre les dernières braises. • Elle *(se protéger)* du soleil. • Nous *(tenir)* rapidement conseil et *(recevoir)* la délégation. • C'est son avis qui *(prévaloir)*. • On nous *(prévenir)* la veille au soir. • J'*(exiger)* des explications et les *(obtenir)*.

.../10

359 ›› **Écrivez les verbes en italique au passé simple de l'indicatif.**

Ma grand-mère m'*(influencer)* beaucoup. • Nous *(cesser)* de jouer dès la sonnerie. • Les participants *(résoudre)* de s'écrire. • Ils *(s'abstenir)* de répondre et *(poursuivre)* leur chemin. • Il lisait lorsque son ami *(survenir)* à l'improviste. • La 4^{e}B *(élire)* son délégué de classe. • Ses compétences *(prévaloir)* sur l'ancienneté. • Nous *(convenir)* d'un rendez-vous. • Je *(s'agripper)* au rocher.

Corrigé p. 233 .../10

59 Les difficultés du passé simple de l'indicatif

Passé simple en **-is, -is, -it, …**		Passé simple en **-us, -us, -ut, …**	
Verbes en -indre	→ je craignis → je peignis	résoudre	→ je résolus
		vivre	→ je vécus
rompre	→ je rompis	croire	→ je crus, il crut
naître	→ je naquis	croître	→ je crûs, il crût
vaincre	→ je vainquis	accroître	→ j'accrus, il accrut
coudre	→ je cousis	conclure	→ je conclus
asseoir	→ j'assis	lire	→ je lus
acquérir	→ j'acquis …	moudre	→ je moulus …

Rappel : **tenir, venir** (et leurs composés)	Verbes en **-cer, -ger**	Verbes en **-quer, -guer** (gardent toujours leur radical)
je vins, nous vînmes … je tins, nous tînmes …	je pla**ç**ai … je man**ge**ai …	je mar**qu**ai … je navi**gu**ai …

360 ›› **Écrivez l'infinitif des dix verbes conjugués au passé simple.**

il coïncidait, je déversai, il advint, il abdiqua, il ralliera, tu omis, ils ressaisissent, ils détinrent, qu'il cousît, nous corrompîmes, on requit, il relit, je restreignis, qu'il revînt, ils moulurent, ils proscrivirent, il eut décidé.

Corrigé p. 233 …/10

361 ››› **Écrivez les verbes en italique au passé simple de l'indicatif.**

La marée *(décroître)* rapidement. • Ils *(restreindre)* leurs ambitions. • Je lui *(expliquer)* mon oubli, mais elle ne me *(croire)* pas. • Nous le *(convaincre)* et il *(acquiescer)*. • La victime *(survivre)* à l'attentat. • Nous *(comparaître)* devant le tribunal. • La lionne *(dépecer)* sa proie. • Leur échec les *(reléguer)* en deuxième division. …/10

362 ››› **Dix verbes n'ont pas de passé simple. Lesquels ? Écrivez les autres à la 3e personne du singulier.**

soustraire, résoudre, éclore, paître, conclure, distraire, traire, nier, adjoindre, quérir, vêtir, braire, nuire, fuir, seoir *(= convenir)*, gésir *(= être étendu)*, s'astreindre, lire, démordre, extraire.

Corrigé p. 233 …/10

60 Passé simple ou imparfait de l'indicatif

À RETENIR

- Le **passé simple** exprime une action passée dont on connaît au moins une **limite précise** (le début, la fin ou la durée).
- L'**imparfait de l'indicatif** marque une action passée qui dure ou qui se répète, et dont on ne connaît pas de limite précise.

363 ›› **Écrivez les verbes en italique au passé simple ou à l'imparfait.**

J'*(essayer)* de tirer la remorque lorsque je *(trébucher)* et elle *(repartir)* en arrière. • La souris *(grignoter)* du pain quand le chat *(survenir)* et l'*(agripper)*. • Nous *(jouer)* aux échecs depuis bientôt une heure. Je m'*(efforcer)* de sauver mon roi quand mon frère *(faire)* irruption et *(renverser)* l'échiquier.

Corrigé p. 233 …/10

364 ›› **Écrivez les verbes en italique au passé simple ou à l'imparfait.**

Je *(percer)* un trou quand le téléphone *(sonner)*. • Je *(manger)* trop, mais un jour je *(prendre)* une telle indigestion que je *(jurer)* de devenir raisonnable. • La fête *(battre)* son plein quand l'orage *(éclater)*. L'orchestre *(se taire)*, les danseurs *(courir)* se mettre à l'abri. La pluie et le tonnerre *(durer)* toute la soirée. …/10

365 ››› **Écrivez les verbes de ce texte au passé simple ou à l'imparfait.**

Il *(pleuvoir)* à verse. La maison abandonnée était fermée, mais nous *(réussir)* tout de même à y entrer et nous y *(s'abriter)*. Les murs humides *(exhaler)* une odeur de moisi. Kevin *(s'asseoir)* sur un vieux banc. Léana *(s'approcher)* de la cheminée où quelques bûches poussiéreuses *(sembler)* nous attendre. Elle *(craquer)* plusieurs allumettes, le feu *(prendre)* et nous *(pouvoir)* nous sécher.

Corrigé p. 234 …/10

61 Les temps composés

	Temps composés	→	auxiliaire avoir ou être à un temps simple	+	participe passé du verbe
Indicatif	**Passé composé**	j'ai couru je suis arrivé(e)	auxiliaire au présent	+	participe passé
Indicatif	**Plus-que-parfait**	j'avais couru j'étais arrivé(e)	auxiliaire à l'imparfait	+	participe passé
Indicatif	**Passé antérieur**	j'eus couru je fus arrivé(e)	auxiliaire au passé simple	+	participe passé
Indicatif	**Futur antérieur**	j'aurai couru je serai arrivé(e)	auxiliaire au futur simple	+	participe passé
Cond.	**Passé** du conditionnel	j'aurais couru je serais arrivé(e)	auxiliaire au présent du conditionnel	+	participe passé
Subjonctif	**Passé** du subjonctif	que j'aie couru que je sois arrivé(e)	auxiliaire au présent du subjonctif	+	participe passé
Subjonctif	**Plus-que-parfait** du subjonctif	que j'eusse couru que je fusse arrivé(e)	auxiliaire à l'imparfait du subjonctif	+	participe passé

366 ›
Voici des verbes à des temps simples. Écrivez-les aux temps composés correspondants.

Ex. : *je courrais* → *j'aurais couru.*

on allait, vous vous moquez, *(il faut)* qu'ils descendent, je partirai, je m'absenterais, tu persévéras, *(il faut)* qu'on s'avance, elles se méfient, nous pourrions, tu viendras. Corrigé p. 234 .../10

367 ››
Écrivez chaque verbe au temps simple correspondant.

nous aurons envoyé, qu'on ait entrevu, elles ont cru, vous auriez voulu, j'eus obtenu, qu'il soit prévenu, il se serait plaint, vous avez résolu, tu as éteint, elles auront consolidé. .../10

368 ›››
Écrivez chaque verbe au temps composé correspondant.

Je m'assieds, on parierait, qu'ils apprissent, elles perdirent, il enviait, *(il faut)* qu'ils s'approchent, *(il faut)* qu'on achète, que je m'endormisse, elle naquit, qu'elle s'abstînt. Corrigé p. 234 .../10

Temps simple ou temps composé

TEMPS SIMPLE

je courus
tu souris
il comprit

SUJET V___ s / s / t
↑ terminaison

TEMPS COMPOSÉ

j' ai couru
tu as souri
il a compris

SUJET avoir ou être + V___ u / i / is / it (e) (s) (es)
↑ terminaison

Accord possible.

À RETENIR

- À un **temps simple**, le verbe porte les marques de la conjugaison.
- À un **temps composé**, c'est l'auxiliaire (*avoir* ou *être*) qui porte les marques de la conjugaison. Le verbe est alors au participe passé.

369 › **Complétez ces phrases si nécessaire.**

Son fils lui promi… de l'aider. • Ce qu'elle voyait la mi… en colère. • Il aurait eu… le bon numéro qu'il ne se serait pas davantage réjoui… . • Ils avaient depuis longtemps uni… leurs destinées. • Elle ressenti… peu d'émotion. • Il eu… beau persévérer, il ne pu… améliorer son score. • Il fini… son travail, puis s'endormi… .

Corrigé p. 234 …/10

370 › **Complétez ces phrases si nécessaire.**

Il du… faire face à des difficultés. • Elle admi… son erreur. • Le film se situ… à Venise. • Il a dû… recommencer. • On l'accueilli… avec gentillesse. • Sais-tu s'il survécu… ? • Il a conqui… tout le monde. • Le ministre fut assailli … par les journalistes. • On a eu… davantage de temps. • Dès midi, le ciel s'est éclairci… .

…/10

371 ›› **Complétez ces phrases si nécessaire. N'oubliez pas les accords !**

Ce chat fui… à mon approche. • Ce produit noirci… les mains. • L'automobiliste s'aperçu… de son oubli. • Lorsque ses craintes se furent évanoui…, il partit. • Ce livre ne m'appri… rien de plus. • Il a déjà concouru… . • On n'eu… guère plus d'une heure pour finir. • Son prix vari… du simple au double. • La pièce était obscurci… par des rideaux. • Il s'y habitu… .

Corrigé p. 234 …/10

63 Les participes passés terminés par -u, -é, -i, -is ou -it

AUXILIAIRE + PARTICIPE PASSÉ

avoir ou être + V__ é / u

Il est parti → **i** → une personne **qui est** partie
Elle a appris → **is** → une leçon **qui est** apprise
Ils ont écrit → **it** → une phrase **qui est** écrite

À RETENIR

- Pour savoir si un participe passé terminé par le son /i/ s'écrit **-i**, **-is** ou **-it**, on peut le mettre dans une expression au féminin. Un participe passé en **-is** ou en **-it** fait alors entendre un féminin en **-ise** ou en **-ite**.

372 › **Complétez ces expressions au féminin.**

Une rue interdi… • une émission retransmi… • une signature contrefai… • une façade repein… • une histoire maudi… • une idée admi… • une ordonnance prescri… • une règle enfrein… • une place conqui… • une pièce étein… .

Corrigé p. 234 …/10

373 ›› **Complétez les participes passés par é, u, i, is ou it.**

Il s'est empress… de téléphoner. • Nous en avons dédu… qu'il avait bien pr… ce chemin. • On a enfin concl… le marché. • Tu n'as pas décr… les symptômes de la maladie. • Ce pain est cu… au bois. • Vous avez ag… avec désinvolture. • Tu as about… à l'effet inverse. • Ils ont ém… des réserves. • Il a tradu… un article en anglais. …/10

374 ›› **Complétez les participes passés par i, is ou it.**

Il aurait, paraît-il, comm… un délit. • Les acrobates ont sédu… tous les spectateurs. • Il est préférable qu'ils aient inscr… leur fille en juin. • Il a roug… devant ces compliments. • La voyante a préd… des catastrophes. • Nous en avons acqu… la certitude. • Ce contrat leur avait garant… l'avenir. • On a rédu… la hauteur du mur. • Ce tricot a rétréc… au lavage. • Je lui avais pourtant soum… le projet.

Corrigé p. 234 …/10

L'impératif

C'est un ordre, un conseil…

PRÉSENT

	__er	autres verbes
2ᵉ sing.	__e	__s
1ʳᵉ plur.	__ons	
2ᵉ plur.	__ez	

⚠ aller → va
cueillir → cueille
savoir → sache
essuyer → essuie…

PASSÉ

aux. + part. passé	aux. + part. passé
aie terminé	sois parti(e)
ayons terminé	soyons parti(e)(s)
ayez terminé	soyez parti(e)(s)

auxiliaire **avoir** ou **être** à l'impératif présent + participe passé du verbe

À RETENIR

- **L'impératif** sert à exprimer des ordres ou des conseils. Il se conjugue seulement à trois personnes : la 2ᵉ du singulier, la 1ʳᵉ et la 2ᵉ du pluriel.
- **L'impératif passé** est composé de l'auxiliaire *avoir* ou *être* à l'impératif présent, suivi du participe passé du verbe.

375 › **Écrivez ces verbes aux trois personnes de l'impératif présent.**

évaluer, offrir, sourire, se méfier, croire, savoir, courir, apprécier, recevoir, appuyer.

Corrigé p. 234 …/10

376 ›› **Complétez au présent de l'impératif, à la 2ᵉ personne du singulier.**

Accompli… ce que tu as résolu de faire. • Ne cueill… pas les fleurs. • Cess… de te tourmenter. • Di…-leur de s'accroupir. • Ne chass… pas les animaux. • Continu… ton chemin. • Ne suspen… rien à ce portemanteau. • Affranchi… cette lettre. • Manifest…-lui ton contentement. • Répan… cet engrais au pied des rosiers. …/10

377 ›› **Utilisez les verbes en bleu pour compléter les phrases à la 2ᵉ personne du pluriel de l'impératif passé.**

■ *Laver*, *habiller* → … et … avant mon retour. ■ *Rédiger* → … votre rédaction pour demain. ■ *Achever* → … votre devoir avant dix heures. ■ *Revenir* → … dans la soirée. ■ *Acheter* → … ce sac pour la prochaine sortie. ■ *Remettre* → … ces lettres avant midi. ■ *Trouver* → … une solution avant ce soir. ■ *Répondre* → … avant qu'on ne vous rappelle à l'ordre. ■ *Monter* → … les premiers en haut de la tour.

Corrigé p. 234 …/10

65 Les terminaisons en -é / -er / -ez / -ais, -ait, -aient

auxiliaire + participe passé

avoir ou être + V___é (e) (s) (es)

Elle est arrivée.

infinitif

V___ (quoi faire ?) V___er

Il va vous téléphoner.

terminaison : 2e pers. pluriel

(vous) V___ez

Vous entrez ? Entrez !

participe passé adjectif

(qui est / qui sont) ___é (e) (s) (es)

Les feuilles, poussées par le vent...

imparfait de l'indicatif

je, tu V___ais
il, elle, on ___ait
ils, elles ___aient

↑ terminaisons

378 ›
Complétez par l'une des terminaisons figurant dans le tableau ci-dessus.

Avez-vous râp... le gruyère ? • On l'a compliment... car il le mérit... . • Il faut absolument export... davantage. • À combien évalu...-vous mon véhicule ? • La décision prise all... sans doute l'enchant... . • Je vais vous demand... d'accepter cet emploi. • Les bisons affol... ont failli piétin... le campement. Corrigé p. 234 .../10

379 ›
Complétez par une terminaison en /e/ ou /ɛ/.

Je dois avoir sommeill... pendant le film. • Je vous prie d'agré..., Monsieur, l'expression de mes salutations distingu... . • Dès qu'ils eurent actionn... le signal d'alarme, le train stoppa. • Je l'ai vu qui lis... au lieu d'écout... . • Il ne s'est pas vraiment souci... de ce qui pouv... lui arriv... . • On a vu afflu... les curieux. .../10

380 ››
Complétez par une terminaison en /e/ ou /ɛ/.

Elle n'entendait pas être encore sépar... de lui. • On ne peut pas vous jur... que c'est vrai. • Je ne pens... pas qu'il fût si capricieux. • Défense d'entr..., terrain priv... . • Le conférencier a longuement retrac... l'histoire de ce peuple. • Ne leur inflig... pas une défaite trop sévère ! • Je n'ai pas devin... ce qui pouvait vous tracass... . • Lui a-t-on restitu... ses livres ? Corrigé p. 234 .../10

381 ›››
Écrivez cinq phrases avec le verbe déclamer, en utilisant cinq terminaisons différentes de la leçon. .../10

66 avoir ou être

avoir	être
c'est **moi** qui **ai** → j'**ai**	c'est **toi** qui **es** → tu **es**
indicatif	c'est **lui** qui **est** → il **est**
il faut que j'**aie**, que tu **aies** qu'il **ait**, qu'ils **aient**	indicatif
subjonctif	

À RETENIR

- Il ne faut pas confondre les formes homophones d'**avoir** à l'indicatif et au subjonctif avec celles d'**être** au présent de l'indicatif.

382 › **Complétez par es, est, ai, ait ou aient.**

Fallait-il qu'ils ... du courage ! • Je suis sûr que tu ... la meilleure. • C'est moi qui ... tiré l'as. • Ce produit ... couramment utilisé. • On doute qu'il ... renié sa parole. • Attendons qu'ils ... procédé aux vérifications. • C'est bien lui qui ... là. • Je veux qu'elle ... tous ses livres. • C'est toi qui ... désigné. • Ne l'...-je pas oublié ?

Corrigé p. 234 .../10

383 ›› **Complétez par une forme verbale de être ou de avoir qui se prononce /ɛ/.**

Je crains que ce soit moi qui ... perdu. • Elles n'osent croire que la ruse ... réussi. • Ils espèrent que le stratagème ... dévoilé. • Elle vit dans la peur que j'... un accident de moto. • Ce n'est pas moi qui ... compromis la victoire. • Qu'ils ... beaucoup de bonheur ! • On ne veut pas que tu ... froid. • Nous acceptons que tu ... un chien. • ...-tu surpris qu'il ... fait cela ?

.../10

384 ›› **Complétez par une des sept formes homophones de être ou de avoir.**

Moi qui ... le vertige, je n'y monterai jamais. • Qu'elle ... gagné paraît certain. • On souhaite que tu ... beaucoup de volonté. • Je me réjouis parce qu'il ... bien arrivé. • Prenez garde que je n'... pas la patience d'attendre ! • Est-ce toi qui ... à l'origine de ce cadeau ? • Je ne crois pas qu'elle ... répondu à ta place. • On se réjouit que tu ... d'excellentes notes. • Elle qui ... douée en français, elle peut t'aider. • Dommage qu'on n'... plus de café.

Corrigé p. 234 .../10

67 Le conditionnel présent

je	__**rais**
tu	__**rais**
il	__**rait**
nous	__**rions**
vous	__**riez**
ils	__**raient**

⚠

apprécier → j'apprécierais
pouvoir → je pourrais
(re)voir → je (re)verrais
envoyer → j'enverrais
courir → je courrais
mourir → je mourrais
acquérir → j'acquerrais

À RETENIR

- Au conditionnel présent, les terminaisons sont les mêmes pour tous les verbes. Ceux des 1er et 2e groupes gardent l'infinitif entier dans la conjugaison.
- Six verbes s'écrivent avec **deux r** : *pouvoir, voir, envoyer, courir, mourir, acquérir.*

385 ›
Écrivez ces verbes à la 1re personne du singulier et à la 3e personne du pluriel du conditionnel présent.

simplifier, refaire, s'endormir, convier, revoir, accourir, saluer, enduire, enlever, recueillir. Corrigé p. 234 …/10

386 ›
Complétez les verbes au conditionnel présent.

Je la photographi… avec beaucoup de plaisir. • Jamais il ne consenti… à cet échange. • Je parcour… le monde, si je pouvais. • Vous cri… moins fort si vous saviez tout. • Appréci…-nous sa décision ? …/10

387 ››
Écrivez les verbes en italique au conditionnel présent.

Comment *(constituer)*-vous l'équipe ? • Se *(confier)*-elle à lui ? • S'ils s'entraînaient chaque jour, ils *(courir)* plus vite et *(améliorer)* leurs performances. • Ils se *(marier)* s'ils pouvaient. • S'il en avait le droit, le chien *(lécher)* volontiers nos assiettes. • Si tu m'écoutais, tu *(semer)* des graines de haricots. • On s'y *(habituer)* sans peine. • Si j'étais éditeur, je *(publier)* ton aventure. • Si je ne craignais pas de me tromper, je *(démentir)* la nouvelle. Corrigé p. 234 …/10

68 Futur de l'indicatif ou conditionnel présent

PRÉSENT	IMPARFAIT
Je sais que…	Je savais que…
Si je peux…	Si je pouvais…
FUTUR	**CONDITIONNEL**
… je viendr**ai**.	… je viendr**ais**.
… je __rai	… je __rais
tu __ras	tu __rais
il __ra, etc.	il __rait, etc.

À RETENIR

- Le **futur de l'indicatif** correspond à un verbe au présent.
- Le **conditionnel présent** correspond à un verbe au passé. Il est aussi utilisé pour marquer un souhait, la politesse : *J'aime**rais** vous rencontrer.*

388 › Écrivez les verbes en bleu à l'imparfait de l'indicatif, puis modifiez le reste des phrases en conséquence.

Je *suis* sûr que tout ira mieux. • Il *dit* que tu réussiras. • Si j'*obtiens* un prêt, je créerai une entreprise. • Je le ferai si j'*ai* à le faire. • Je me promènerai s'il *fait* beau.

Corrigé p. 234 …/10

389 ›› Complétez au futur de l'indicatif ou au conditionnel présent.

La prochaine fois, je tâcher… de vous prévenir. • Je la verr… tout à l'heure. • Je ne ser… pas malade si je n'avais pas tant mangé ! • Si j'avais une caméra, je réaliser… des films. • À ta place, je prendr… un parapluie. • J'accepter…, si on me le demandait. • C'est promis, je n'en achèter… pas. • Gagner…-je que je ne ser… pas satisfaite. • Si on me le demande, je le dir… .

…/10

390 ››› Écrivez les verbes au futur de l'indicatif ou au conditionnel présent.

Ce que je vois, je ne le *(revoir)* jamais. • Je savais bien qu'ils *(se réconcilier)* ! • Je l'*(embellir)* si j'y plante des fleurs. • Si j'osais, je *(solliciter)* cet emploi. • Il déclara qu'il *(restreindre)* les dépenses. • Je promis que je ne la *(critiquer)* plus. • Si l'incendie continue, nous *(évacuer)* le quartier. • Il fléchirait, que je n'en *(être)* pas étonné. • Je lui écris que j'*(aller)* volontiers. • *(Avoir)*-je commis une erreur ?

Corrigé p. 235 …/10

69 Le conditionnel passé

j'	**aurais**	fini	je	**serais**	allé
tu	**aurais**	fini	tu	**serais**	allé
il	**aurait**	fini	il	**serait**	allé
nous	**aurions**	fini	nous	**serions**	allés
vous	**auriez**	fini	vous	**seriez**	allés
ils	**auraient**	fini	ils	**seraient**	allés

auxiliaire **avoir** ou **être** au conditionnel présent + participe passé du verbe

À RETENIR

- Le conditionnel passé est formé de l'auxiliaire **avoir** ou **être** au conditionnel présent, suivi du participe passé du verbe conjugué.

391 › **Ces verbes sont au conditionnel présent. Écrivez-les à la même personne du conditionnel passé.**

Je reproduirais cette photo • tu atteindrais le sommet du col • il sourirait • elle atterrirait • nous déménagerions • on reverrait le match • vous vous promèneriez • ils persévéreraient • tu apprécierais le film • il dirigerait la réunion. Corrigé p. 235 …/10

392 ›› **Écrivez ces verbes à la 1re personne du singulier et à la 1re personne du pluriel du conditionnel passé.**

transférer, se cultiver, défaire, grelotter, transmettre, suggérer, survivre, décrire, se dépêcher, résoudre. …/10

393 ››› **Écrivez les verbes en italique au conditionnel passé.**

Si tu avais été là, tu *(trouver)* la solution. • J'étais sûre qu'il *(finir)* son tour de chant quand vous arriveriez. • Je pensais qu'à midi, il *(venir)*. • Un accident *(avoir)* lieu hier soir, sur la RN10. • Nous *(rentrer)* la voiture dans le garage si nous avions eu la clé. • Si tu l'avais demandé, tout le monde te *(aider)*. • Je *(vouloir)* que vous puissiez m'expliquer ce problème. • Quand bien même vous me *(dire)* tout, j'aurais gardé le secret. • Je savais bien qu'il *(faire)* tout pour réussir. • Il y a dix ans, on le *(abonner)* à cette revue. Corrigé p. 235 …/10

Le subjonctif présent

	AVOIR	ÊTRE
que je __e	que j' **aie**	que je **sois**
tu __es	tu **aies**	tu **sois**
il __e	il **ait**	il **soit**
nous __ions	nous **ayons**	nous **soyons**
vous __iez	vous **ayez**	vous **soyez**
ils __ent	ils **aient**	ils **soient**

⚠ 2e groupe : que je finisse, que tu finisses...
Verbes en –**ier** : étudier → que nous étudiions...
Verbes en –**yer** : payer → que nous payions...

À RETENIR

- Les terminaisons du subjonctif présent sont les mêmes pour tous les verbes, sauf pour **avoir** et **être**.
- Pour les verbes terminés par **-ier**, la dernière lettre du radical est un **i**. Les terminaisons **-ions** et **-iez** obligent à écrire **deux i** : *que nous étudiions*.

394 ›
Écrivez ces verbes à la 1re personne du singulier et à la 1re personne du pluriel du subjonctif présent : *Il faut que je..., que nous...* .

obtenir, concourir, s'endormir, acquérir, étudier, rejoindre, recueillir, avertir, revoir, savoir.

Corrigé p. 235 .../10

395 ››
Écrivez ces verbes à la 2e et à la 3e personne du pluriel du subjonctif présent : *Il faut que vous..., qu'ils (ou elles)...* .

transmettre, atteindre, intervenir, conclure, déduire, entreprendre, vérifier, s'associer, secourir, s'expatrier.

.../10

396 ››
Écrivez les verbes en italique au subjonctif présent.

Je crains que cela ne t'*(astreindre)* à des travaux pénibles. • Il faut que tu *(évaluer)* ton travail. • Il faut qu'elle *(être)* consciente des risques. • Demandez-lui que Nicolas *(intervenir)*. • Que voulez-vous qu'il *(advenir)* de lui ? • Est-il utile que l'on *(débattre)* de ce problème ? • Il faut que tu te *(soumettre)* à des examens. • On demande que tu *(introduire)* le visiteur. • Il est vraiment dommage qu'on ne *(prévoir)* pas l'avenir. • On craint que tu *(avoir)* des ennuis.

Corrigé p. 235 .../10

397 ››

Complétez avec le subjonctif présent des verbes sur fond vert.

restituer   exclure   valoir   interrompre   sourire

Je crains que cela n'en … pas la peine. • Il importe que tu … cet objet dès ce soir. • C'est bien que tu … sur la photo. • Il ne faut pas qu'il … cette solution trop rapidement. • Elle veut que nous … la communication.

Corrigé p. 235 …/10

398 ››

Complétez avec le subjonctif présent des verbes sur fond vert.

prévoir   savoir   se plaindre   accourir   apprécier

Il n'est pas normal que tu … de ta maladie en public. • Nous n'irons pas au théâtre, bien que nous … le spectacle. • Il faut que nous … d'emporter des vêtements chauds. • J'aimerais que mon chien … vers moi quand je l'appelle. • Il est nécessaire que vous … cette leçon par cœur.

…/10

399 ›››

Écrivez les verbes en italique au subjonctif présent.

Je ne voudrais pas que tu *(rire)* quand il racontera son histoire. • Il serait ennuyeux que nous te *(contraindre)* à accepter. • Il faut que nous *(élire)* deux délégués. • On regrette que tu *(se soucier)* si peu de tes notes. • Pourquoi exigez-vous que l'on *(constituer)* un dossier ? • Quel dommage qu'il *(recourir)* à ce procédé ! • Je voudrais que vous *(croire)* à ma version des faits. • Il n'est plus possible que vous *(résilier)* ce contrat. • Il est temps que tu *(s'assagir)*. • Il faudra que vous *(s'enfuir)* au signal.

Corrigé p. 235 …/10

400 ›››

Écrivez les verbes en italique au subjonctif présent.

Je ne trouve pas convenable que vous l'*(envier)* à ce point. • Il faut que nous *(se rallier)* à sa cause. • Elle souhaite que nous *(forer)* dans cette couche géologique. • Il faudra qu'on le *(pourvoir)* d'une recommandation officielle. • Je ne voudrais pas qu'on *(s'asseoir)* à mon bureau pendant mon absence. • Liza fit rentrer son chien de peur qu'il ne *(mourir)* de froid dans sa niche. • Il vaut mieux qu'il *(restreindre)* ses dépenses. • Je souhaite qu'on *(inclure)* cette clause dans le contrat. • Ce serait bien que le délai *(échoir)* dans un mois. • Pourvu que vous le *(convaincre)* !

…/10

71 Indicatif présent ou subjonctif présent

Vous souriez. ⚠ Il faut que vous souriiez.

À RETENIR

- L'**indicatif** exprime une **action réelle**, qui a lieu, a eu lieu ou aura lieu.
- Le **subjonctif** exprime une **action pensée**, envisagée par l'esprit. On a souvent l'idée d'un souhait, d'une volonté, d'un doute ou d'une crainte.

401 ›› **Complétez les verbes au présent de l'indicatif ou du subjonctif.**

■ Il est temps que je conclu… . • Maintenant, je conclu… mon exposé. ■ Il veut que je cour… le cent mètres. • Je crois qu'elle cour… plus vite. ■ Si notre société acquier… ce brevet, elle sera en tête. • Il faut qu'on acquier… ce brevet. ■ Lorsque vous étudi…, vous réussissez. • Il est important que vous étudi… vos leçons. ■ Il est sorti sans que je le voi… . • Le hasard fait que je le voi… souvent. Corrigé p. 235 …/10

402 ›› **Écrivez les verbes à l'indicatif présent ou au subjonctif présent.**

Nous ne voulons pas qu'il se *(méprendre)* sur nos intentions. • Elle rêve qu'elle *(conquérir)* le monde. • Rien n'empêche que l'on *(démentir)* cette information. • C'est à seule fin que vous *(pouvoir)* répondre. • Elle aime quand on la *(craindre)*. …/10

403 ››› **Complétez les verbes à l'indicatif ou au subjonctif présent.**

Il vaut mieux que tu concour… . • Il est urgent que vous l'envoy… demain. • Encore faudrait-il que tu le croi… ! • Dites-le-moi, même si vous prévoy… le pire. • Il n'est pas pensable qu'on l'exclu… . • Il l'agace jusqu'au moment où elle s'enfui… . • Pourquoi faut-il que vous vous reni… ? • J'ignore pourquoi vous le défi… . • Je ne vois pas pourquoi tu soustrai… cette somme du total. • C'est assez que vous chât… le coupable ! Corrigé p. 235 …/10

72 Le subjonctif passé

j'	**aie**	écrit	je	**sois**	parti
tu	**aies**	écrit	tu	**sois**	parti
il	**ait**	écrit	il	**soit**	parti
nous	**ayons**	écrit	nous	**soyons**	partis
vous	**ayez**	écrit	vous	**soyez**	partis
ils	**aient**	écrit	ils	**soient**	partis

auxiliaire **avoir** ou **être** au présent du subjonctif + participe passé du verbe

À RETENIR

- Le subjonctif passé est composé de l'auxiliaire **avoir** ou **être** au subjonctif présent, suivi du participe passé du verbe.

404 ›› **Écrivez ces verbes au présent, puis au passé du subjonctif.**

■ ***Vouloir*** → Je crains que tu ne … pas l'écouter. • Je crains que tu n'… pas … l'écouter. ■ ***Partir*** → Il faut qu'il … . • Il faut qu'il … à l'aube. ■ ***Revenir*** → Je veux que vous … à six heures. • Il faudrait que nous … à midi. ■ ***Rire*** → Il a raconté ces histoires pour que tu … . • Elle demeure triste, bien que nous … de bon cœur. ■ ***Référer*** → Il faut qu'il en … à son chef. • Je souhaite qu'il en … à son professeur.

Corrigé p. 235 …/10

405 ›› **Écrivez ces verbes à la 3e personne du singulier du subjonctif passé.**

Pourvu que… avoir tort, parvenir à ses fins, esquisser son portrait, accroître sa fortune, se ressaisir, solliciter une audience, omettre d'en parler, rester impartial, se prévaloir de ses droits, reconquérir le pouvoir.

…/10

406 ››› **Écrivez les verbes en italique au subjonctif passé.**

C'est heureux que je ne *(trouver)* rien ! • Comment se fait-il que vous ne *(téléphoner)* pas ? • Est-il sûr qu'elle *(monter)* dans l'avion ? • Je ne sache pas que tu *(résoudre)* ces difficultés ! • Je doute que vous le *(railler)* et que vos propos le *(vexer)*. • Supposons que tout cela *(prouver)*. • Je m'étonne que vous ne *(ressortir)* pas encore. • Que tu *(exténuer)* n'est pas pour me surprendre. • Je ne crois pas que nous *(commettre)* une erreur.

Corrigé p. 235 …/10

73 Passé composé de l'indicatif ou subjonctif passé

À RETENIR

- Le **passé composé** de l'indicatif exprime une action réelle, qui a eu lieu.
- Le **subjonctif passé** exprime une action antérieure envisagée par l'esprit.

407 ›› **Écrivez ces verbes au passé composé ou au subjonctif passé.**

■ ***Suivre*** → Il est possible qu'ils … ton conseil. • Je suis sûr qu'ils … ton conseil. ■ ***Aimer*** → Je comprends pourquoi il … ce paysage. • Je doute qu'il l'… ! ■ ***Attaquer*** → Il se plaint que nous l'… . • Il affirme que nous l'… . ■ ***Sortir*** → Il a commencé dès que vous … de la salle. • Il a cessé avant que vous ne … de la salle. ■ ***Se départir*** → Je regrette qu'il … de son calme. • Il ne … pas de son calme. Corrigé p. 235 …/10

408 ››› **Écrivez les verbes au passé composé ou au subjonctif passé.**

J'espère que tout *(se passer)* bien. • Qu'elles *(refuser)* ne m'étonne pas. • Je doute qu'il *(revenir)*. • J'y suis resté jusqu'au moment où il *(arriver)*. • Cela m'ennuie que vous *(attendre)*. • C'est le meilleur roman que nous *(lire)*. • Je suis sûr que vous *(reprendre)* des forces. • Bien que son histoire me *(paraître)* bizarre, je lui *(accorder)* ma confiance. • Il faut que vous *(tomber)* d'accord. …/10

409 ››› **Écrivez les verbes au passé composé ou au subjonctif passé.**

Bien qu'il *(falloir)* le répéter, je *(finir)* par m'en souvenir. • Il aurait aimé que vous y *(retourner)* et que vous la *(rencontrer)*. • Je suis heureux que vous *(agencer)* ces éléments. • Tu as des amis, quoique tu *(semer)* la discorde entre eux. • Je n'affirme rien qui ne *(vérifier)*. • Je suis sûr que vous le *(définir)*. • Il faut que nous *(prendre)* une décision avant ce soir. • Je ne crois pas qu'il *(abdiquer)*. Corrigé p. 235 …/10

74 Le subjonctif imparfait

	-er	-ir -oir -re		tenir et venir et leurs composés
je	_asse	_isse	_usse	_insse
tu	_asses	_isses	_usses	_insses
il	_ât	_ît	_ût	_înt
nous	_assions	_issions	_ussions	_inssions
vous	_assiez	_issiez	_ussiez	_inssiez
ils	_assent	_issent	_ussent	_inssent

À RETENIR

- Le subjonctif imparfait exprime une action envisagée par l'esprit dans le passé : *J'aurais apprécié qu'il m'accompagn**ât**.*
- Les terminaisons du subjonctif imparfait dépendent de l'infinitif du verbe. C'est un temps utilisé dans la langue littéraire soutenue.

410 ›› **Ces verbes sont au subjonctif présent. Écrivez-les à la même personne du subjonctif imparfait.**

Ex. : *Il faut qu'il chante.* → *Il fallait qu'il* ***chantât****.*

Il faut que... j'écrive, que tu reçoives, qu'il dorme, qu'on travaille, que nous mangions, que vous autorisiez, que j'intervienne, qu'ils lisent, qu'elle sache, qu'elles veuillent. Corrigé p. 235 .../10

411 ›› **Écrivez ces verbes à la 3e personne du singulier et à la 1re personne du pluriel du subjonctif imparfait.**

Il fallait que... aller, partir, joindre, appeler, sortir, porter, réunir, contenir, peser, courir. Corrigé p. 235 .../10

412 ›› **En utilisant un temps simple, réécrivez chaque phrase pour que le verbe en bleu passe du subjonctif présent au subjonctif imparfait.**

Ex. : *Il veut que tu viennes.* → *Il voulait que tu* ***vinsses****.*

Il faut qu'on *réduise* la fraction. • Je vous tends cette rose pour que vous la *sentiez*. • C'est bien le moins qu'on se *réunisse* une fois par an. • Il est nécessaire qu'on en *produise*. • Il insiste pour qu'on la *prévienne*. • Je veux que vous le *rattrapiez*. • Est-il indispensable qu'il le *sache* ? • Il grogne, bien que tu *souries*. • Je souhaite que tu *tondes* le gazon. • Je trouve excellent qu'elle lui *succède*. …/10

413 »» **Écrivez les verbes en italique au subjonctif imparfait.**

Je souhaitais qu'il me *(prévenir)*. • Que Jules *(être)* bavard, tout le quartier le savait. • Pourquoi vouliez-vous qu'il *(chanter)* ? • Elle s'étonnait qu'on *(faire)* si peu de cas de ses volontés. • Il avança jusqu'à ce qu'il *(apercevoir)* la première maison. • Ainsi souhaitait-elle qu'on *(dire)* la vérité. • Je craignais qu'elle ne *(prendre)* une fausse route. • Je voulais qu'il *(écrire)* à sa grand-mère. • C'était la seule chose qui *(dépendre)* encore de nous. • Elle était attentive à ce que rien ne leur *(manquer)*. Corrigé p. 236 …/10

414 »» **Réécrivez chaque phrase pour que le verbe en bleu soit au subjonctif imparfait.**

Ils paient de peur qu'on leur *envoie* l'huissier. • Ils vont à la réunion afin qu'on les *voie* ensemble. • On t'offre des leçons jusqu'à ce que tu *conduises* parfaitement. • Qu'il *conçoive* un tel projet, c'est bien de lui ! • Il se déguise pour qu'on ne le *reconnaisse* pas. • On l'assiste de peur qu'il *conclue* mal l'affaire. • J'attends qu'elles y *croient*. • Il se tait de crainte que vous ne le *jetiez* dehors. • Il ouvre la porte avant qu'elle ne *cède* sous les coups. • Souhaitez-vous que je leur *dise* tout ? …/10

415 »» **Complétez ces phrases au subjonctif imparfait.**

■ Que vouliez-vous qu'il *(faire)* contre eux ? Qu'il *(combattre)* ? *(Corneille)* ■ Peu importait que cette toile *(avoir)* une grande valeur marchande, qu'elle *(pouvoir)* même trouver place dans un musée, il la gardait pour les souvenirs qu'elle évoquait. Mais de peur qu'on la lui *(voler)*, il la tenait enfermée dans un coffre et ne la voyait que rarement. Corrigé p. 236 …/10

416 »» **Complétez au subjonctif imparfait cet extrait de Marcel Proust.**

Ce baiser précieux et fragile que maman me confiait d'habitude dans mon lit au moment de m'endormir, il me fallait le transporter de la salle à manger dans ma chambre et le garder pendant tout le temps que je me déshabillais, sans que *(se briser)* sa douceur, sans que *(se répandre)* et *(s'évaporer)* sa vertu volatile, et, justement ces soirs-là où j'aurais eu besoin de le recevoir avec plus de précaution, il fallait que je le *(prendre)*, que je le *(dérober)* brusquement, publiquement. …/10

75 Passé simple de l'indicatif ou subjonctif imparfait

À RETENIR

- Le **passé simple** de l'indicatif indique une action réelle qui a eu lieu à un moment précis du passé.
- L'**imparfait du subjonctif** indique qu'une action a été envisagée par l'esprit à un moment du passé.

417 ›› **Complétez au passé simple de l'indicatif, puis au subjonctif imparfait.**

▪ *Contraindre* → Le policier la … à le suivre. • Pourquoi fallait-il qu'on le … à avouer ? ▪ *Résoudre* → Il … seul le problème. • Il ne tolérait pas qu'on … les difficultés sans lui. ▪ *Naître* → Verlaine … à Metz en 1844. • Elle entreprit ce voyage à seule fin que son fils … en Italie. ▪ *Devoir* → Il … s'agripper à la paroi. • Si solide que … être la corde, elle n'en devait pas moins rester légère. ▪ *Créer* → Il … une entreprise. • Ils lui avaient accordé des crédits afin qu'il … son entreprise. Corrigé p. 236 …/10

418 ››› **Écrivez les verbes en italique au passé simple de l'indicatif ou au subjonctif imparfait.**

Était-ce possible qu'il *(se compromettre)* avec une telle naïveté ? • La sirène *(se déclencher)* avant même que le garde ne *(s'apprêter)* à entrer. • Comme à son habitude, elle l'*(appâter)* avec de belles promesses. • Vouliez-vous qu'il *(suggérer)* une solution plus simple ? • Ce fut un miracle s'il *(survivre)* à l'expédition. • Pour exubérant qu'il *(paraître)* en public, il n'en était pas moins gêné dès qu'on demandait qu'il *(exposer)* ses idées. • Pourquoi vouliez-vous qu'on l'*(exclure)* ? • Dès qu'il *(intervenir)*, tout le monde se tut. …/10

76 Le subjonctif plus-que-parfait

j'	**eusse**	terminé	je	**fusse**	sorti
tu	**eusses**	terminé	tu	**fusses**	sorti
il	**eût**	terminé	il	**fût**	sorti
nous	**eussions**	terminé	nous	**fussions**	sortis
vous	**eussiez**	terminé	vous	**fussiez**	sortis
ils	**eussent**	terminé	ils	**fussent**	sortis

auxiliaire **avoir** ou **être** à l'imparfait du subjonctif + participe passé du verbe

À RETENIR

- Le subjonctif plus-que-parfait est composé de l'auxiliaire **avoir** ou **être** au subjonctif imparfait, suivi du participe passé du verbe. Il peut avoir le sens d'un conditionnel passé.

419 ››
Ces verbes sont au subjonctif imparfait. Écrivez-les à la même personne du subjonctif plus-que-parfait.

Il fallait... que j'entrasse, que tu fusses ici, qu'il partît, que nous payassions la facture, que vous dissiez la vérité, qu'on crût en lui, qu'ils se cachassent loin, qu'elle contribuât à sa réussite, que je fisse des progrès, qu'elles cueillissent des roses. Corrigé p. 236 .../10

420 ››
Écrivez ces verbes à la même personne du subjonctif plus-que-parfait.

Il fallait... qu'il obtînt son accord, que je consentisse à ce voyage, que nous peignissions un tableau, que tu suivisses des cours du soir, qu'on entreprît une étude, qu'ils abordassent le problème, que vous acquissiez ce meuble, que j'admisse son point de vue, qu'elle vît son frère, qu'elles se souvinssent de nous. .../10

421 ›››
Écrivez les verbes en italique au subjonctif plus-que-parfait.

J'étais fier qu'il me *(parler)*. • Il faisait jour, bien que mon réveil ne pas encore *(sonner)*. • On attendit qu'ils *(s'endormir)*. • Il s'en alla avant que son message ne m'*(atteindre)*. • Nous étions las bien que nous *(s'asseoir)*. • Elle craignait que l'animal ne *(s'attacher)* aux enfants. • Avant qu'il *(décider)*, c'était terminé. • Se pouvait-il qu'ils *(oublier)* ce détail ! • C'était étonnant qu'il ne pas *(travailler)*. • Je ne sortis pas quoique la pluie *(cesser)*. Corrigé p. 236 .../10

77 Mode indicatif ou mode subjonctif

après que… → INDICATIF ⚠ avant que… → SUBJONCTIF

À RETENIR

- Le **mode indicatif** sert à exprimer des **actions réelles**, qui ont lieu, ont eu lieu ou auront lieu.
- Le **mode subjonctif** sert à exprimer des **actions pensées**, envisagées par l'esprit, avec l'idée d'un souhait, d'une volonté, d'un doute ou d'une crainte.

422 ›› **Écrivez les verbes en italique au subjonctif plus-que-parfait ou au passé antérieur de l'indicatif.**

Ex. : *Dès que je (faire) le plein, elle mit le contact et démarra.*
→ *Dès que **j'eus fait** le plein, elle mit le contact et démarra.*

■ Après qu'il *(protester)* vigoureusement, il s'endormit, épuisé. • On l'avait relâché, non sans qu'il *(protester)* de l'injustice dont il était victime. ■ Bien qu'il *(recevoir)* sa visite par deux fois, il prétendit qu'il ne la connaissait pas. • Après qu'il *(recevoir)* sa visite, il téléphona à une agence de presse. • Il savait ce qu'elle lui dirait, avant même qu'il *(recevoir)* sa visite. Corrigé p. 236 …/10

423 ››› **Écrivez les verbes en italique soit au plus-que-parfait du subjonctif, soit au passé antérieur ou au plus-que-parfait de l'indicatif.**

■ Aussi autoritaire qu'elle me *(sembler)* être ce jour-là, j'avais tout de même décidé de collaborer avec eux. • Bien qu'il me *(sembler)* être autoritaire, j'avais tout de même décidé de collaborer avec lui.

▪ Il avait commencé à nous en vouloir juste après qu'on l'*(exhorter)* à plaider cette affaire. • Bien qu'elle l'*(exhorter)* à plaider ce procès, il refusa obstinément. • Qu'on l'*(exhorter)* l'avait vexé. .../10

424 ››› Complétez par le verbe essayer au subjonctif plus-que-parfait ou au passé antérieur de l'indicatif.

Il n'aurait pu se décider, quand bien même il en ... cent ! • Je me fâchai après qu'elle en ... dix. • Le magasin ferma avant qu'il n'... le deuxième. • Elle se décida quand elle ... la troisième. • Aucune ne lui convenait, bien qu'elle en ... déjà dix ! Corrigé p. 236 .../10

425 ››› Écrivez le verbe être au plus-que-parfait du subjonctif ou au plus-que-parfait de l'indicatif.

▪ Je n'aurais jamais pensé que l'affaire *(être)* si facile. • Bien que l'affaire *(être)* facile, il me félicita. • Pendant des années, tout cela *(être)* facile.
▪ C'était un différend qu'il *(être)* probablement facile de régler avec son successeur. • Ce différend *(être)* difficile à régler. Corrigé p. 236 .../10

426 ››› Complétez par le verbe être à l'imparfait ou au plus-que-parfait du subjonctif, ou bien au plus-que-parfait de l'indicatif.

Tout avaricieux qu'il ..., il n'en dépensait pas moins sa fortune. • Bien qu'il ... longtemps avaricieux, il n'en était pas moins prodigue aujourd'hui. • Pour dérisoires qu'ils ..., ces avantages me comblaient. • Parce qu'il ... avaricieux, il goûtait plus qu'un autre les plaisirs de la prodigalité. • Quoiqu'il ... facile à élucider, le mystère perdurait.

.../10

427 ››› Réécrivez les verbes de cet extrait de Marcel Proust aux modes et aux temps qui conviennent.

J'eus peur qu'on m'*(oublier)*, qu'on *(être)* à table et j'*(aller)* rapidement vers le salon. À la porte du cabinet des Elstir je *(trouver)* un domestique qui *(attendre)*, vieux ou poudré, je ne sais, l'air d'un ministre espagnol, mais me témoignant du même respect qu'il *(mettre)* aux pieds d'un roi. Je sentis à son air qu'il m'*(attendre)* une heure encore, et je *(penser)* avec effroi au retard que j'avais apporté au dîner, alors surtout que je *(promettre)* d'être à onze heures chez M. de Charlus. Le ministre espagnol [...] me *(conduire)* au salon où je craignais de trouver M. de Guermantes de mauvaise humeur. Corrigé p. 236 .../10

Formes verbales

428 »

Écrivez ces verbes à la 1re personne du singulier, au présent et à l'imparfait de l'indicatif. Règles 54, 55, 57

s'enquérir, soupeser, démanteler, contraindre, conquérir, absoudre, haleter, se rasseoir, acquiescer, feuilleter. .../10

429 ›

Écrivez ces verbes à la 3e personne du pluriel, au futur de l'indicatif. Règle 56

succéder, procéder, satisfaire, éteindre, contredire, requérir, léguer, décacheter, craindre, renvoyer. .../10

430 ›

Écrivez ces verbes à la 3e personne du singulier, au passé simple de l'indicatif. Règles 58, 59

exclure, décevoir, dévisser, feindre, élire, éduquer, séduire, transiger, héberger, affliger. .../10

431 »

Écrivez les verbes en italique au passé simple ou à l'imparfait. Règle 60

Il *(ouvrir)* le paquet lorsqu'un diable à ressort lui *(sauter)* au visage. • Je *(courir)* lorsque je *(trébucher)* et m'*(étaler)* de tout mon long. • Après des mois d'hésitations, je me *(décider)* à voyager. • J'*(essuyer)* la vaisselle quand un cri me *(faire)* sursauter et je *(lâcher)* une assiette qui *(se briser)* en mille morceaux. .../10

432 »

Écrivez les verbes de ce texte au passé simple ou à l'imparfait. Règle 60

Tous les jours, grand-père *(déjeuner)* tôt et *(sortir)* promener son chien. Un matin d'hiver, je *(s'inquiéter)* pour lui et je *(partir)* à sa rencontre. Le brouillard *(masquer)* le toit des maisons et des plaques de glace *(recouvrir)* les trottoirs. J'*(apercevoir)* soudain grand-père assis par terre. À côté de lui, son chien lui *(lécher)* le visage, comme pour le réchauffer. Je *(se précipiter)* et l'*(aider)* à se relever. .../10

433 » **Complétez par une terminaison en /e/ ou /ɛ/.** Règle 65

Le gardien s'est fait mass... l'épaule avant de retourn... sur le terrain. • On ne l'a pas sollicit... en vain. • Elle ne peut plus vous masqu... la vérité. • Savez-vous décompos... cette prise de judo ? • Les gens, depuis quelque temps, demand... ce qui allait arriv... . • Que ne lui ai-je expliqu... ce que je pens... ! • Est-ce vous qui graiss... les moteurs ? .../10

434 » **Complétez par une terminaison en /e/ ou /ɛ/.** Règle 65

Depuis dix minutes, l'état de la piste ne cess... de s'amélior... . • On vous a vu fronc... les sourcils. • Pourquoi auriez-vous contest... son autorité ? • Tartin... sur du pain de campagne, ce fromage frais est délicieux. • Elle n'a toujours pas daign... vous répondre. • Souhait...-vous fris... davantage ? • Il n'osa pas vous appel... . • Il fut vraiment enthousiasm... par la nouvelle. .../10

435 » **Écrivez les verbes en italique au conditionnel présent.** Règle 67

Crois-tu qu'on *(justifier)* ce choix facilement ? • J'*(élever)* volontiers des lapins si j'avais de la place. • Tu ne me *(supplier)* pas tant, si tu n'avais pas quelque chose à te faire pardonner. • S'il faisait moins froid, on *(célébrer)* son anniversaire sur la terrasse. • S'il faisait des efforts, il *(acquérir)* de bonnes habitudes. • Je *(parier)* que tu le savais ! • Si j'avais le temps, je *(jouer)* plus souvent du piano. • Penses-tu que tu *(résoudre)* le problème si je te le soumettais ? • Ne *(s'identifier)*-elle pas à sa sœur aînée ? • Je *(se réconcilier)* volontiers avec Élisa si elle s'excusait. .../10

436 » **Écrivez les verbes en bleu à l'imparfait, puis modifiez le reste de la phrase en conséquence.** Règle 67

Si je *peux*, j'assimilerai son cas à celui de Paul. • Je *pense* que ce chien ne sera pas agressif. • Si vous *prenez* cette décision, elle faussera tous les calculs. • Je *m'apprête* à répondre à toutes les questions que vous poserez. • On le vendra mieux si on l'*améliore* encore. • Il *prétend* que j'effaroucherai les oiseaux avec ma caméra. • Elle *emporte* un souvenir qu'elle n'oubliera jamais. • Il *sent* confusément que je refuserai. • Si son roman *est* bon, personne ne le critiquera. • Je *crois* que les langues se délieront. .../10

437 ››› **Écrivez les verbes ou auxiliaires en italique au futur de l'indicatif ou au conditionnel présent.** **Règle 68**

Je *(repartir)* dès qu'on aura dégagé la chaussée. • Je l'*(avoir)* parié, tu les as confondus ! • Je *(lire)* le message quand je l'aurai trouvé. • Ah ! si j'avais su, qui sait ce que j'*(avoir)* dit, qui sait ce que j'*(avoir)* fait. • Comme j'ai le temps, je *(réfléchir)* au problème de physique. • J'*(aimer)* bien aller voir ce film. • Si tu es d'accord, je te *(mener)* au stade. • Je sais ce que je leur *(répondre)*. • Si j'étais courageux, j'*(apprendre)* le chinois. .../10

438 ›› **Écrivez ces verbes à la 1re personne du singulier et à la 1re personne du pluriel du subjonctif présent.** **Règle 70**

Il faut que...
accourir, revoir, conclure, sourire, savoir, conquérir, prévoir, rire, croire, absoudre. .../10

439 ›› **Écrivez ces verbes au présent de l'indicatif ou du subjonctif.** **Règle 71**

- ***Voir*** → On le ... très bien depuis votre terrasse. • Il faut qu'on ... plus clair dans son jeu avant de décider.
- ***Courir*** → Je souhaite que tu ... moins vite. • Tu ... trop vite pour que je puisse te suivre.
- ***Se distraire*** → Il faudrait qu'il ... pour oublier sa peine. • Elle ... pour tromper l'ennui.
- ***Vouloir*** → Je t'assure que lorsque tu ..., tu peux. • L'essentiel est que tu ... bien écouter.
- ***Sourire*** → Il faudrait que vous ... plus souvent. • J'aime quand vous ... ./10

440 ›› **Écrivez les verbes en italique au subjonctif passé.** **Règle 72**

Il aurait été préférable que tu *(éteindre)* toutes les lampes. • Je suis désolé que tu ne pas *(entendre)* son appel. • Je doute qu'il *(dire)* la vérité. • On se réjouit que vous *(trouver)* la solution de ce rébus. • Il n'est pas certain qu'ils *(pouvoir)* apprendre à nager en si peu de temps. • Il semble que son médecin ne pas lui *(prescrire)* de médicaments. • L'orage a éclaté avant que nous *(avoir)* le temps de rejoindre un abri. • Je regrette que vous ne pas *(rester)* car vous auriez pu témoigner. • Je crains qu'il ne *(prendre)* déjà sa décision. • Je veux que Caroline *(apprendre)* ses leçons avant mon retour. .../10

441 ››› **Écrivez les verbes en italique au subjonctif passé.** Règle 72

Il faut que j'*(être)* bien naïf de le croire. • Bien qu'ils *(vivre)* dix ans en Afrique, ils ne sont pas habitués au climat. • Je crains que vous n'*(dépenser)* toutes vos économies. • Il ne semble pas que vous m'en *(parler)*. • Il ne faut pas dire non avant que vous l'*(essayer)*. • Est-ce que tu regrettes qu'il *(emporter)* tout ? • Bien que nous *(se resservir)* deux fois, nous avons encore faim. • On n'ose pas croire qu'ils *(partir)* sans laisser d'adresse. • C'est bien qu'il *(s'abstenir)* de tout commentaire. • Bien que vous *(obtenir)* l'inscription de votre fils dans notre collège, il n'est pas sûr que nous le gardions. .../10

442 ››› **Écrivez les verbes en italique au passé composé de l'indicatif ou au subjonctif passé.** Règle 73

Je n'en voulais pas, quoiqu'on l'*(employer)* par ailleurs avec succès. • Il aurait été fâcheux que vous y *(consentir)*. • Je crois qu'elle les *(distinguer)* au premier coup d'œil. • Je trouvais surprenant qu'il ne *(se forcer)* pas. • Elle me demande si je les tous *(lire)*. • Il t'attendit en voiture de peur que tu ne *(parcourir)* le chemin à pied. • Elle est fière depuis que sa fille *(peindre)* son portrait. • On l'appela de peur qu'il ne *(se perdre)*. • C'est très bien, ils *(vaincre)* leurs adversaires. • Il importe que le chirurgien *(recoudre)* la plaie sans tarder. .../10

443 ››› **Écrivez les verbes en italique au subjonctif imparfait.** Règle 74

Je voulais qu'il *(être)* prêt à huit heures. • Je craignais que tu n'*(avoir)* chaud. • Il aurait fallu qu'ils *(s'en aller)*. • Il était urgent que nous *(commencer)*. • Il était nécessaire qu'on *(acheter)* l'appareil. • Il était juste que je *(payer)*. • Je craignais qu'elle ne *(comprendre)* tout. • J'aurais tant aimé que vous *(acquérir)* la maison. • Il exigea que tu *(tenir)* parole. • On souhaitait qu'elles *(cueillir)* des fleurs. .../10

444 ›› **Les verbes suivants sont au subjonctif présent. Écrivez-les à la même personne du subjonctif imparfait.** Règle 74

Il faut... que je m'assoie, que tu relèves mon courrier, qu'il éclaircisse le mystère, qu'elle apprenne les verbes irréguliers, qu'on fabrique un modèle réduit, que nous acceptions votre offre, que vous guérissiez vite, qu'ils pensent à nous, qu'elles atteignent leur but, qu'on soutienne ses amis. .../10

445 ›››

Complétez les verbes au passé simple de l'indicatif ou à l'imparfait du subjonctif. N'oubliez pas les accents circonflexes ! Règles 74, 75

Il voulait qu'on part… avant l'aube. • Il faisait encore nuit quand on part… . • Il joua si bien qu'on le fi… entrer au club. • Il souhaitait qu'on le fi… entrer au club. • Il aurait souhaité qu'elle le pri… par la main. • Sans rien dire, elle le pri… par le bras. • Il se dépêcha de peur qu'on ne s'impatient… . • Il était si en retard qu'on s'impatient… . • On voulait qu'il fu… des nôtres. • Il partit dès qu'elle fu… prête. …/10

446 ›››

Écrivez ces verbes à la même personne du subjonctif plus-que-parfait. Règle 76

On craignait… qu'elles ne s'évanouissent, qu'elle n'acquiesçât, que je n'en omisse, qu'il ne se scindât en deux, que tu n'y allasses seul, que vous ne le revendiquassiez, que je ne l'étreignisse trop fort, qu'on ne les prît, qu'elles ne répliquassent, qu'elle n'en pondît point.

…/10

447 ›››

Écrivez les verbes en italique au subjonctif plus-que-parfait. Règle 76

Il me paraissait étonnant qu'ils *(se fâcher)*. • Si elle l'avait attendu, il l'*(épouser)*. • Que je *(refuser)* tout allait de soi. • On le suspecta, quoiqu'il *(se rallier)* à notre cause. • Avant même que la barricade ne *(être pris)* d'assaut, les insurgés l'avaient abandonnée. • Nous avions dû cacher notre rancune comme nous *(faire)* d'un sentiment condamnable. • Je ne m'attendais pas à ce qu'il *(oser)*. • On *(dire)* qu'il avait le choléra. • J'ignorais qu'il *(rester)*. • Je craignais qu'elle ne lui *(ouvrir)*. …/10

448 ›››

Les verbes en italique sont à un temps composé de l'indicatif ou du subjonctif. Écrivez-les. Règle 77

■ Qu'il *(jouer)* ce rôle, quoi d'étonnant puisqu'on en *(exprimer)* tous le souhait. • Après qu'on en *(exprimer)* le souhait, il joua le rôle. • Lorsqu'il *(jouer)* le rôle, chacun exprima le souhait que celui-ci lui *(confier)* toujours à l'avenir.

■ Elle l'avait écouté attentivement, non qu'il *(être)* éloquent, mais parce qu'il lui simplement *(sourire)*. • Ce soir-là, elle ne l'avait pas écouté, bien qu'il *(être)* éloquent. • Elle l'avait écouté parce qu'il *(être)* éloquent. • Qu'il lui *(sourire)*, elle s'en souvenait encore !

…/10

78 Orthographe lexicale

le vern**is**	acqu**is**	indéc**is**	courto**is**
être vern**i**	une acquisition	l'indéci**s**ion	la courtoi**sie**
un taill**is**	le traca**s**	nia**is**	un sur**plus**
un talu**s**	traca**ss**er	un ama**s**	clo**s**
le pato**is**	**avis**er	ama**ss**er	un enclo**s**

449 ›

1 Quels noms ci-dessus correspondent à ces mots ?
Amasser, tailler, vernissage, acquérir, tracasser, clore, courtois, plus.

2 Complétez ces expressions.
Une réponse niai… • une personne indéci… • une discussion clo… • la poésie courtoi… • une table vern… • une notion acqui… .

3 Écrivez les mots synonymes de : fermé • très poli et gentil • hésitant • avertir • un excédent • un tas • nigaud • accumuler • le souci.

4 Complétez ces phrases avec des mots sur fond jaune.
La voiture termina sa course contre le … . • Il trouva la porte … . • Ils parlent … entre eux. • Le sanglier s'est caché dans le … . • Ils ont fait l'… d'un appartement.

la chimie	l'**i**ronie	la coque**tt**erie	une liai**s**on
chimique	**i**ronique	un colosse	une académie
un chimiste	inerte	colossal	une tragédie
scientifique	une calo**mn**ie	une m**ê**lée	tragique
une c**au**serie	calo**mn**ier	une **ran**donnée	**exo**tique

450 ›

1 Quels adjectifs correspondent à ces noms ?
Tragédie, inertie, chimie, coquetterie, ironie, exotisme, science.

2 Quel nom correspond à chacun de ces verbes ?
Mêler, calomnier, causer, lier, ironiser.

3 Quels mots sur fond jaune répondent à ces définitions ?
1. Accusation mensongère. • 2. Longue promenade. • 3. Racine en a écrit plusieurs. • 4. Elle comprend plusieurs départements. • 5. Petite conférence. • 6. Sans vie. • 7. Moqueur. • 8. Souci de plaire.

4 Quels mots manque-t-il à ces phrases ?
C'est un … aux pieds d'argile. • Ils ont établi une … téléphonique par satellite. • CNRS signifie Centre national de la recherche … . • L'… du sort a voulu qu'il tire son propre nom du chapeau !

79 Orthographe lexicale

un ma**nn**equin	he**nn**ir	ba**nn**ir	échel**onn**er
un co**nn**aisseur	un he**nn**issement	une ba**nn**ière	tourbill**onn**er
démissi**onn**er	le couro**nn**ement	une mention	ent**onn**er
démesuré	un dénominateur	menti**onn**er	un ent**onn**oir
désint**é**ressé	le quotien**t**	un gen**êt**	un déluge

451 › ❶ **Écrivez les mots de la famille de :** échelon, mention, couronne, connaître, mission, tourbillon, intérêt, mesure.

❷ **Écrivez les mots désignant :** un objet, un cri, une personne, un étendard, une plante.

❸ **Changez un seul son pour retrouver des mots sur fond jaune.**
Barrière, barrir, benêt, motion.

❹ **Complétez ces phrases par des mots sur fond jaune.**
Au dessert, il aime … son refrain préféré. • La banque l'a autorisé à … le remboursement de sa dette. • Il s'était rangé sous la … de son ennemi. • Rayez la … inutile. • Après moi, le … !

saillir	un bail	une faillite	bég**ay**er
saillant	un chandail	infailliblement	l'endurance
un as**saill**ant	b**â**iller	le géran**t**	une échéance
rép**an**dre	les fian**ç**ailles	une banquette	c**é**l**é**brer
un sand**wi**ch	les funérailles	une banquise	un maillet

452 › ❶ **Relevez les mots qui ne contiennent pas le son /a/.**

❷ **Changez une seule lettre pour retrouver des mots sur fond jaune.**
Rail, répondre, briller, faillir, maillot.

❸ **Quels mots correspondent à ces définitions ?**
1. Contrat entre locataire et propriétaire. • 2. Promesse solennelle de mariage. • 3. Impossibilité de payer ses dettes. • 4. Ensemble de cérémonies après un décès. • 5. Couche de glace sur la mer.

❹ **Écrivez ces mots par groupes de trois synonymes.**
Pull-over, gérant, fêter, maillet, masse, commémorer, gestionnaire, tricot, directeur, marteau, chandail, célébrer.

❺ **Quels noms sur fond jaune correspondent à ces verbes ?**
Faillir, échoir, endurer, assaillir, gérer.

80 Orthographe lexicale

cérébral	concr**et**	**am**plement	décid**é**ment
occidental	livide	perpétuel	isol**é**ment
filial	passagèrement	essenti**ell**ement	fabul**eux**
l**â**chement	pensivement	fratern**ell**ement	désir**eux**
humblement	**h**armonieusement	industri**ell**ement	minuti**eux**

453 ❶ **Quels adverbes peut-on écrire à partir de ces mots ?**
Passager, humble, fraternel, essentiel, pensif, ample, isolé, lâche, perpétuel, industriel.

❷ **Relevez les mots de la famille de ces noms :** désir, fils, minute, pensée, fable, cerveau, frère.

❸ **Écrivez ces dix mots en cinq couples de synonymes.**
Méticuleux, livide, perpétuel, fabuleux, amplement, extraordinaire, minutieux, éternel, largement, blafard.

❹ **Écrivez ces dix mots en cinq couples d'antonymes.**
Courageusement, négligent, passagèrement, oriental, lâchement, abstrait, occidental, définitivement, concret, minutieux.

une att**ein**te	attendrir	l'attr**ait**	un battement
un attach**é**	l'attendrissement	attr**ay**ant	une batterie
s'attabler	atténuer	une bu**tt**e	une bouill**otte**
ass**é**cher	obstiné	une hu**tt**e	la fl**otte**
dilater	s'obstiner	qui**tt**e	attester

454 ❶ **Quels mots sont de la famille de ces mots ?**
Battre, bouillir, tendre, ténu, atteindre, table, sec.

❷ **Sur chaque ligne, quel mot n'a pas du tout le même sens que les autres ? Pourquoi ?**
- Atténuer, diminuer, aggraver, modérer, tempérer.
- Attester, inventer, certifier, prouver, démontrer.
- Dilater, gonfler, grossir, contracter, augmenter.

❸ **Quels mots sur fond jaune peuvent remplacer elle ?**
Elle est déchargée. • *Elle* est trop chaude. • *Elle* est en paille. • *Elle* est plantée d'arbustes. • *Elle* est en alerte.

❹ **Complétez ces phrases par des mots sur fond jaune.**
J'ai rencontré son … de presse. • Cette histoire porte … à sa réputation. • Elle est en … à l'envie. • … ou double ? • Inutile de chercher à le convaincre : il est … .

81 Orthographe lexicale

vigil**ant**	**vrai**semblable	complaire	méfi**ant**
la vigil**ance**	la **vrai**semblance	complaisant	la méfi**ance**
la vaillance	une insuffisance	une tendance	alterner
subsister	une **ordonn**ance	la dés**obéiss**ance	une alternance
la subsistance	une substance	une remontrance	la résistance

455 ›

1 Quel nom terminé par -ance correspond à chacun de ces verbes ?
Se méfier, subsister, ordonner, complaire, ressembler, montrer, désobéir, alterner, suffire, résister.

2 Écrivez en deux groupes les mots qui ont :
- la lettre **s** avec le son /z/ ;
- la lettre **s** avec le son /s/.

Que remarquez-vous ?

3 Complétez ces phrases par des mots sur fond jaune.
La … est à la hausse. • Il était d'une … molle. • Il est toujours … quand il ne connaît pas les gens. • Elle a trompé la … du gardien. • Il travaille pour assurer la … de sa famille. • L'… politique est caractéristique de la démocratie. • Cette histoire n'est pas … . • Un automobiliste … m'a dépanné.

am**è**rement	un scandale	bri**è**vement	discr**è**tement
sensiblement	scandaleusement	gri**è**vement	distinctement
paresser	systématiquement	indéfiniment	an**x**ieusement
pa**r**esseusement	mort**ell**ement	forcément	anci**enn**ement
continu**ell**ement	sol**enn**ellement	posément	nouv**ell**ement

456 ›

1 Quels adverbes correspondent à ces adjectifs ?
Paresseux, scandaleux, bref, amer, distinct, forcé, discret, posé, indéfini, sensible.

2 Quels mots pourraient remplacer les mots ou expressions en bleu ?
Il est *toujours* en retard. • On ne peut refaire *éternellement* la même chose. • Il parlait *calmement*. • Elle a été *gravement* blessée. • Ce film est ennuyeux *à mourir*. • Elle est partie *sans se faire remarquer*. • Racontez-moi votre histoire *en quelques mots*.

3 À partir de quels adjectifs masculins ces adverbes sont-ils formés ?
Nouvellement, solennellement, mortellement, continuellement, anciennement, anxieusement.

4 Trouvez deux adverbes :
- qui ne changent que par une seule lettre ; - qui ont quinze lettres.

82 Orthographe lexicale

un exploit	un cacho**t**	un mand**at**	déserter
exploiter	un complo**t**	un attent**at**	un déserteur
une exploitation	un ballo**t**	un assassin**at**	un magistr**at**
aucunement	ballo**tt**er	un tourmen**t**	un candid**at**
exclusivement	un forfai**t**	tourmenter	une candidature

457 › **❶ Quels noms sont de la famille de ces mots ?**
Cacher, ballotter, exploiter, mandater, déserter, tourmenter, assassiner, attenter, comploter.

❷ Relevez les noms qui ont le suffixe -at.

❸ Dans les mots sur fond jaune, trouvez :
1. Les mots qui contiennent l'idée d'agression. • 2. Ceux qui désignent une personne. • 3. Les deux qui ont un rapport avec l'argent. • 4. Celui qui est à la fois synonyme de *paquet* et d'*idiot*.

❹ Remplacez les mots en bleu par des mots sur fond jaune.
Ce tacot va vous *secouer* ! • Elle lit *uniquement* des ouvrages d'informatique. • Un *crime* a été commis cette nuit. • Il n'est *nullement* responsable de l'accident. • On l'a jeté dans une *geôle*.

déplisser	désaltérer	**em**brouiller	se **rh**abiller
dépl**oy**er	désarmer	pr**ess**entir	se comporter
adverbial	désenfler	visuel	intrépide
expr**ess**if	désorganiser	opaque	un régal
raba**tt**re	d**es**servir	corporel	ré**c**iproque

458 › **❶ Changez les préfixes pour retrouver des mots sur fond jaune.**
Déshabiller, débrouiller, réarmer, resservir, ressentir, réorganiser, supporter, combattre.

❷ Écrivez des mots de sens contraire en ajoutant des préfixes.
Altérer, plisser, enfler, organiser, ployer, armer, expressif, servir.

❸ Parmi les mots sur fond jaune, lesquels ont ces radicaux ?
-press-, -batt-, -altér-, -arm-, -sent-, -brouill-, -corpor-, -organ-, -verb-, -port-.

❹ Complétez ces phrases par des mots sur fond jaune.
Ils sont allés se … au robinet. • Il a une bonne mémoire … . • Un verre … ne laisse pas passer la lumière. • *Ne pas* est une locution … de négation. • En affaires, une confiance … est nécessaire.

83 Orthographe lexicale

efficace	affairé	différer	ébouri**ff**er
un effectif	s'affaisser	difforme	échau**ff**er
effa**ç**able	affecter	siff**loter**	maniéré
eff**leu**rer	affermir	le suffrage	une bou**ff**ée
effronté	législatif	un vote	un imitateur

459 ›

❶ **Écrivez les mots de la famille de :** ferme, forme, fleur, chauffer, front, siffler, effacer, affection, imiter, législateur.

❷ **Quel adjectif s'applique à chaque personnage ?**
Amélie fait son travail vite et bien. • Rachid a beaucoup d'occupations. • Bork est un monstre, laid et mal proportionné. • Jules manque de naturel et de simplicité.

❸ **Quels mots manque-t-il à ces expressions ?**
Les élections … • une élection au … universel • un … de trente lycéens • une … d'air frais • tousser pour … la voix.

❹ **Complétez ces phrases par des mots sur fond jaune.**
J'ai été très … par son décès. • Le lancement de la navette est … . • L'estrade risque de … sous le poids. • Le vent lui a … les cheveux. • Il commence à m'… les oreilles.

abolir	résigné	nommé	remédier
l'abolition	la résignation	une nomination	une révélation
en abrégé	restaurer	déléguer	un interpr**è**te
abréger	la restauration	une délégation	une interpr**é**tation
une abréviation	la conservation	une variation	une vibration

460 ›

❶ **Relevez les noms terminés par -tion. Écrivez le verbe ou le participe passé qui correspond à chacun d'eux.**

❷ **Sur chaque ligne, quel mot a un sens opposé à celui des autres ?**
- Soumission, révolte, résignation, passivité, acceptation.
- Conservation, sauvegarde, saccage, entretien, garde.

❸ **Écrivez les mots qui peuvent être synonymes de :**
suppression, changement, explication, réparer, annuler.

❹ **Complétez ces phrases par des mots sur fond jaune.**
Les … du moteur ne se sentent pas. • Son témoignage contient des … importantes. • Une … syndicale a rencontré le ministre. • J'aime l'… de ce violoniste. • En français, *M.* est l'… de *Monsieur*.

84 Orthographe lexicale

sa**cc**adé	ra**cc**ourcir	accompli	désappointer
sa**cc**ager	s'a**cc**roupir	un accomplissement	le désappointement
un préjugé	a**cc**roître*	su**cc**omber	un arrangement
un otage	un a**cc**roissement	un affaiblissement	un débarquement
un pacte	a**cc**outumer	des applaudissements	innombrable

461 › **1 Quels mots sont de la famille de ces mots ?**
Coutume, barque, croupe, ranger, court, point, croître, nombre, sac *(au sens de « mettre à sac »)*, faible, juger.

2 Relevez les mots qui ont une double consonne. Lesquels ont un préfixe ?

3 Écrivez les synonymes de : déclin, habituer, réalisation, piller, déception, augmentation, accord, nombreux, un a priori, mourir.

4 Quels mots sur fond jaune manque-t-il à ces expressions ?
Le … de Normandie • un rythme … • une prise d'… • avoir un … contre quelqu'un • un tonnerre d'… • s'… à tout.

insensé	transitif	écerve**lé**	in**off**ensif
indigeste	intransitif	subi**t**	imperso**nn**el
incontestable	une transition	un assemblage	une consigne
incompatible	imba**tt**able	un breuvage	le contraste
un sabotage	i**ll**imité	un présage	un colporteur

462 › **1 Retrouvez les adjectifs qui répondent à ces définitions.**
1. Ce qui n'est pas sensé. • 2. Ce qui ne peut pas être battu. • 3. Ce qui n'est pas contestable. • 4. Ce qui n'est pas compatible. • 5. Ce qui n'est pas digeste. • 6. Ce qui n'est pas limité. • 7. Verbe non transitif. • 8. Ce qui n'est pas dangereux. • 9. Celui qui n'est pas réfléchi. • 10. Se dit d'un verbe qui ne s'emploie qu'avec le pronom *il*.

2 Quels mots correspondent à ces verbes ?
Assembler, saboter, battre, contraster, présager, porter, digérer, offenser, contester, consigner.

3 Complétez ces phrases par des mots sur fond jaune.
L'image manque de … . • Elle but un … de sa composition. • Ces rumeurs sont le … d'une crise grave. • Il passa d'un sujet à l'autre sans … . • Un … de poutres métalliques servait de charpente. • L'accès de l'immeuble est interdit aux … .

* Cf. pages 241-243.

85 Orthographe lexicale

tiédir	blême	austère	égal
captif	blêmir	ternir	égaliser
captiver	chérir	une **tein**ture	généraliser
une capture	original	un **tein**turier	tarir
un **cein**turon	**fein**dre	une empr**ein**te	restituer

463

❶ Relevez les mots qui contiennent le groupe de lettres ein.

❷ Écrivez les verbes qui correspondent à ces adjectifs.
Terne, égal, blême, captif, cher, tiède.

❸ Quels mots manque-t-il à ces expressions ?
Un film en version … • les … digitales • de la … bleue • un … de cuir • être … de colère • ne pas … d'éloges sur quelqu'un • … des objets volés • … de pleurer • mener une vie … .

❹ Complétez ces phrases par des mots sur fond jaune.
Ces calomnies peuvent … sa réputation. • La maladie risque de se … . • Il n'a pas répondu à l'insulte, mais je l'ai vu … . • Pour soigner le tigre, on dut procéder à sa … . • Ce film a réussi à … les enfants pendant deux heures. • Pourquoi … la liberté, sinon parce qu'elle permet d'espérer ?

s'**emm**itoufler	un compère	somm**aire**	grammatical
s'**im**mobiliser	une commère	sommeiller	une gamme
immortel	un gentil**h**omme	un consommateur	appar**emm**ent
immensément	plais**amm**ent	l'**im**migration	le zèle
ard**emm**ent	suffis**amm**ent	**im**manquable	artistique

464

❶ Trouvez les mots qui contiennent : père, mère, homme, art, mortel, sommeil.

❷ Écrivez les adverbes correspondant à ces adjectifs.
Apparent, suffisant, immense, plaisant, ardent.

❸ Écrivez les synonymes de : éternel, s'arrêter, dévouement, expéditif, inévitable.

❹ Quels mots sur fond jaune correspondent à ces définitions ?
1. Suite de notes. • 2. Se couvrir chaudement. • 3. Arrivée de personnes qui viennent s'établir dans un pays • 4. Celui qui achète. • Elle colporte les nouvelles.

86 Orthographe lexicale

loy**al**	**h**ostile	hospitaliser	ponctuel
la loy**au**té	l'**h**ostilité	l'hospitalité	la ponctua**lité**
habilement	sonore	l'actualité	l'**h**umidité
l'habileté	une sonorité	l'originalité	**h**umecter
la pro**x**imité	la cru**au**té	une perso**nn**alité	la minorité

465 › ❶ **Quels mots s'écrivent avec un h ? Ce h est-il utile pour marquer la prononciation ?**

❷ **Quels noms correspondent à ces adjectifs ?**
Ponctuel, cruel, actuel, loyal, proche, habile.

❸ **Écrivez ces mots en sept couples d'antonymes.**
Hostilité, majorité, habileté, proximité, sécheresse, bienveillance, banalité, minorité, humidité, originalité, éloignement, tendresse, cruauté, maladresse.

❹ **Écrivez ces mots en sept couples de synonymes.**
Adresse, droiture, cruauté, ponctualité, férocité, humidifier, hospitalité, exactitude, hostilité, habileté, loyauté, antipathie, humecter, accueil.

un manifeste	la docilité	**hum**iliant	un objectif
une manifestation	la dignité	l'**hum**iliation	une objection
capituler	une élévation	une négo**c**iation	la perfection
une consolation	l'émigration	une **app**robation	une locution
la super**st**ition	l'**exa**gération	la méditation	graduer

466 › ❶ **Quels noms terminés par -tion correspondent à ces verbes ?**
Élever, objecter, approuver, négocier, exagérer, consoler.

❷ **Écrivez les verbes correspondant à ces noms.**
Graduation, capitulation, manifestation, émigration, méditation.

❸ **Quels mots correspondent à ces définitions ?**
1. Comportement de celui qui obéit facilement. • 2. Groupe de mots équivalant à un seul mot. • 3. Croyance aux présages. • 4. Un caméscope en a toujours un. • 5. Discussion pour se mettre d'accord.

❹ **Trouvez les mots qui contiennent l'idée de :** discuter, partir, désaccord, défaite, solitude, fierté, obéissance, hauteur, excellence.

87 Orthographe lexicale

avide	la maturité	la stupidité	la majorité
l'avidité	la médiocrité	stupidement	la productivité
morose	la sensibilité	la pureté	mi**x**te
atro**c**e	extr**ê**me	la dureté	municipal
l'agr**ess**ivité	banal	absurde	mutuel

467 ›

1 Quels noms terminés par -té peut-on écrire à partir de ces mots ?
Productif, pur, stupide, dur, médiocre, avide, sensible, majeur, mûr.

2 De quels adjectifs viennent ces noms ?
Municipalité, extrémité, mutualité, morosité, mixité, banalité, atrocité, avidité, absurdité.

3 Dans les mots ci-dessus, trouvez le nom qui caractérise le mieux :
un avare • un saint • un poète • un individu qui manque d'intelligence • un individu de quarante ans • un garçon bagarreur.

4 Complétez ces phrases par des mots sur fond jaune.
Le conseil ... se réunit demain. • MGEN est l'abréviation de ... générale de l'Éducation nationale. • Il a été hospitalisé d'... urgence. • Il est triste, d'une humeur ... . • Il est sévère avec son chien, mais il ne le traite pas avec ... .

le sén**at**	un adjoint	vacant	un délit
un sénateur	un adjudant	le néant	un conflit
un éd**it**	e**rr**ant	un isolant	un conduit
le créd**it**	un versant	un atout	galant
constater	moyennant	la **devant**ure	ambulant

468 ›

1 Écrivez les mots qui sont de la famille de ces verbes.
Isoler, vaquer, créditer, conduire, adjoindre.

2 Quels mots ont le même radical que ces mots ?
Déambuler, anéantir, verso, conjoint, station.

3 Écrivez les mots pouvant être synonymes de ces mots.
Avantage, vitrine, canalisation, rien, infraction, inoccupé, remarquer, sous-officier.

4 Complétez ces phrases par des mots sur fond jaune.
Ses espoirs ont été réduits à ... . • Un marchand ... voulait me vendre une montre. • Un ... armé oppose les deux pays. • Ce logement est ... : vous pouvez le louer. • Il a acheté sa voiture à ..., ... un versement de vingt pour cent au comptant.

Orthographe lexicale

pleurnicher	colorer	une **ill**umination	une corporation
assi**é**ger	la coloration	clamer	identifier
une canalisation	découra**ge**ant	proclamer	l'identification
un observateur	le découragement	une proclamation	le carbone
un anc**ê**tre	le subjonctif	une ondulation	le sou**f**re

469 › ❶ **Écrivez les mots de la famille de :** lumière, couleur, clameur, corps, canal, identité, courage, pleurer, siège, onde.

❷ **Écrivez les mots désignant :** un mode de la conjugaison • des corps simples • un groupe de personnes • un mouvement.

❸ **Complétez ces expressions.**
Une ... de gaz • de l'oxyde de ... • nos ... les Gaulois • OVNI : objet volant non ... • se laisser aller au ... • la ... de l'indépendance.

❹ **Complétez ces phrases par des mots sur fond jaune.**
Au soleil, sa peau a pris une jolie ... brune. • L'ONU a envoyé des ... à la frontière. • L'... des empreintes digitales a été très difficile. • Les jours de grève, on voyait les gens ... les autobus. • Une ... subite lui fit trouver la réponse.

convertir	dédu**ire**	con**test**er	enra**c**iner
une conver**s**ion	produ**ire**	pro**test**er	ensemen**c**er
concevoir	progresser	pro**f**aner	généraliser
émerger	progressif	prodiguer	se**c**onder
chanceler	pro**f**esser	**c**erner	cli**gn**er

470 › ❶ **Quels mots retrouvez-vous en changeant les préfixes de ces verbes ?**
Confesser, agresser, avertir, déraciner, recevoir, attester, réduire, submerger.

❷ **Écrivez les mots qui sont de la famille de :** semer, second, clin (d'œil), général, racine.

❸ **Retrouvez les cinq couples de mots de la même famille.**
Progressif, cercle, professer, cligner, cerner, progrès, conception, professeur, concevoir, clignoter.

❹ **Quels mots sur fond jaune répondent à ces définitions ?**
1. Traiter sans respect un lieu sacré. • 2. Distribuer sans compter. • 3. Vaciller. • 4. Sortir de l'eau. • 5. Exprimer son opposition.

89 Orthographe lexicale

hacher	imbiber	rétré**cir**	froi**ss**er
hisser	grési**ll**er	pétrir	ma**ss**er
hocher	éparpi**ll**er	fri**re**	retrou**ss**er
hanter	grigno**t**er	friser	tolérer
per**c**er	chucho**t**er	fron**c**er	transférer

471 › ❶ **Écrivez les verbes correspondant à ces noms.**
Hachoir, hochet, perceuse, chuchotement, friture, massage, tolérance, transfert, rétrécissement, grésil, hantise.

❷ **Trouvez un mot sur fond jaune en changeant une lettre à chaque mot.**
Passer, lisser, cacher, bercer, faire, briser, rebrousser.

❸ **Dans chaque série de mots, il y a un intrus. Lequel ?**
- Lâcher, mâcher, hacher, tâcher.
- Sécher, imbiber, imprégner, tremper, mouiller.
- Cuire, griller, congeler, rôtir, frire.

❹ **Quel mot manque-t-il à chacune de ces expressions ?**
... le ridicule • ... les babines • ... la tête • ... au lavage • ... menu • ... la pâte • ... son attention • ... à l'oreille • se ... au sommet • ... les sourcils.

le fondateur	protecteur	révéler	persécuter
la fondatrice	une protection	une révélation	une persécu**t**ion
une fondation	un débi**t**	la domination	persécu**t**eur
un épisode	débiter	l'autori**té**	un argum**ent**
une étape	débiteur	un comité	le consentement

472 › ❶ **Quels noms correspondent à ces verbes ?**
Consentir, débiter, fonder, persécuter, dominer, argumenter, révéler.

❷ **Écrivez le féminin de ces mots.**
Fondateur, protecteur, persécuteur, débiteur, révélateur, dominateur.

❸ **Huit groupes de synonymes ont été mêlés. Retrouvez-les.**
Dette, dévoiler, emprunteur, accord, révéler, martyriser, étape, consentement, autorité, raisonnement, persécuter, divulguer, argument, débiteur, halte, opprimer, pouvoir, débit.

❹ **Complétez ces phrases par des mots sur fond jaune.**
Dans son raisonnement, elle a utilisé un ... convaincant. • La ... de nos joueurs était incontestable. • Le banquier a téléphoné que mon compte était ... . • Le ... d'entreprise se réunira ce soir.

90 Orthographe lexicale

a**bout**ir	l'audace	un contour	patriotique
an**nul**er	audacieux	le dés**honn**eur	le patriotisme
appro**fond**ir	victorieux	ac**cess**ible	écœurer
in**sens**é	o**pp**rimé	ac**céd**er	commer**cial**
en**sang**lanter	o**pp**rimer	raf**fin**er	imparfaitement

473 › **1 Écrivez les mots de la famille de :** cœur, nul, tour, parfait, sang, fin, bout, honneur, profond, sens.

2 Trouvez le synonyme de chacun de ces mots.
Honte, courage, absurde, vainqueur, tyranniser.

3 Quel mot manque-t-il à chacune de ces expressions ?
Un peuple … • un chant … • … le pétrole • … une commande • … à une terrasse.

4 Complétez ces phrases par des mots sur fond jaune.
Une révolte a … la ville. • Ce monastère est … par un sentier escarpé. • L'avenir appartient aux … *(proverbe).* • L'équipe … a fait un tour d'honneur. • L'enquête risque d'… à une arrestation.

une trappe	un supplément	gri**pp**é	vouer
happer	supplémentaire	aride	une rime
stable	une suppression	négligé	rimer
superf**lu**	l'empressement	un énoncé	un par**i**
individuel	un cond**amn**é	énoncer	parier

474 › **1 Relevez les mots qui s'écrivent avec deux p.**

2 Quel verbe correspond à chacun de ces noms ?
Pari, condamné, énoncé, rime, vœu, négligence, suppression.

3 Quels adjectifs peuvent remplacer ces expressions ?
Très sec • qui ne change pas • mal habillé • sans intérêt • en plus • personnel.

4 Trouvez l'anagramme de : raide, ouvre, tables, mire, pair. *(Rappel : une anagramme → mot avec les mêmes lettres dans un autre ordre).*

5 Complétez ces phrases par des mots sur fond jaune.
On l'a reçu avec … . • Son histoire ne … à rien. • Ils ont conduit le … dans sa cellule. • On a relu l'… . • Il souleva une … dans le plancher. • Le chat bondit pour … la viande qu'on lui lançait.

91 Orthographe lexicale

en**ivr**er	un jon**c**	se soucier	affranchir
en**nobl**ir	jon**ch**er	souci**eux**	l'affranchissement
en**cercl**er	ventiler	a**gg**raver	l'aplom**b**
la longitude	éduquer	contemporain	un scrupule
la pro**mp**titude	feuilleter	un prodige	ridicule

475 › ❶ **Écrivez les mots de la famille de :** temps, plomb, vent, feuille, cercle, ivre, souci, noble, franc, grave, prompt, long.

❷ **Quels verbes correspondent à ces noms ?**
Éducation, aggravation, encerclement, affranchissement, ventilation, ennoblissement.

❸ **Trouvez les mots qui riment avec :** mule, étude, vertige, souverain.

❹ **Remplacez les mots en bleu par des mots sur fond jaune.**
Il ne tient pas *en équilibre* sur ses jambes. • C'est *un tour de force.* • C'est *un souci d'honnêteté* qui lui fait honneur. • *La rapidité* de sa réponse nous a étonnés. • Elle aime la musique *moderne*.

un ronflement	dénouer	ent**ê**té	un abonn**é**
un rugissement	le dénou**e**ment	l'ent**ê**tement	s'abonner
un éternu**e**ment	un comédien	s'ent**ê**ter	un abonnement
fonctionner	comique	un coursier	le proviseur
le fonctionnement	comiquement	un fant**ô**me	un gréviste

476 › ❶ **Écrivez les noms désignant :** un bruit, une personne, un revenant, un défaut.

❷ **Quels noms correspondent à ces verbes ?**
S'abonner, éternuer, dénouer, fonctionner, ronfler, s'entêter, rugir.

❸ **Vrai ou faux ? Justifiez vos réponses.**
- Tous les mots en *-ment* sont des noms.
- *Fonctionnement* est de la même famille que *fonctionnaire*.
- *Directeur* et *proviseur* font leur féminin de la même façon.
- Un *coursier* est un coureur professionnel.

❹ **Quels mots sur fond jaune sont synonymes de ces mots ?**
Se buter, un acteur, drôle, défaire, une conclusion, obstiné.

92 Orthographe lexicale

décevoir	grotesque	respectable	décisif
déçu	hideux	respectif	séduisant
une ère	éblouissant	l'âpreté	rafraîchissant*
passif	étouffant	la netteté	nourricier
salutaire	sentimental	l'intimité	annuel

477 ❶ **Quels adjectifs correspondent à ces verbes ?**
Étouffer, rafraîchir, éblouir, décevoir, séduire, respecter, nourrir, décider.

❷ **Écrivez les mots qui sont synonymes de :** laid, ridicule, inerte, beau, utile, éclatant, période, suffocant.

❸ **Complétez ces phrases par des mots sur fond jaune.**
On lui servit un thé glacé, très … . • Ils combattaient avec … pour survivre. • La fête … du collège est prévue début juin. • Les obsèques auront lieu dans la plus stricte … . • Il était très … d'avoir échoué. • La position … des joueurs ne permettait pas de marquer un essai. • Malgré le manque de lumière, cette photo est d'une … étonnante.

spontané	convenable	le développement	assurément
spontanément	convenablement	le gonflement	cordial
une ration	se conformer	le mécontentement	cordialement
rationner	conformément	habitué	le fondement
le rationnement	vaguement	habituellement	fondamental

478 ❶ **Quels noms correspondent à ces participes passés ?**
Gonflé, rationné, fondé, mécontenté, développé.

❷ **Écrivez les adverbes correspondant à ces adjectifs :** cordial, vague, convenable, habituel, fondamental, spontané, conforme, assuré.

❸ **Quel mot manque-t-il dans chacune de ces expressions ?**
Une rumeur sans … • la génération … • des tickets de … • copie … à l'original • … à la loi • un principe … .

❹ **Complétez ces phrases par des mots sur fond jaune.**
Le … des exportations est une nécessité économique. • Il a avoué …, sans qu'on lui pose de questions. • Il mange plus qu'une … normale. • Il touche un salaire … . • C'est un … du stade. • Bien … ! • – Crois-tu que c'est important ? – Oui, … !

* Cf. pages 241-243.

93 Orthographe lexicale

endosser	graisser	un cer**c**eau	égarer
s'adosser	engraisser	un arbri**ss**eau	écr**ê**mer
dévisser	dégraisser	s'entr**aid**er	le jou**g**
débout**onn**er	un cl**ow**n	s'en**dett**er	le ni**ck**el
dévaler	un club	émie**tt**er	un ti**ck**et

479 › **1 Quels sont les verbes dont on peut enlever le préfixe ?**

2 Écrivez les mots de la famille de : miette, gras, dos, dette, crème, bouton, vis, gare, cercle, arbre.

3 Vrai ou faux ? Justifiez vos réponses.

- *Joug* (lat. *jugum*) est de la famille de *juguler, conjuguer, conjugal.*
- Le **k** de *nickel* et de *ticket* sont inutiles pour marquer la prononciation.
- Le **ow** de *clown* se prononce comme **ou**.

4 Complétez ces phrases par des mots sur fond jaune.

Elle n'a pas voulu … la responsabilité de l'accident. • Ils étaient tombés sous le … d'une tribu ennemie. • Elle veut … pour acheter un commerce. • Elle est membre d'un … de collectionneurs. • On l'a vu … l'escalier quatre à quatre.

certe**s**	irréparable	imperceptible	une imprim**ant**e
l'armisti**c**e	irrégulier	une noti**c**e	l'**app**endicite
un artifi**c**e	irréprochable	un indi**c**e	inst**amm**ent
un logi**c**iel	irrésistible	un compli**c**e	en inst**ance**
une élite	au-del**à**	propi**c**e	la bienfais**ance**

480 › **1 Comment s'écrit le son /is/ dans les mots ci-dessus ?**

2 Quels adjectifs correspondent à ces verbes ?

Résister, reprocher, réparer, percevoir, réguler.

3 Quels mots répondent à ces définitions ?

1. Qu'on peut à peine discerner. • 2. Mot inventé en 1970 pour désigner un programme informatique. • 3. Machine électronique servant à imprimer. • 4. Précède la paix. • 5. Signe apparent.

4 Relevez les mots qui ont un accent, en précisant le rôle de chacun.

5 Complétez ces phrases par des mots sur fond jaune.

Ils sont en … de divorce. • Je vous prie … de me répondre. • Elle l'affirme, …, mais c'est faux ! • Il a eu une crise d'… . • … de cette montagne, il y a un lac.

94 Orthographe lexicale

un glaïeul	un tréma	une coïncidence	inouï
un aïeul	l'égoïsme	un badaud	un record
des aïeux	enlaidir	un brancard	débrouillard
un tilleul	un dard	une irritation	retardataire
hasardeux	darder	une irruption	incorrectement

481 ❶ **Relevez les mots qui ont un tréma et ceux qui ont un d muet.**

❷ **Écrivez les mots qui ont ces préfixes :** in-, en-, re-, dé-.

❸ **Écrivez les mots qui sont de la famille de :** laid, irriter, dard, tard, hasard, brancardier, débrouillardise, rupture, égoïste, corriger.

❹ **Quels mots sur fond jaune correspondent à ces définitions ?**
1. Performance exceptionnelle. • 2. Extraordinaire. • 3. Malin et habile. • 4. Les ancêtres. • 5. Jamais à l'heure. • 6. Un hasard. • 7. Arbre. • 8. Brusque entrée. • 9. Un flâneur. • 10. Un aiguillon.

une coulisse	une sentinelle	la souplesse	improviser
une notion	une bretelle	la détresse	balbutier
une citation	miniature	la hardiesse	abasourdir
une strophe	une structure	une dépouille	broyer
un interrogatoire	une version	entamer	agréer

482 ❶ **Écrivez ces mots en cinq couples de mots de la même famille.**
Apostrophe, citer, balbutier, improviser, agréable, balbutiements, agréer, strophe, citation, improvisation.

❷ **Écrivez ces mots en six couples de synonymes.**
Balbutier, détresse, dévaliser, pulvériser, malheur, bafouiller, hardiesse, broyer, agilité, dépouiller, courage, souplesse.

❸ **Complétez ces phrases par des mots sur fond jaune.**
Ce film italien est en … originale. • Très émue, elle se mit à … des remerciements. • Il était … par le vacarme. • Vous prendrez la deuxième … après le péage. • Rien n'a été prévu : il va falloir … . • Un navire en … a lancé un SOS. • Veuillez …, Monsieur, mes sentiments distingués. • Les danseurs attendaient dans les … le lever du rideau. • Son … a duré deux heures.

95 Orthographe lexicale

au**th**entique	ex**hi**ber	le ta**ct**	apitoyer
le ca**th**olicisme	un récif	tactile	tournoyer
strict	un cap	une tactique	un tournoi
strictement	un archipel	le gran**it**	frôler
grat**is**	inégal	un guéridon	un frôlement

483 › **❶ Quels sont les mots dans lesquels toutes les lettres sont indispensables pour marquer la prononciation ?**

❷ Écrivez les noms désignant : une roche • une religion • une formation du relief terrestre • un affrontement au Moyen Âge.

❸ Trouvez un synonyme pour chacun de ces mots.
Délicatesse, tourbillonner, stratégie, montrer, gratuitement, attendrir, effleurer, véritable.

❹ Complétez ces phrases par des mots sur fond jaune.
L'équipe a changé de ... après la mi-temps. • Cette histoire est ... . • Un écran ... réagit au toucher du doigt. • Ce parc à voitures est ... réservé aux chirurgiens. • Elle nous offrit du thé à la menthe sur un ... en acajou.

ad**j**uger	pourchasser	concentrer	s'assoupir
une qu**ê**te	rep**ê**cher	déguster	amon**c**eler
qu**ê**ter	retra**c**er	triom**ph**er	une transfusion
un presb**y**tère	gla**c**er	numéroter	tresser
congédier	dater	pianoter	calfeutrer

484 › **❶ Quels verbes sont de la famille de ces noms ?**
Centre, trace, goût, chasse, pêche, monceau, juge, congé.

❷ Quels noms sont à l'origine de ces verbes ?
Pianoter, tresser, dater, numéroter, glacer, triompher, quêter.

❸ Écrivez les préfixes contenus dans ces mots.
Transfusion, déguster, repêcher, concentrer, antidater, pourchasser, enquêter, adjuger, amonceler, infusion.

❹ Aidez-vous des mots sur fond jaune pour compléter.
On a utilisé de la mousse pour ... la vieille porte. • Il s'est ... à la fin du repas. • Le blessé a été sauvé grâce à une ... de sang. • On les a vus ... pour les sinistrés. • Il vient d'... ce meuble pour mille euros. • Elle ne supporte pas de voir les dossiers s'... sur son bureau. • Le prêtre retourne dans son ... .

96 Orthographe lexicale

prév**al**oir	**re**paraître*	procéder	un rever**s**
év**al**uer	**com**paraître*	parsemer	méco**nn**aître*
évacuer	un **com**promis	s'ensuivre	se retremper
reconstituer	**com**prome**tt**re	superposer	conc**i**lier
conc**er**ner	éme**tt**re	surpasser	récon**c**ilier

485 › **1 Parmi les verbes ci-dessus, quels sont ceux du 3e groupe ?**

2 Ajoutez des préfixes pour retrouver des verbes sur fond jaune.
Mettre, valoir, passer, semer, connaître, cerner, poser, céder, suivre, paraître.

3 Quels verbes sont de la même famille que ces noms ?
Conciliabule, constitution, évaluation, superposition, évacuation.

4 Écrivez l'infinitif des verbes en bleu.
Il *émet* des signaux réguliers. • Elle *se prévaut* de son âge pour avoir une place assise. • Il l'*a compromis* en utilisant son nom. • Il y a eu une cérémonie et tout ce qui *s'ensuit*.

5 Écrivez les mots sur fond jaune qui désignent : un accord • un geste • le fait de mesurer • le fait d'entasser • le fait d'abandonner un lieu.

une ambassade	une répriman**d**e	épater	finan**c**ier
un ambassadeur	répriman**d**er	épat**ant**	br**an**dir
une giboulée	réprimer	une contr**ain**te	ca**rr**ément
en bandoulière	le maint**ien**	le p**ô**le	haut**ain**
un écu**yer**	une évolution	r**ô**tir	un d**aim**

486 › **1 Écrivez les mots désignant :** une façon de porter un sac • une façon de cuire • une profession • un phénomène météorologique • un bâtiment • une zone géographique.

2 Formez six couples de mots ayant un sens voisin.
Réprimande, contrainte, changement, giboulée, formidable, dédaigneux, averse, blâme, évolution, hautain, épatant, obligation.

3 Complétez ces phrases par des mots sur fond jaune.
Il ne put … un bâillement. • Elle s'est fait … par la directrice. • On a vu un supporter … un drapeau. • Il a tout avoué, mais sous la … . • La daine est la femelle du … .

* Cf. pages 241-243.

97 Orthographe lexicale

adapter	l'âtre	châtain	plâtrer
l'**ap**titude	une râpe	pâteux	un plâtrier
brun**âtre**	râper	relâche	s'a**pp**roprier
bleu**âtre**	**app**auvrir	compatir	un blâme
noir**âtre**	**acc**ommoder	assombrir	blâmer

487 ›

❶ **Écrivez les mots qui sont de la famille de :** pauvre, sombre, propre, bleu, apte, plâtre, brun, pâte, commode, lâcher.

❷ **Relevez les mots qui ont un accent circonflexe.**

❸ **Quels mots sur fond jaune sont synonymes de ces mots ?**
1. Foyer (d'une cheminée). • 2. Condamnation. • 3. Interruption. • 4. Capacité, don. • 5. S'apitoyer.

❹ **Complétez ces phrases par des verbes sur fond jaune.**
Il a pris mes clés et s'est ... mon logement. • Elle a l'art d'... les restes. • On ne peut pas le ... pour cette maladresse. • Il a les cheveux ... clair. • Cette peinture grise va ... la pièce.

une ens**ei**gne	une gencive	la propagande	une platitude
ger**c**er	la g**ê**ne	une gibe**c**ière	la saveur
une ger**ç**ure	une dép**ê**che	une émeute	une rumeur
une phase	une tr**ê**ve	une balustrade	la noir**c**eur
fuyant	une portion	une fissure	une statistique

488 ›

❶ **Relevez les noms féminins qui ne se terminent pas par un e.**

❷ **Complétez ces expressions par des mots ci-dessus.**
Les dents et la ... • une ... de fromage • la ... du chasseur • tourner à l'... • dire des ... • les ... du chômage.

❸ **Écrivez les noms correspondant à :** gercer, fissurer, gêner, dépêcher, propager, savoureux, plat, noir.

❹ **Quel mot retrouvez-vous en changeant une lettre de chaque mot ?**
Percer, humeur, faveur, pêne, phare.

❺ **Quels mots correspondent à ces définitions ?**
1. Le journaliste la lit avant son lecteur. • 2. Elle est fixée au mur. • 3. Elle fait mal aux lèvres. • 4. Elle empêche de tomber du balcon. • 5. Qui se sauve. • 6. Le chasseur n'aime pas quand elle est vide.

98 Orthographe lexicale

impéri**eux**	funèbre	initial	**acc**eptable
impétu**eux**	funeste	inépuisable	in**acc**eptable
impénétrable	une incapa**c**ité	inévitable	invin**c**ible
implacable	incomparable	impassible	spirituel
impraticable	intolérable	impliquer	unanime

489 › **❶ Quels mots ci-dessus sont de la famille de ces verbes ?**
Éviter, épuiser, accepter, vaincre, tolérer, comparer, pratiquer.

❷ Quels adjectifs correspondent à ces noms terminés par -ité ?
Spiritualité, impassibilité, incapacité, impétuosité, unanimité.

❸ À quels mots pouvez-vous enlever le préfixe in- ou im- pour obtenir des mots courants de sens contraire ?

❹ Remplacez chaque mot en bleu par un mot sur fond jaune.
C'est un garçon très *fin*. • Malgré l'injure, il resta *calme*. • L'expression de son visage restait *incompréhensible*. • Le fait que vous répondiez *signifie* que cela vous intéresse. • Son caractère *emporté* lui valait de se brouiller avec ses amis. • La route du col était *inaccessible*. • C'était un empereur *impitoyable*.

collecter	une pelli**cule**	méta**ll**urgique	re**coll**er
un collecteur	une cel**lule**	un méta**ll**urgiste	ra**moll**ir
une collection	une coute**ll**erie	une dalle	une coro**ll**e
une ébu**ll**ition	une allusion	le doyen	a**ll**éger
tranqui**ll**iser	une collaboration	la doyenne	un a**llié**

490 › **❶ Trouvez les mots ci-dessus qui sont de la famille de ces mots.**
Couteau, colle, léger, métal, mou, lier, bulle.

❷ Quels mots sur fond jaune peut-on faire rimer avec ces mots ?
Minuscule, inspecteur, colle, abréger, déguiser, musicienne.

❸ Quels mots viennent de ces mots latins ?
1. *corolla* (= petite couronne). • 2. *pellis* (= peau). • 3. *cella* (= chambre). • 4. *labor* (= travail). • 5. *ligare* (= lier).

❹ Dans chaque série de mots, il y a un intrus. Lequel ? Pourquoi ?
- Alléger, allié, alourdir, allusion, alligator.
- Doyen, lycéen, doyenne, fuyant, bruyant.
- Quincaillerie, coutellerie, coquetterie, teinturerie.

99 Orthographe lexicale

contredire	une extraction	contracter	la constitution
une contradiction	une interjection	une contraction	une contribution
une prédiction	une conviction	stupéfait	des munitions
prescrire	souscrire	la stupéfaction	adoptif
une prescription	une souscription	l'exportation	une adoption

491 ›

1 Écrivez les noms terminés par -tion correspondant à ces verbes.
Contracter, contredire, constituer, souscrire, contribuer, prescrire, adopter, prédire, munir, convaincre, exporter, extraire.

2 Quels mots ont ces radicaux ?
-tract-, -vict-, -dict-, -ject-, -script-, -opt-.

3 Quels noms sur fond jaune manque-t-il à ces expressions ?
La … d'un muscle • la … d'une voyante • l'… d'une dent • l'… d'un enfant • la … du médecin • la … de la Ve République.

4 Complétez ces phrases par des mots sur fond jaune.
On l'a mis à … pour notre déménagement. • J'ai la … qu'elle est coupable. • Les … d'automobiles françaises ont augmenté. • *Zut* ! est une … . • On a été … de le voir revenir.

un sceau	une poêle	la lie	téter
sceller	un poêlon	une lieue	une tétine
la soie	un statut	la laie	un taux
soit	un coing	une moue	taxer
un tant soit peu	un ballet	une cote	une chaire

492 ››

1 Quels mots ci-dessus sont des homonymes de : laid, lit, tôt, chair, statue, balai, sot, poil, lieu, mou, côte.

2 Écrivez ces mots en dix couples de la même famille.
La soie, têtu, sceller, un ballet, tête, un sceau, soyeux, un poêle, un taux, téter, une cotisation, un cognassier, une banlieue, une cote, taxer, une tétine, un coing, une lieue, un poêlon, une ballerine.

3 Quel mot retrouvez-vous en changeant une lettre de chaque mot ?
Une chaise, la raie, la roue, un ballot, la vie.

4 Quels mots répondent à ces définitions ?
1. Mesure de distance. • 2. Ensemble de lois et règlements. • 3. Dépôt dans une boisson fermentée. • 4. Tribune. • 5. Fruit. • 6. Étoffe. • 7. Ustensile de cuisine. • 8. Femelle du sanglier.

l'atome	la lyre	alphabétique	un physicien
atomique	**lyr**ique	un **poly**gone	physique
un hebdomad**aire**	un hymne	une **hypo**thèse	physiquement
un **anté**cédent	logique	un trap**èze**	un **cycl**one
anticiper	sympa**th**ique	la monotonie	une moto**cycl**ette

493 ››

❶ **Relevez les mots qui contiennent ces éléments.**

1. *mono* (= seul). • 2. *poly* (= plusieurs). • 3. *ante* (= avant). • 4. *tom(e)* (= couper). • 5. *alpha* (= a en grec). • 6. *cyclo* (= cercle). • 7. *sym* (= ensemble). • 8. *hebdomas* (= semaine). • 9. *hypo* (= sous). • 10. *physi* (= nature).

❷ **Relevez les mots qui ont un y. La prononciation serait-elle modifiée si le y était remplacé par un i ?**

❸ **Complétez ces expressions par des adjectifs.**

L'ordre … • l'art … • un raisonnement … • la culture … • un visage … .

❹ **Écrivez les mots qui désignent :**

1. Une figure géométrique. • 2. Un instrument de musique. • 3. Un chant solennel. • 4. Un phénomène météorologique. • 5. Une revue qui paraît chaque semaine.

équi**val**ent	impertin**ent**	une audi**ence**	rés**ider**
équi**valoir**	une impertin**ence**	un auditeur	une rési**dence**
une lic**ence**	la transpar**ence**	un audit**oire**	la prési**dence**
ex**c**eller	un a**d**hérent	l'audition	une circonfér**ence**
l'**exc**ellence	turbul**ent**	auditif	une exig**ence**

494 ››

❶ **Quels noms correspondent à ces verbes ?**

Résider, adhérer, présider, exiger, exceller.

❷ **Avec ces mots, écrivez neuf couples de mots. Il reste deux intrus. Lesquels ? Pourquoi ?**

Impertinent, résident, président, licence, transparent, excellent, impertinence, transparence, turbulent, adhérent, résidence, présidence, exigence, turbulence, adhérence, circonférence, équivalent, exigent, excellence, équivalence.

❸ **Dans quels mots retrouvez-vous ces éléments ?**

1. *circon-* (= autour de). • 2. *équi-* (= égal). • 3. *audi-* (= écouter, entendre). • 4. *trans-* (= à travers). • 5. *turb-* (= idée de mouvement).

101 Orthographe lexicale

un malaise	la malchance	la mal**honn**êteté	la mal**ice**
malaisé	malchanceux	la médis**ance**	m**au**ssade
mal**sain**	bien**heur**eux	empr**un**ter	r**au**que
a**vil**ir	le ch**ô**mage	transplanter	une p**au**se
devancer	ch**ô**mer	in**au**gurer	une fr**au**de

495 ›› ❶ **Écrivez les mots contenant le préfixe mal- ou le préfixe mé-.**

❷ **Relevez les mots de la famille de :** honnête, chance, aisé, santé, chômeur, plante, malin, emprunt, vil, heureux, médire.

❸ **Écrivez le contraire de ces expressions en remplaçant chaque mot en bleu par un mot sur fond jaune.**
Une voix *claire* • être d'humeur *plaisante* • une tâche *facile* • avoir de la *chance* • un climat *sain* • dire des *louanges* • faire preuve d'*honnêteté*.

❹ **Complétez ces expressions par des mots sur fond jaune.**
Dormir comme un … • … un nouveau lycée • faire la … café • … de l'argent • une … électorale • un enfant sans … • … un rein • … ses concurrents.

un **chrono**mètre	un décalitre	une **aqua**relle	un **isth**me
une **chron**ique	un décilitre	un **aque**duc	l'horoscope
thermique	un phénomène	l'aristocratie	un myst**è**re
en**th**ousiaste	l'ar**ch**éologie	aristocratique	myst**é**rieux
photographique	le **ch**aos	un lab**y**rint**h**e	myst**é**rieusement

496 ›› ❶ **Quels mots contiennent ces éléments ?**
1. *archéo* (= ancien). • 2. *déci* (= dixième). • 3. *aristo* (= le meilleur). • 4. *therm* (= chaleur). • 5. *horo* (= heure). • 6. *chrono* (= temps). • 7. *aqua* (= eau). • 8. *déca* (= dix). • 9. *photo* (= lumière). • 10. *duc* (= conduire).

❷ **Relevez les mots qui ont un h. Soulignez ceux dont le h peut être supprimé sans changer la prononciation.**

❸ **Écrivez les mots désignant :** dix litres • un instrument de mesure du temps • le désordre complet • un passage étroit • un endroit où l'on se perd • une énigme.

❹ **Complétez ces expressions par des mots sur fond jaune.**
Une centrale … • un accueil … • un … surnaturel • les arches de pierre d'un … • des manières … • lire une … politique • tirer l'… de quelqu'un.

exalter	ex**cès**	expier	expre**ss**
exaltant	ex**cess**if	expirer	**es**quiver
exaspérer	in**cess**ant	rectifier	un abc**ès**
le maximum	ex**ci**ter	consolider	un axe
le minimum	ex**ce**pter	un ac**cess**oire	une exten**si**on

497 ››

❶ **Relevez les mots avec x. Écrivez-les en deux groupes suivant que x représente le son /ks/ ou le son /gz/.**

❷ **Quels mots ont ces radicaux :** -cess-, -cept-, -cit-, -pi-, -aspér-, -alt-, -rect- ?

❸ **Écrivez ces mots en sept couples de synonymes.**
Excès, agacer, sauf, abcès, abus, exaspérer, se dérober, extension, esquiver, agrandissement, excepté, continuel, furoncle, incessant.

❹ **Écrivez ces mots en cinq couples d'antonymes.**
Déprimant, minimum, excessif, exaltant, calme, inspirer, excité, maximum, raisonnable, expirer.

❺ **Quels mots sur fond jaune manque-t-il ?**
RER : Réseau … régional • … un crime en prison • inciser un … • rouler à une vitesse … • un … de circulation très fréquenté.

la solidarité	lég**en**daire	originaire	une oasis
arbitraire	musculaire	abstra**it**	un remou**s**
culinaire	li**tt**éraire	la fl**o**raison	rabaisser
un dépositaire	une falaise	le parlement	pacifique
héréditaire	une migraine	un parlementaire	une cargaison

498 ››

❶ **Écrivez ces mots en sept couples de mots de la même famille.**
Musculature, paix, parlementaire, littéraire, abstraction, musculaire, bas, solidarité, abstrait, pacifique, rabaisser, parlementarisme, littérature, solidaire.

❷ **Quels mots sur fond jaune viennent de ces mots ?**
■ Du latin : *culina* (= cuisine) • *musculus* (= petit rat, souris) • *littera* (= lettre) • *flora* (déesse des fleurs) ■ De l'espagnol : *cargar* (= charger).

❸ **Complétez ces expressions avec des adjectifs terminés par -aire.**
■ En anatomie : le tissu … . ■ En gastronomie : l'art … .
■ En politique : une session … . ■ En médecine : une maladie … .

❹ **Complétez ces phrases par des mots sur fond jaune.**
Il est le … exclusif de la marque. • Nous devons les aider par … . • C'est une décision … qui ne peut qu'être critiquée. • C'est une rivière avec des … dangereux. • C'est la plus grande … du désert.

103 Orthographe lexicale

un décr**et**	une dot	un sou**ff**let	un lu**th**
un agrément	doter	insu**ff**ler	la be**cq**uée
le dépi**t**	un donateur	a**ff**luer	be**cq**ueter
un essai**m**	raboter	écumer	piétiner
un sympt**ô**me	un bro**c**	une écumoire	un piédestal

499 »

❶ **Écrivez les mots qui ont ces suffixes :** -et, -eter, -ateur, -oire, -ée, -iner.

❷ **Quels verbes ci-dessus correspondent à ces noms ?**
Piéton, affluent, rabot, dotation, souffle.

❸ **Quels noms sur fond jaune correspondent à ces verbes ?**
Écumer, agréer, essaimer, becqueter, dépiter, souffler, donner.

❹ **Écrivez ces noms en couples de mots de la même famille.**
Une becquée, un don, un luth, un piédestal, un donateur, un bec, un luthier, un pied.

❺ **Trouvez les mots qui désignent :** un récipient • un instrument de musique • un socle • des biens • une décision • un objet pour la cuisine • un sentiment • un signe.

le tro**t**	un a**ff**ron**t**	un appr**êt**	en suspen**s**
un tro**tt**eur	l'e**ff**ronterie	appr**ê**ter	aux dépen**s** de
à par**t**	e**ff**ront**é**ment	un ragoût	pour **ac**quit
se départir	requ**é**rir	un app**â**t	l'appoin**t**
une innovation	une requ**ê**te	app**â**ter	tapoter

500 »

❶ **Quels noms ci-dessus correspondent à ces verbes ?**
Trotter, apprêter, appointer, goûter, affronter, acquitter, appâter, dépenser, requérir.

❷ **Quels mots sur fond jaune sont de la famille de ces noms ?**
Front, goût, partie, prêt, pâture, tape.

❸ **Trouvez les synonymes des mots ou expressions en bleu.**
Ils vivent *à ma charge*. • Le nouveau projet est *momentanément interrompu*. • Il a écrit au dos du chèque *qu'il avait touché l'argent*. • Le ministre n'a pas donné suite à ma *demande*. • Il ne veut pas *abandonner* ce privilège. • *Excepté* cela, tout va bien. • Elle ment *avec insolence*. • Ce travail va *exiger* toute votre attention. • Il veut les *séduire* avec des primes.

104 Orthographe lexicale

le flux	pitoyable	circonflexe	surexciter
le reflux	impitoyable	un réflexe	une excitation
l'oxygène	piteux	un complexe	exténué
l'hydrogène	naguère	une annexe	exubérant
évincer	le phosphore	une nuée	un quantième

501 »

❶ **Relevez les mots qui ont un x. Soulignez les x muets.**

❷ **Écrivez les mots qui contiennent ces éléments.**

1. *oxy* (= acide). • 2. *hydro* (= eau). • 3. *circon* (= autour). • 4. *gène* (= qui produit). • 5. *phos* (= lumière). • 6. *flex* (lat. *flexus* : courber). • 7. *flux* (lat. *fluxus* : couler). • 8. *quant* (lat. *quantus* : combien grand).

❸ **Quels mots répondent à ces définitions ?**

1. Chiffre du jour du mois. • 2. Nom d'un accent. • 3. Très fatigué. • 4. Communicatif, peu réservé. • 5. Contraire de l'abattement. • 6. Chasser, mettre à l'écart.

❹ **Complétez ces phrases par des mots sur fond jaune.**

La pluie et la chaleur donnaient une végétation … . • Il fut condamné au maximum par un juge … . • Il était en … état après une nuit à la belle étoile. • … vient de l'expression « *il n'y a guère de temps* ». • Avoir un … d'infériorité. • Une … de mouettes tourbillonne au-dessus du chalutier.

une renaissance	un ressentiment	assimiler	assigner
la surveillance	un pressentiment	assumer	soussigné
une oppression	un tressaillement	assujettir	patauger
épier	l'entendement	les assises	un emportement
usurper	un rapprochement	assoiffé	effaré

502 »

❶ **Écrivez les noms correspondant à ces verbes.**

Rapprocher, tressaillir, opprimer, ressentir, emporter, surveiller, entendre *(au sens de comprendre)*, pressentir, renaître, patauger.

❷ **Relevez dix préfixes utilisés dans les mots sur fond jaune.**

❸ **Écrivez ces mots en six couples de mots de sens voisin.**

Accepter, assigner, épier, assumer, assujettir, s'emparer, comprendre, fixer, espionner, usurper, assimiler, attribuer.

❹ **Quels mots répondent à ces définitions ?**

1. Effrayé, hagard. • 2. Rancœur. • 3. Sursaut. • 4. Tyrannie. • 5. Tribunal qui juge les crimes. • 6. Renouveau. • 7. Comprendre et retenir. • 8. Sensation de gêne à la respiration.

105 Orthographe lexicale

fraternel	l'équité	stér**ile**	une certitude
la fraternité	l'**h**umilité	souver**ai**n	une tentative
la fidélité	la timidité	la souver**ai**neté	une déce**nn**ie
la sol**enn**ité	la probité	la communauté	confiden**t**iel
un croyant	la validité	une fédération	substan**t**iel

503 »

1 Écrivez ces dix mots en cinq couples de synonymes.
Humilité, intégrité, évidence, fraternité, emphase, certitude, solennité, solidarité, modestie, probité.

2 Écrivez ces mots en huit couples d'antonymes.
Fierté, audace, fidélité, stérilité, nullité, équité, timidité, certitude, probité, validité, doute, fécondité, injustice, infidélité, humilité, malhonnêteté.

3 Quels mots répondent à ces définitions ?
1. Autorité suprême. • 2. Personne qui a la foi. • 3. Groupe ayant des intérêts communs. • 4. Durée de dix ans. • 5. Un essai. • 6. Sous le sceau du secret. • 7. Groupe d'États avec un gouvernement central. • 8. Nourrissant, quand il s'agit d'un repas.

r**o**der	une vi**s**	r**ô**der	altérer
le r**o**dage	un rivet	un r**ô**deur	différen**c**ier
un traîn**eau***	un com**p**table	un chalan**d**	vantar**d**
traînar**d***	une m**an**te	rou**ge**au**d**	gaillar**d**
un **comté**	un por**e**	une sat**i**re	goguenar**d**

504 »

1 Écrivez les mots qui ont ces suffixes : -ard, -eau, -age, -able, -aud, -et.

2 Dans chaque série de mots, il y a un intrus. Lequel et pourquoi ?
- Défaut, vis, rivet, clou, boulon.
- Satire, diatribe, pamphlet, louange.
- Pore, trou, orifice, tour.
- Rôder, errer, roder, vagabonder.
- Mante, manteau, menteur, mantille.

3 Relevez les mots de la famille de : poreux, river, visser, vanter, compter, différent, désaltérer, traîner, comtesse, rouge.

4 Écrivez ces dix mots en cinq couples de synonymes.
Vantard, péniche, goguenard, rôdeur, altération, chaland, fanfaron, vagabond, modification, moqueur.

* Cf. pages 241-243.

Orthographe lexicale

déchirant	inédi**t**	le re**cue**illement	partis**an**
pédant	maudi**t**	pareillement	un courtis**an**
malveillant	susdi**t**	indiffér**emm**ent	le déclin
sournoi**s**	l'impuissance	prud**emm**ent	hori**zon**
une **h**arangue	pati**emm**ent	fréqu**emm**ent	horizontalement

505 »

❶ **Relevez les adverbes. À quels adjectifs correspondent-ils ?**

❷ **Trouvez les mots qui sont de la famille de ces verbes :** décliner, cueillir, maudire, haranguer, pouvoir, déchirer, courtiser, veiller.

❸ **Quels mots manque-t-il dans ces expressions ?**
Des querelles … • un cri … • des propos … • rouler … • un sentiment d'… • écouter de la musique avec … .

❹ **Remplacez les mots ou expressions en bleu par des mots sur fond jaune.**
C'est un texte *encore inconnu*. • Il est *prétentieux*. • Individu *hypocrite qui cache ce qu'il pense*. • C'est un mot qu'on utilise *souvent*. • Il se réfère à la loi *mentionnée ci-dessus*. • Il est *adepte* de l'agriculture bio. • C'est souvent un *discours ennuyeux*.

faillir	l'ém**ail**	se chamailler	une paill**asse**
défaillir	émailler	railler	empailler
défaillant	tirailler	une raill**erie**	le poitr**ail**
va**c**iller	un tiraillement	une sail**lie**	les entrailles
une vrille	un déraillement	un gouvern**ail**	des brou**ss**ailles

506 »

❶ **Écrivez les mots de la famille de :** tirer, railler, faillir, poitrine, gouverner, paille, entre, brousse.

❷ **Relevez les mots qui désignent :** un accident • une partie du corps humain • un outil • une forme de végétation • une sorte de matelas.

❸ **Écrivez le verbe correspondant à chacun de ces noms.**
Raillerie, vacillement, défaillance, saillie, déraillement, tirailleur, émail.

❹ **Complétez ces phrases par des mots sur fond jaune.**
Quelques tuiles faisaient … sur le mur. • Dans ce musée, il y a des animaux … . • Le frère et la sœur ne cessent de … . • Maigre et fatigué, il était sur le point de … . • Il aimait … les autres, mais ne supportait pas les … sur son compte. • On vit la lumière …, puis tout s'éteignit.

107 Orthographe lexicale

sonder	un parieur	la prose	le délire
dévier	un portier	un **pré**ambule	la discorde
le renom	un **ren**tier	des bribes	sobre
un repli	une **ren**te	un proscri**t**	gren**at**
un **c**erne	une cape	proscrire	une la**tt**e

507 ›› ❶ **Écrivez les noms qui sont de la famille de :** parier, plier, cerner, proscrire, délirer, rente, porte, accord, somnambule, nommer.

❷ **Trouvez les anagrammes de ces mots.**
Poser, terrien, morne, plier, entre, robes, pierrot, ganter, délier, rondes. *(Rappel : une anagramme → mot avec les mêmes lettres dans un autre ordre).*

❸ **Relevez les synonymes de ces mots.**
Bannir, rouge sombre, joueur, divagation, introduction, recul.

❹ **Complétez ces expressions par des mots sur fond jaune.**
Un sujet de … • un restaurant de grand … • entendre des … de la conversation • un … électronique • des … autour des yeux • … comme un chameau • vivre de ses … • une … de bois • rire sous … • un poème en … .

révoltant	ét**rein**dre	une ens**ei**gne	itinérant
suppliant	une ét**rein**te	une suspen**s**ion	poignant
cuisant	rest**rein**dre	l'énervement	insignifiant
une enc**ein**te	rest**rein**t	un testament	f**ê**ler
dép**ein**dre	fortui**t**	la **tem**pe	se prosterner

508 ›› ❶ **Relevez les mots qui sont de la famille de :** signe, ceinture, plier, poing, itinéraire, peindre, nerf, fêlure, cuire.

❷ **Écrivez ces mots en sept couples de synonymes.**
Fortuit, restreint, accidentel, étroit, implorant, honteux, cuisant, suppliant, insignifiant, douloureux, révoltant, déchirant, quelconque, poignant.

❸ **Quels mots répondent à ces définitions ?**
1. Fendre sans casser. • 2. Se courber très bas devant quelqu'un. • 3. Interruption. • 4. Partie de la tête. • 5. Serrer dans ses bras. • 6. Écrit pour signifier ses dernières volontés.

108 Orthographe lexicale

une créan**c**e	défier	dépendant	complaire
un créan**c**ier	la défiance	la dépend**an**ce	la complaisance
échoir	le tempérament	la déchéance	la constance
su**pp**léer	la tempér**an**ce	l'a**cc**outumance	la convenance
a**rr**ogant	la persévér**an**ce	ina**cc**outumé	un défibri**ll**ateur

509 ❶ **Relevez les mots terminés par -ance. Quels sont ceux qui correspondent à un adjectif terminé par -ant ?**

❷ **Écrivez les mots qui sont de la famille de :** venir, plaire, coutume, défi, déchoir, dépendre.

❸ **Quel verbe correspond à chacun de ces noms ?**
Déchéance, dépendance, suppléance, tempérance, complaisance, échéance, persévérance, convenance, arrogance, accoutumance.

❹ **Complétez ces phrases par des mots sur fond jaune.**
Un … est venu pour se faire payer. • Le … est très utile en cas de malaise cardiaque. • C'était un personnage … , au visage méprisant. • Il marquait sa … en s'opposant à tous les projets. • Choisis un jour à ta … .

la **th**éorie	l'orée	es**th**étique	un chrétien
théoriquement	une contrée	le th**ym**	le christianisme
go**th**ique	une cordée	une comète	un réverb**è**re
un él**an**	une denrée	un scarab**ée**	un blasph**è**me
un re**nne**	à la dérobée	un troph**ée**	blasph**é**mer

510 ❶ **Relevez les mots qui contiennent la lettre h. Écrivez-les en trois groupes suivant la consonne qui précède le h.**

❷ **Quels mots répondent à ces définitions ?**
1. Outrager ce qui est sacré. • 2. En cachette, furtivement. • 3. Art qui s'est développé en Europe du XIIe au XVIe siècle. • 4. En principe, dans l'idéal. • 5. Doctrine religieuse fondée sur l'enseignement et la vie de Jésus-Christ.

❸ **Écrivez les mots qui désignent :** des ruminants • un insecte • une plante aromatique • un croyant • un groupe d'alpinistes • un astre • un objet qu'on garde en souvenir.

❹ **Écrivez ces noms en cinq groupes de synonymes.**
Pays, théorie, lisière, lampadaire, région, orée, aliment, doctrine, réverbère, denrée, bord, contrée.

109 Orthographe lexicale

perfide	une péripé**t**ie	un stratag**è**me	une d**y**nastie
la perfidie	une poulie	une strat**é**gie	l'autonomie
une saisie	un **ess**ieu	un coup**é**	une avarie
la voirie	un désav**eu**	un coupon	l'agonie
envier	une bu**an**derie	une coupure	la f**é**e**rie**

511 »

❶ **Relevez les mots de la famille de :** saisir, fée, couper, aveu, buée.

❷ **Quels mots viennent de ces mots grecs ?**
1. *dunastês* (= souverain). • 2. *agônia* (= lutte intérieure, angoisse). • 3. *stratêgos* (= chef d'armée). • 4. *autos* + *nomos* (= soi-même + loi). • 5. *peripeteia* (= événement imprévu).

❸ **Écrivez ces mots en cinq couples de synonymes.**
Perfidie, trahison, essieu, dommage, coupon, incident, avarie, axe, péripétie, ticket.

❹ **Complétez ces phrases par des mots sur fond jaune.**
Le train arrière de la voiture était à ... rigide. • C'est un allié ..., qui l'a trahi. • Une ... permit de hisser le fardeau. • Une ... relança l'enquête. • Une ... obligea le bateau à rentrer au port.

ca**r**esser	un d**ô**me	la di**ss**olution	un dressoir
blessant	une cro**sse**	une concession	un pressoir
la mousseline	fausser	la compassion	une pa**l**issade
la petit**esse**	**h**arassé	un écusson	le régisseur
un carn**assier**	re**hausse**r	un ra**ssembl**ement	une **s**ession

512 »

❶ **Quels mots ci-dessus sont de la famille de ces mots ?**
Dissoudre, rassembler, concéder, régir, blesser, faux, petit.

❷ **Quels mots répondent à ces définitions ?**
1. Il mange de la viande. • 2. Période pendant laquelle une assemblée tient séance. • 3. Toiture arrondie. • 4. Emblème ayant la forme d'un bouclier. • 5. Machine servant à presser des fruits ou des graines. • 6. Tissu fin et léger. • 7. Surélever.

❸ **Complétez ces phrases par des mots sur fond jaune.**
Ils se mirent d'accord moyennant quelques ... . • Il y aura des élections suite à la ... de l'assemblée. • Il s'endormit aussitôt, ... par cette marche. • Les enfants malades lui inspiraient de la ... . • Il se pencha pour ... le chat. • On joue au hockey avec une ... . • Un vaisselier s'appelle aussi un ... .

110 Orthographe lexicale

les ténè**b**res	mielleux	supersti**tieux**	un éloge
téné**b**reux	vertueux	injurieux	prodigieux
doucereux	luxueux	un juré	harmonieux
un lampion	huiler	un parjure	un dipl**ô**me
une flammè**ch**e	huileux	un conjuré	diplomatique

513 ››

❶ **Quels adjectifs terminés par -eux correspondent à ces noms ?** Miel, injure, harmonie, prodige, douceur, vertu, ténèbres, éloge, luxe, superstition.

❷ **Écrivez les mots qui sont de la famille de :** huile, lampe, flamme, doux, jurer, diplomate.

❸ **Écrivez ces mots en six couples de synonymes.** Extraordinaire, mystérieux, luxueux, gras, harmonieux, huileux, doucereux, mielleux, précieux, mélodieux, ténébreux, prodigieux.

❹ **Relevez les antonymes de :** élogieux, corrompu, cacophonique.

❺ **Quels mots sur fond jaune répondent à ces définitions ?** 1. Faux serment. • 2. Obscurité. • 3. Récompense. • 4. Membre d'un jury. • 5. Conspirateur.

endo**mm**ager	co**rromp**re	se prémunir	déclamer
surno**mm**er	la co**rrupt**ion	présumer	une déclamation
i**mm**igrer	i**rr**ésolu	se consumer	un squel**ette**
i**mm**igration	épaul**er**	abe**rr**ant	une statu**ette**
infortuné	une épaul**ette**	l'ab**né**gation	une boul**ette**

514 ››

❶ **Changez les préfixes pour retrouver des mots ci-dessus.** Irruption, réclamation, dédommager, acclamer, émigrer, démunir.

❷ **Ajoutez des préfixes pour retrouver des mots ci-dessus.** Résolu, rompre, négation, fortuné, nommer, migration.

❸ **Quels mots sur fond jaune sont synonymes de ces mots ?** 1. Hésitant, indécis. • 2. Dévouement. • 3. Abîmer. • 4. Se protéger. • 5. Anormal, absurde. • 6. Brûler. • 7. Malheureux. • 8. Supposer. • 9. Pervertir. • 10. Soutenir.

❹ **Dans chaque série de mots, il y a un intrus. Lequel et pourquoi ?**

- Clameur, acclamer, accalmie, déclamer.
- Corruption, correction, irruption, éruption.
- Atterré, erroné, aberrant, erreur.
- Statuette, boulette, silhouette, épaulette.

111 Orthographe lexicale

une escadre	la féli**ci**té	ériger	l'adver**s**ité
un belv**é**d**è**re	la féro**ci**té	une commodité	l'indignité
une faculté	la mali**gn**ité	l'impétuosité	la régularité
la moralité	la sév**é**rité	un brigadier	un c**ô**ne
une alerte	la gravité	bri**gu**er	burlesque

515 »

❶ Quels noms correspondent à ces adjectifs ?

Indigne, impétueux, féroce, régulier, grave, malin, moral, adverse, conique, sévère, commode.

❷ Quels mots viennent de l'italien ?

1. *bel vedere* (= belle vue) • 2. *briga* (= lutte), *brigata* (= troupe) • 3. *burla* (= plaisanterie) • 4. *squadra* (= brigade, bataillon rangé en carré). • 5. *all'erta* (= sur la hauteur).

❸ Complétez ces phrases par des mots sur fond jaune.

Il est inscrit à la ... de médecine. • Le ... de gendarmerie n'a rien voulu dire. • On va ... une statue en souvenir de lui. • La ... de la tumeur n'est pas prouvée. • L'... a levé l'ancre en fin de matinée. • L'... du torrent rendait sa traversée impossible.

terrasser	le **c**enseur	un p**è**lerin	une pe**rr**uque
un **terr**itoire	le courrou**x**	un prédicateur	une ve**rr**ue
le pe**rr**on	le désa**rr**oi	un ermite	un fou**rreau**
une ba**rr**icade	pou**rr**i	le vétér**an**	un bou**rreau**
une ba**rr**ique	cha**rr**ier	le jarret	un consul**at**

516 »

❶ Quels mots ci-dessus sont de la famille de ces mots ?

Fourrure, terre, consul, pourriture, censure, char, pierre.

❷ Relevez les mots qui désignent :

1. Ce qui ferme un passage (autrefois, avec des barriques). • 2. La colère. • 3. Le trouble qui rend incapable de décider. • 4. La région postérieure du genou. • 5. Le palier extérieur devant une porte d'entrée surélevée. • 6. Une petite excroissance de la peau. • 7. Une coiffure de faux cheveux.

❸ Qui sont-ils ? La réponse figure dans les mots sur fond jaune.

Le métier de Nestor n'existe plus. • Louis se rend à Lourdes. • Jean vit à l'écart du monde. • Gustave a puni les retardataires. • Hector est un vieux soldat. • Théophile monte en chaire.

12 Orthographe lexicale

écheveau	sarcasme	un perdreau	un arceau
échevelé	un emb**lè**me	une a**l**ouette	un caveau
ruisse**l**ant	un convive	un plumeau	un ch**é**neau
prodi**gue**	la panique	un bardeau	un copeau
la rancune	une bre**l**oque	l'exp**an**sion	une caste

517 ››

1 Quels mots ci-dessus sont de la famille de ces mots ?
Plume, ruisseau, arc, vivre, cheveu, cave, perdrix.

2 Écrivez les mots désignant : un oiseau, un invité, un petit morceau, un bijou fantaisie.

3 Écrivez ces mots en six couples de synonymes.
Panique, moquerie, développement, dépensier, chéneau, sarcasme, prodigue, ressentiment, affolement, rancune, expansion, gouttière.

4 Quels mots sur fond jaune répondent à ces définitions ?
1. Très mince fragment de bois. • 2. Il y en a plusieurs au jeu de croquet. • 3. On n'en fait pas partie quand on n'y est pas né. • 4. Il remplace les tuiles quand il est d'asphalte. • 5. C'est un symbole. • 6. On le démêle.

une convention	un transfer**t**	r**éé**lire	l'a**vers**ion
une **sub**vention	dég**é**n**é**rer	une r**éé**lection	con**vers**er
une intervention	e**ff**aroucher	la circonspection	embra**s**er
la prévention	**sub**juguer	co**mm**émorer	une e**ff**usion
la prétention	la nutrition	dériver	une su**gg**es**t**ion

518 ››

1 Relevez les préfixes qui figurent dans les mots ci-dessus.

2 Trouvez les mots qui ont ces radicaux : -vers-, -vent-, -jug-, -gest-, -lect-.

3 Quels noms sur fond jaune correspondent à ces verbes ?
Intervenir, réélire, convenir, subvenir, suggérer, transférer, nourrir.

4 Écrivez les verbes qui sont de la famille de : braise, mémoire, génération, farouche, rive.

5 Complétez ces expressions par des mots sur fond jaune.
La … routière • une … de dix mille euros • parler avec … *(= prudence)* • rétablir l'ordre sans … de sang • éprouver de l'… pour quelqu'un • … un événement du passé • signer une … économique • une … chirurgicale.

113 Orthographe lexicale

équivoque	une analogie	croyant	lécher
poétique	analogue	m**y**stique	ériger
s**y**mbolique	un compatriote	c**y**nique	a**tt**iser
un s**y**ndic**at**	des quo**l**ibets	to**n**ique	ramo**n**er
aérod**y**namique	les prém**ices**	la nuque	un oracle

519 »

❶ **Écrivez ces mots en huit couples de la même famille.**
Symbole, mystique, syndicat, corriger, croyant, attiser, symbolique, patrie, croire, mystère, tonus, compatriote, tisonnier, syndicalisme, tonique, ériger.

❷ **Quels mots sur fond jaune sont synonymes de ces mots ?**
Commencement, ambigu, dresser, comparable, lyrique, stimulant.

❸ **Dans chaque série de mots, il y a un intrus. Lequel et pourquoi ?**
- Analogie, ressemblance, similitude, différence.
- Croyant, mystique, athée, dévot.
- Moquerie, analogie, quolibet, raillerie, sarcasme.
- Compatriote, concombre, condisciple, convive, compère.

une métropole	homogène	un frémissement	un païen
une crampe	ma**gn**anime	un engourdissement	l'ouïe
un b**au**me	**au**rifère	coïncider	un dogme
emb**au**mer	un viadu**c**	une baïonnette	dogmatique
une c**au**tion	un gourmet	une héroïne	un orphelin**at**

520 »

❶ **Écrivez les mots désignant :** une pommade • un ouvrage d'art • une arme • un sens • un amateur de bonne chère • une personne athée.

❷ **Quels mots répondent à ces définitions ?**
1. Léger tremblement. • 2. Femme exceptionnelle. • 3. Se dit si tous les éléments sont de même nature. • 4. Grande ville. • 5. Imprégner d'un parfum. • 6. Contraction involontaire. • 7. Qualité de celui qui sait pardonner les injures. • 8. Garantie que l'on donne. • 9. Qui contient de l'or. • 10. Se superposer, se produire en même temps.

❸ **Quels mots sur fond jaune viennent de ces éléments ?**
1. *polis* (grec : ville, cité) • 2. *homos* (gr. : semblable) • 3. *dogma* (gr. : opinion, doctrine) • 4. *aurum* (lat. : or) • 5. *via* (lat. : route) + *duc* (lat. : conduire) • 6. *magnus* (lat. : grand) + *animus* (lat. : esprit).

114 Orthographe lexicale

embe**ll**ir	le préfet	l'a**ff**ût*	l'épe**ll**ation
un prédateur	le cadet	un rédacteur	une interpe**ll**ation
un pré**c**epte	un comble	un receveur	une pétition
le firmament	un violo**n**iste	un intendant	l'into**n**ation
recto ver**so**	un indigène	un so**mn**ambule	un monopole

521 ››

1 Écrivez les mots de la famille de : recevoir, ton, beau, insomnie.

2 Retrouvez les cinq couples de mots de la même famille.
Prédateur, déambuler, appétit, intonation, monotone, interpellation, proie, somnambule, appeler, pétition.

3 Qui sont-ils ? La réponse figure dans les mots sur fond jaune.
1. Joseph est plus jeune que l'aîné. • 2. Georges représente le gouvernement à la tête du département. • 3. Enzo est musicien. • 4. Clément habite le village où il est né. • 5. Justine marche en dormant. • 6. Évelyna est responsable de la gestion financière de l'hôpital.

4 Écrivez les mots sur fond jaune désignant : un principe • les deux côtés d'une feuille • la voûte céleste • une exclusivité • un endroit pour guetter.

vel**u**	bou**rr**u	le filleul	un renv**oi**
ventr**u**	bourrer	la br**u**	une ta**n**ière
croch**u**	une friction	la vérand**a**	la **h**oule
une torche	un galon	le suc	une gan**se**
une spirale	une ortie	une cure	une frange

522 ››

1 Trouvez un mot ci-dessus en changeant une lettre à chaque mot.
Grange, cru, fraction, tilleul, porche, venu, danse, salon, manière, fourrer.

2 Écrivez les mots qui sont de la famille de : ventre, envoyer, bourre, frictionner, croc.

3 Trouvez les mots qui peuvent désigner : un abri • un élément d'un vêtement • une personne • une forme géométrique • une plante.

4 Quels mots sur fond jaune répondent à ces définitions ?
1. Il est en bas de la page. • 2. La femme de mon fils. • 3. Elle éclaire. • 4. Il a un parrain et une marraine. • 5. Petite attache. • 6. Elle tourne autour d'un point ou d'un axe. • 7. Ondulation à la surface de l'eau.

---

* Cf. pages 241-243.

115 Orthographe lexicale

s'**app**esantir	la conception	créditer	un cabriolet
anéantir	la client**è**le	une indiscr**é**tion	une draperie
confiner	flanquer	instantan**é**ment	une parade
empaqueter	se r**é**f**é**rer	convoiter	l'envergure
ra**cc**o**mm**oder	se gargariser	réitérer	déplorer

523 »

❶ **Changez les préfixes pour retrouver des mots ci-dessus.**
Implorer, déception, affiner, déférer, dépaqueter.

❷ **Relevez les mots de la famille de :** drap, néant, crédit, instant, parer, pesant, fin, paquet, client, flanc, discret.

❸ **Écrivez les noms qui peuvent désigner :** une voiture • une dimension • une étoffe • un ensemble de personnes • un défilé.

❹ **Complétez ces phrases par des mots sur fond jaune.**
La ... a été plus efficace que l'attaque. • Il faut se ... au dictionnaire. • La mauvaise nouvelle va l'... . • Je vais ... votre compte de ce montant. • Faute de réponse, j'ai dû ... ma demande. • Très envieux, il ... ce qui est à autrui.

le gu**et**	**an**crer	un cor	daigner
un gu**é**	un **an**tre	un graba**t**	dédaigneux
un différen**d**	tinter	à l'ins**u** de	soudainement
le faî**te***	un tintement	à tir**e**-d'aile	mondain
voi**re**	une masure	un **s**ite	l'entrain

524 »

❶ **Relevez les mots qui sont homonymes de ces mots, puis employez-les dans une expression pour en illustrer le sens :** encrer, corps, gai, fête, teinter, entre, voir, différent.

❷ **Écrivez les mots qui sont de la famille de :** situer, dédain, maison, corne, guetter, grabataire, monde.

❸ **Complétez ces phrases avec des mots sur fond jaune.**
Ils s'envolèrent à ... . • On a visité un ... préhistorique. • Elle est sortie ... ses parents. • Ils m'ont toisée d'un air ... .

❹ **Remplacez les mots en bleu par des mots sur fond jaune.**
Un *désaccord* nous opposait. • La cloche *sonne*. • Des produits nocifs, *et même* mortels. • *Sa bonne humeur* rendait la vie agréable. • On s'approcha prudemment *du repaire* du lion.

* Cf. pages 241-243.

116 Orthographe lexicale

solliciter	osciller	un cellier	légal
la sollicitude	une oscillation	cellulaire	illégal
une sollicitation	l'allégresse	une écuelle	illicite
querelleur	allègrement	le collet	rallier
une rébellion	un alligator	le mollet	une parcelle

525 ››

❶ **Quels mots avec deux l changeraient de prononciation si on enlevait un des deux l ?**

❷ **Écrivez les mots désignant :** un animal • une partie de la jambe • une partie de la dent • une qualité • une pièce d'une maison • un récipient • une demande pressante • un terrain • un mouvement • un défaut.

❸ **Quels mots sur fond jaune répondent à ces définitions ?**
1. Contraire à la loi. • 2. Défendu par la loi. • 3. Rassembler ou rejoindre. • 4. Formé de cellules. • 5. Mouvement d'un pendule.

❹ **Écrivez ces mots en trois couples de contraires.**
Sollicitude, tristesse, soumission, allégresse, rébellion, indifférence.

chiffonné	emprisonner	ânonner	le rayonnement
un chiffonnier	environner	tâtonner	proportionné
un carillon	tamponner	un colimaçon	savonneux
un éperon	une pommade	une rançon	grisonnant
un étalon	un pourboire	un suçoir	le bourgmestre

526 ››

❶ **Quels mots ci-dessus sont de la famille de ces mots ?**
Portion, chiffon, virer, sucer, rayon, bourg, savon, tâter, âne, boire, gris.

❷ **Quels verbes correspondent à ces noms ?**
Chiffon, savon, carillon, éperon, tampon, rayon, prison, rançon, environ.

❸ **Relevez les mots qui ont ces suffixes :** -ement, -eux, -ant, -ier, -oir, -ade.

❹ **Relevez les mots qui ont ces préfixes :** pro-, pour-, em-, en-.

❺ **Quels mots sur fond jaune répondent à ces définitions ?**
1. Le pou en a un. • 2. Le cheval ne les apprécie pas. • 3. Mesure de référence. • 4. Il sonne régulièrement. • 5. Se dit d'un escalier qui tourne. • 6. Maire en Belgique. • 7. Récompense. • 8. Crème pour les soins de la peau. • 9. Valeur d'une personne, pour un gangster. • 10. Lire en hésitant beaucoup.

117 Orthographe lexicale

trapu	le renv**oi**	un embarg**o**	un démen**ti**
cr**é**pu	un ém**oi**	i**nn**é	un raccour**ci**
l'acajou	un a**tt**roupement	un soubresau**t**	trans**i**
un flé**au**	une entrevue	un racont**ar**	engourd**i**
un étau	l'usure	au dépourv**u**	un insurgé

527 ›› ❶ **Quels noms ci-dessus correspondent à ces verbes ?**
Renvoyer, user, entrevoir, raccourcir, s'insurger, raconter, démentir, s'attrouper.

❷ **Changez les préfixes de ces mots et retrouvez des mots sur fond jaune.**
Sursaut, dégourdi, revue, convoi.

❸ **Remplacez les mots en bleu par des mots sur fond jaune.**
Gilles est *engourdi par le* froid. • Roland est *petit et musclé.* • C'est un don *qu'il avait à la naissance.* • Gina a des cheveux *très frisés.* • Elle a pris *un chemin plus court.* • Le village est en *effervescence.*

❹ **Quels mots sur fond jaune répondent à ces définitions ?**
1. Instrument à mâchoires. • 2. Arbre à bois rougeâtre. • 3. Commérage. • 4. Secousse brusque, imprévue. • 5. Interdiction d'acheter ou de vendre quelque chose à un pays. • 6. Catastrophe.

e**ff**euiller	de bon **au**gure	outré	rajuster
fl**é**chir	à la canto**n**ade	un outrage	bruire
imprégner	à contrecœur	proliférer	palpiter
naturaliser	jusque-**là**	préconiser	se lam**en**ter
subsister	une san**g**sue	méridio**n**al	élaborer

528 ›› ❶ **Écrivez les mots qui sont de la famille de :** laborieux, feuille, juste, nature, bruit, sang, palper, lamentable.

❷ **Relevez les noms obtenus en remplaçant la terminaison des verbes sur fond jaune par l'un de ces suffixes :** -age, -ement, -ation, -ance.

❸ **Complétez ces expressions.**
… la marguerite • … le corps sur le côté • un oiseau de mauvais … .

❹ **Quels mots sur fond jaune sont synonymes de ces verbes ?**
Empailler, recommander, foisonner, frémir, se plaindre, imbiber, rectifier, préparer, survivre.

❺ **Écrivez ces mots en cinq groupes d'antonymes.**
Fléchir, septentrional, se réjouir, à la cantonade, à contrecœur, résister, méridional, en catimini, volontiers, se lamenter.

un cy**p**rès	estropié	un gon**d**	profane
friv**ole**	consterné	le gla**s**	patent**é**
serv**ile**	**h**ébété	un échal**as**	cuivré
la servitude	déconcerté	les frim**as**	leste
une légion	da**mn**é	polaire	fade

529 »

❶ **Trouvez un mot ci-dessus en changeant une lettre à chaque mot.**
Rade, veste, bond, région, molaire, gras, parenté.

❷ **Écrivez les mots qui sont de la famille de :** pôle, serf, certain.

❸ **Quels mots sur fond jaune répondent à ces définitions ?**
1. Pieu en bois qui sert de tuteur. • 2. Complète dépendance. • 3. Une grande quantité. • 4. Qui n'est pas initié. • 5. Brouillard froid et épais, qui dépose du givre. • 6. Tintement d'une cloche pour annoncer un décès. • 7. Conifère.

❹ **Écrivez ces adjectifs en cinq couples de synonymes.**
Maudit, hébété, insipide, damné, alerte, ahuri, fade, consterné, leste, accablé.

l'**am**pleur	la candeur	la **rh**ubarbe	r**ê**che
la stupeur	candide	la **lan**gueur	**â**cre
optimiste	novi**ce**	**lan**guir	opini**â**tre
la ti**é**deur	être dupe	méritoire	la ferveur
une clameur	navigable	légitime	la pudeur

530 »

❶ **Écrivez les noms correspondant à ces adjectifs :** pudique, tiède, candide, ample, optimiste, stupide, opiniâtre, âcre, légitime, méritoire.

❷ **Complétez ces phrases par des mots sur fond jaune.**
Il resta muet de … . • La … de sa réaction prouvait sa naïveté. • Il prétexta qu'il était … pour nous regarder travailler. • Je ne suis pas … de ces mensonges. • Il a fait des efforts … . • Ils priaient avec … . • En ne répondant pas, il nous fait … . • Une … retentit et annonça l'arrivée des coureurs. • Elle prépare une tarte à la … .

❸ **Dans chaque série de mots, il y a un intrus. Lequel et pourquoi ?**
- Clamer, réclamer, décalquer, acclamer.
- Ampleur, emplir, amplitude, ample.
- Opinion, opiner, opiniâtre, pignon, inopiné.
- Rêche, acide, aigre, âcre, acidulé.
- Vitalité, langueur, vivacité, ardeur.

119 Orthographe lexicale

agencer	**imm**inent	une pénit**ence**	la providence
la décaden**ce**	é**m**inent	un pénit**encier**	une conférence
la caden**ce**	influent	une sentence	é**loqu**ent
une révérence	latent	la potence	l'é**loqu**ence
la dili**g**ence	dé**c**ent	un continge**nt**	une semence

531 »

❶ **Quel adjectif correspond à chacun de ces noms ?**
Éloquence, décence, imminence, décadence, influence.

❷ **Écrivez ces mots en cinq couples de la même famille.**
Diligence, latent, agence, éminent, pénitence, diligent, éminence, latence, agent, pénitent.

❸ **Remplacez les mots en bleu par des mots sur fond jaune.**
Il agit avec *empressement.* • Le danger est *très proche.* • J'ai acheté *des graines* de persil. • Le juge a prononcé *son verdict.* • C'est un personnage *remarquable.*

❹ **Quel adjectif qualifie le mieux chaque personnage ?**
Théo est un bon orateur. • Paul est un chercheur connu. • Jules est un ministre. • Marius ne se promène pas en maillot de bain dans les rues.

revendiquer	un fon**ds** *(de commerce)*	un obu**s**	un spectre
abdiquer	le **c**erfeuil	un rubi**s**	le remor**ds**
une embarcation	une trame	le platine	émaner
la signification	la spéculation	un gar**s**	évacuer
l'émancipation	une a**cc**usation	épar**s**	la su**ff**ocation

532 »

❶ **Quel nom correspond à chacun de ces verbes ?**
Accuser, émanciper, suffoquer, signifier, embarquer, spéculer, abdiquer, émaner, évacuer, revendiquer.

❷ **Quels mots sur fond jaune sont les anagrammes de ces mots ?**
Gras, sceptre, plainte, subir, mater *(une révolte).*

❸ **Écrivez les mots désignant :** un métal • un revenant • une pierre précieuse • un sentiment de culpabilité • une plante aromatique • un projectile.

❹ **Quels mots sur fond jaune manquent à ces expressions ?**
Un tapis usé jusqu'à la ... • des cheveux ... • prêter de l'argent à ... perdu • la ... d'un mot • la ... immobilière • payer ... sur l'ongle.

120 Orthographe lexicale

susceptible	se **sc**inder	**sc**eptique	incon**sc**ient
sus**c**iter	un **sc**intillement	un **sc**eptre	con**sc**iencieusement
ressu**sc**iter	quasi	tran**sc**endant	un condi**sc**iple
discerner	quasiment	la pl**é**nitude	précipit**amm**ent
acquie**sc**er	huitièmement	pl**ei**nement	pes**amm**ent

533 ››› ❶ **Relevez les mots contenant sc. Peut-on supprimer la lettre c sans changer la prononciation ?**

❷ **Relevez les adverbes. Écrivez les adjectifs correspondants.**

❸ **Écrivez les mots qui sont de la famille de :** science, plein, peser, huit, précipiter, scintiller, disciple, cerner, citer, perceptible.

❹ **Quels mots sur fond jaune viennent de ces éléments ?**
1. *skêptron* (= bâton) • 2. *skeptikos* (= qui observe, réfléchit).

❺ **Dans les mots sur fond jaune, trouvez un synonyme de :** supérieur, évanoui, totalité, provoquer, presque, promptement, distinguer, sérieusement, consentir, ombrageux.

un sanctu**ai**re	exemplaire	insulaire	précaire
un rep**ai**re	imaginaire	temporaire	téméraire
un calv**ai**re	circulaire	temporairement	abru**pt**
un gre**ff**ier	autoritaire	un tribu**t**	caractéristique
un levier	au demeurant	tributaire	sourdre

534 ››› ❶ **Quels adjectifs correspondent à ces noms ?**
Imagination, tribut, exemple, précarité, autorité, témérité, circulation.

❷ **Quels mots sur fond jaune ont le même radical que ces mots ?**
Rupture, sanctifier, contemporain, lever, péninsule.

❸ **Écrivez ces mots en sept couples de synonymes.**
Précaire, dépendant, temporaire, giratoire, incertain, audacieux, tributaire, escarpé, circulaire, abrupt, provisoire, autoritaire, téméraire, tyrannique.

❹ **Écrivez ces mots en six couples d'antonymes.**
Insulaire, définitif, précaire, téméraire, continental, autoritaire, réel, temporaire, lâche, imaginaire, durable, libéral.

❺ **Relevez les mots sur fond jaune désignant :** celui qui travaille dans un greffe • ce qui sert à lever • un refuge dangereux • ce que fait une source.

121 Orthographe lexicale

une réplique	un butin	se récrier	léguer
répliquer	le trépa**s**	contraindre	relé**g**uer
critiquer	le masti**c**	une violation	rapi**é**cer
débourser	ét**an**cher	scandaliser	agri**pp**er
rebattre	ér**ein**ter	sommer	éb**au**cher

535 ››› ❶ **Écrivez les verbes correspondant à :** pièce, cri, scandale, bourse, critique, trépas, butin, contrainte, mastic.

❷ **Écrivez ces mots en six couples de la même famille.**
Agripper, déléguer, étanche, violation, grippe, embaucher, éreinter, léguer, rein, étang, violent, ébaucher.

❸ **Changer les préfixes pour retrouver des verbes sur fond jaune.**
Embaucher, déléguer, rembourser, expliquer, abattre, s'écrier.

❹ **Quel verbe manque-t-il dans chacune de ces expressions ?**
… les oreilles • … un plan • … sa soif • sans … un sou • … un livre avec malveillance • … l'ennemi à se rendre • … un pantalon • s'… à un travail • … sèchement.

la **psycho**logie	la **physio**logie	un tyran	un tobo**gg**an
un psych**iatre**	une **physio**nomie	la tyra**nn**ie	les am**yg**dales
une p**y**ramide	un **gym**nase	mart**y**riser	as**phyx**ié
le zéph**yr**	le r**yth**me	un acol**yte**	anon**yme**
le hock**ey**	un ra**bb**in	une **say**nète	a**th**ée

536 ››› ❶ **Relevez les mots qui contiennent ces éléments.**
1. *physi* (= nature). • 2. *psych* (= âme, esprit). • 3. *onym* (= nom). • 4. *iatre* (= médecin). • 5. *a-* (préfixe privatif, sens négatif) + *thé(o)* (= dieu).

❷ **Écrivez ces mots en six couples de mots de sens voisin.**
Acolyte, cadence, sketch, asphyxie, athée, saynète, physionomie, rythme, complice, incroyant, expression, étouffement.

❸ **Quels mots sur fond jaune répondent à ces définitions ?**
1. Permet d'éviter un carrefour. • 2. Chef religieux d'une communauté juive. • 3. Dont la respiration s'est arrêtée. • 4. Pouvoir absolu et cruel. • 5. Se joue sur glace ou sur gazon. • 6. Non signé. • 7. Persécuter. • 8. Vent doux et agréable. • 9. Étude du fonctionnement des organes. • 10. Glandes situées dans la gorge.

122 Orthographe lexicale

opportun	un tamis	le pou**ls**	un fouil**lis**
importun	un lambr**is**	une impu**ls**ion	une gi**f**le
importuner	la con**c**ision	un torticol**is**	un lin**ceul**
épr**is**	une an**s**e	**h**ormis	un iceberg
l'ét**ain**	l'ami**ante**	soumis	la ouate

537 ›››

❶ **Écrivez les mots qui peuvent se mettre au féminin.**

❷ **Relevez les mots désignant :** un outil • un métal • un châtiment corporel • une douleur • une masse de glace.

❸ **Écrivez ces mots en huit couples de synonymes.**
Docile, amoureux, fouillis, opportun, anse, concision, importun, soumis, propice, poignée, ouate, indiscret, épris, fatras, brièveté, coton.

❹ **Quels mots sur fond jaune répondent à ces définitions ?**
1. Façon de s'exprimer claire et brève. • 2. Fibres blanches et brillantes, dangereuses pour la santé. • 3. Battement des artères. • 4. Permet de prendre la tasse. • 5. Revêtement décoratif. • 6. Gêner, déranger. • 7. Qui vient à propos. • 8. Toile des morts. • 9. Excepté. • 10. Sorte de passoire.

avoir tor**t**	un pro**ph**ète	ex**h**orter	engendrer
un ca**h**ot	une **th**èse	une ex**h**ibition	l'extase
ca**h**oter	une syn**th**èse	excusable	un **h**oquet
la co**h**ésion	enfouir	s'ébattre	une **h**érésie
une appré**h**ension	délier	défricher	des intempéries

538 ›››

❶ **Quels noms correspondent à ces verbes ?**
Cahoter, exhiber, appréhender, hoqueter, s'extasier.

❷ **Écrivez les mots sur fond jaune qui sont de la famille de :** friche, lien, température, prophétie, tortueux, excuser, hérétique, cohérent.

❸ **Relevez les mots désignant :** un exposé qui réunit les éléments d'un ensemble • une doctrine condamnée par une église • de mauvaises conditions atmosphériques.

❹ **Écrivez ces mots en dix groupes de trois synonymes.**
Crainte, ensevelir, créer, opinion, cohésion, appréhension, produire, batifoler, exhorter, inquiétude, ravissement, cahot, folâtrer, inciter, enfouir, présentation, contemplation, thèse, heurt, union, exhibition, extase, s'ébattre, encourager, secousse, unité, engendrer, enterrer, doctrine, exposition.

123 Orthographe lexicale

une issue	ressortir	dissimuler	empirer
une contrebasse	ressaisir	dessouder	une admission
un contrepoison	ressemeler	gager	une omission
épousseter	renier	une pèlerine	omettre
esquisser	ruminer	immuable	un entremets

539 ›››

❶ **Écrivez les verbes qui sont de la famille de :** poussière, simulateur, saisie, semelle, esquisse, gage, reniement, omission, soudure, pire.

❷ **Écrivez les mots qui ont un préfixe que l'on peut supprimer pour obtenir un autre mot.**

❸ **Dans les mots sur fond jaune, trouvez un synonyme de :** constant, parier, ébaucher, masquer, remâcher, désavouer, sortie, antidote, oubli.

❹ **Quels mots sur fond jaune répondent à ces définitions ?**
1. Sorte de manteau sans manches. • 2. Plat sucré cuisiné qui se sert après le fromage. • 3. Aller de mal en pis. • 4. Le plus grave des instruments à cordes. • 5. Action d'admettre quelqu'un.

la véhémence	le camphre	abhorrer	hiverner
surhumain	un saxophone	exhaler	un imam
la bohème	un harmonica	haletant	une chaloupe
la philosophie	un harnais	ahuri	une chicane
l'emphase	un hamac	des hardes	un chérubin

540 ›››

❶ **Relevez les mots dans lesquels on peut supprimer la lettre h sans changer leur prononciation.**

❷ **Quels mots répondent à ces définitions ?**
1. Équipement d'un animal de travail. • 2. Instrument de musique inventé par Antoine Joseph Sax. • 3. Vêtements usagés. • 4. Enfant gracieux. • 5. Lit suspendu. • 6. Chef religieux d'une communauté musulmane. • 7. Surpris, stupéfait. • 8. Conception du monde et de la vie. • 9. Substance aromatique. • 10. Exagération dans la façon de parler.

❸ **Dans chaque série de mots, il y a un intrus. Lequel ?**
- Fougue, passion, froideur, véhémence.
- Détester, adorer, abhorrer, haïr.
- Inhaler, exhaler, surhumain, haletant, inhumain.

124 Orthographe lexicale

aberrant	vénérer	explorer	coopérer
une expansion	la vénération	la modération	la coopération
adhérer	une inclination	une consécration	condenser
l'adhérence	ci-gît*	la continuation	délibérer
héler	articuler	une compensation	énumérer

541 ››› **1 Quels noms terminés par -tion correspondent à ces verbes ?**
Coopérer, articuler, condenser, explorer, consacrer, délibérer, incliner.

2 À quels verbes correspondent ces noms ?
Modération, compensation, continuation, vénération, adhérence.

3 Écrivez les mots qui sont de la famille de : dense, sacre, numéro, errer, libre, gésir, moderato.

4 Dans chaque série de mots, il y a un intrus. Lequel ?
- Considération, mépris, vénération, respect, adoration.
- Affection, amour, condensation, inclination, attachement.
- Appeler, héler, explorer, apostropher, crier.
- Compenser, indemniser, dédommager, énumérer.

l'anarchie	un homicide	une biographie	la nef
la démocratie	un parricide	un ecclésiastique	un orateur
démocratique	un suicide	un dahlia	un orifice
le magnétisme	un diagramme	une polémique	un orfèvre
un palmipède	la gratitude	un hortensia	une relique

542 ››› **1 Relevez les mots ci-dessus qui contiennent ces éléments.**
1. *cide* (= tuer). • 2. *démo* (= peuple). • 3. *arch* (= pouvoir). • 4. *gramm* (= écrit, tracé). • 5. *crat* (= gouverner). • 6. *graph* (= écriture). • 7. *polém* (= guerre). • 8. *bio* (= vie). • 9. *an-* (= sens négatif). • 10. *pède* (= pied).

2 Quels mots sur fond jaune répondent à ces définitions ?
1. Sentiment de reconnaissance. • 2. Objet religieux ancien devenu sacré. • 3. Ouverture. • 4. Entre le chœur et le portail, dans une église. • 5. Propriété des aimants. • 6. Arbustes à fleurs.

3 Qui sont-ils ? La réponse figure dans les mots sur fond jaune.
Julien est membre du clergé. • Gabriel aime parler à la tribune. • Œdipe tua sa mère. • Merlin fabrique des coupes en argent. • Zita est une petite mouette.

* Cf. pages 241-243.

125 Orthographe lexicale

impartial	le c**h**lore	la térében**th**ine	une futaie
immoral	l'ant**h**racite	un **rh**ododendron	la gl**ai**se
décimal	furtif	a**pp**roximatif	puéril
ordinal	oisif	les **hall**es	subtil
agre**ss**if	rétif	des **hall**ucinations	ignoble

543 ›››

❶ **Relevez les mots qui ont un h. Précisez quand il est utile pour marquer la prononciation.**

❷ **Dans les mots ci-dessus, trouvez un antonyme de :** pacifique, moral, adulte, docile, exact, partial, laborieux.

❸ **Dans les mots sur fond jaune, trouvez un synonyme de :** perspicace, corrompu, désœuvré, discret, récalcitrant, enfantin, objectif, odieux, visions, argile.

❹ **Quels mots sur fond jaune répondent à ces définitions ?**
1. Qui marque le rang. • 2. Forêt de grands arbres. • 3. Se dit du système qui compte par dix. • 4. Marché couvert d'une ville. • 5. Nom de résines de conifères. • 6. Pas tout à fait exact.

l'avari**c**e	défectueux	l'inertie	l'érudition
avari**c**ieux	présomptueux	un fr**ê**ne	la diction
judi**c**ieux	la présomption	abject	l'abstraction
circonstan**c**iel	exem**pt**	provin**c**ial	en faction
superfi**c**iel	une exem**pt**ion	un roman**c**ier	le substit**ut**

544 ›››

❶ **Relevez les mots dans lesquels t se prononce /s/.**

❷ **Écrivez les noms terminés par -tion correspondant à :** dire, abstraire, exempter, substituer, défectueux, présumer.

❸ **Quels adjectifs correspondent à ces noms ?**
Avarice, inertie, défection, abjection, érudition, province, superficie, circonstance.

❹ **Par quels mots sur fond jaune remplacer les mots en bleu ?**
Être *auteur de romans* • un meuble *en bois clair* • une décision *pertinente* • une *dispense* d'impôts • une brûlure *sans gravité* • un garçon *orgueilleux* • un chantage *ignoble* • Une *supposition* n'est pas une preuve. • un soldat *qui monte la garde*.

126 Orthographe lexicale

châtier	une bâche	infâme	à coup sûr
un châtiment	une bâtisse	une infamie	**soi**-disant
en **hâ**te	se pâmer	un râle	à clair**e**-voi**e**
un nar**c**isse	la pâture	un châle	débo**nn**aire
une jacin**th**e	un géranium	un c**y**clamen	un aiguillon

545 ››› ❶ **Quels noms correspondent à ces verbes ?**
Châtier, râler, paître, bâtir, se hâter, bâcher, aiguillonner.

❷ **Dans chaque série de mots, il y a un intrus. Lequel et pourquoi ?**
- Châle, bâche, écharpe, fichu.
- Râle, ralentir, râler, râleur.
- Hangar, pâture, bâtisse, abri.
- Se pâmer, s'évanouir, défaillir, châtier.
- Infamie, honte, orgueil, déshonneur.
- Doux, cruel, indulgent, débonnaire.

❸ **Quels mots sur fond jaune répondent à ces définitions ?**
1. Fleurs. • 2. Qui laisse passer la lumière. • 3. Méprisable. • 4. Prétendu. • 5. Sûrement. • 6. Pour protéger quelque chose. • 7. Punition. • 8. Nourriture des animaux.

une pleurésie	la ty**ph**oïde	le diabète	le **ch**oléra
une pneumonie	pa**th**étique	la diète	l'e**cz**éma
la di**ph**térie	antipa**th**ique	le fiel	h**y**giénique
la mélancolie	sympa**th**iser	la bile	h**y**stérique
une ga**z**ette	l'é**th**er	un zigzag	une ri**z**ière

546 ››› ❶ **Relevez les mots qui ont un z, puis indiquez ceux pour lesquels z est la seule lettre possible pour marquer la prononciation /z/.**

❷ **Quels noms de maladies figurent dans les mots ci-dessus ?**

❸ **Écrivez les mots qui sont de la famille de :** riz, pneumatique, hygiène, sympathique, diététique.

❹ **Quels mots sur fond jaune répondent à ces définitions ?**
1. Maladie de la peau. • 2. Liquide volatil autrefois utilisé pour l'anesthésie. • 3. Liquide sécrété par le foie humain. • 4. État de profonde tristesse. • 5. Titre donné à certains journaux. • 6. Privation de nourriture. • 7. Bile chez les animaux. • 8. Surexcité, frénétique. • 9. Ligne brisée. • 10. Déplaisant, désagréable.

Révisions

- Les exercices de révision sont regroupés en **dix fiches indépendantes**, présentées dans un ordre croissant de difficulté. Chaque **texte à étudier** est **suivi de questions** qui entraînent les élèves à appliquer ce qu'ils ont appris. Il peut aussi être donné en dictée.

- Lire attentivement le texte avant de commencer à répondre aux questions posées. Les principales règles révisées sont indiquées. Les élèves peuvent ainsi revoir une règle avant de faire un exercice, ou bien la réviser après, en cas d'erreur.

- Chaque fiche peut être notée sur 20. Le barème est indiqué dans les corrigés.

- Ces fiches de révision sont suivies de dictées.

1 Fiche de révision

TEXTE À ÉTUDIER.

Gavroche. Il répondait à chaque décharge par un couplet. On le visait sans cesse, on le manquait toujours. Les gardes nationaux et les soldats riaient en l'ajustant. Il se couchait, puis se redressait, s'effaçait dans un coin de porte, puis bondissait, disparaissait, reparaissait, se sauvait, revenait, ripostait à la mitraille par des pieds de nez, et cependant pillait les cartouches, vidait les gibernes et remplissait son panier. Les insurgés, haletants d'anxiété, le suivaient des yeux. La barricade tremblait ; lui, il chantait. Ce n'était pas un enfant, ce n'était pas un homme ; c'était un étrange gamin fée. [...]
Une balle pourtant, mieux ajustée ou plus traître que les autres, finit par atteindre l'enfant feu follet. On vit Gavroche chanceler, puis il s'affaissa. Toute la barricade poussa un cri.

Victor Hugo, *Les Misérables*.

1 Vocabulaire.

Règles 1, 8

❶ Trouvez dans le texte les synonymes de : *viser*, *répliquer*, *projectile*, *sacoche de cartouches*, *rebelles*, *vaciller*.
❷ Quels sont les adjectifs correspondant aux noms : *anxiété*, *pied*, *enfant*, *homme* ?
❸ Relevez un mot de la famille de : *juste*, *insurrection*, *barrique*, *nation*.

2 Grammaire et orthographe.

Règles 22, 37, 51, 60

❶ Justifiez l'accord des mots en bleu : *le suivaient des yeux* • *haletants d'anxiété* • *mieux ajustée*.
❷ Quels sont les verbes pronominaux du texte ?
❸ Relevez les verbes, depuis « *Les gardes* » jusqu'à « *panier* ». Précisez à quel mode et à quel temps ils sont utilisés. Pourquoi ?
❹ Quel temps Victor Hugo emploie-t-il dans les trois dernières phrases ? Précisez la valeur de ce temps.

3 Réécriture.

Règles 58, 60

❶ Réécrivez la quatrième phrase au passé simple.
❷ En quoi le résultat que vous avez obtenu avec le passé simple est-il différent de l'effet voulu par Victor Hugo ?

Corrigé p. 237 ... /10

2

Fiche de révision

TEXTE À ÉTUDIER.

Seul dans la tour. L'entêtement du Comte de Chateaubriand à faire coucher un enfant seul au haut d'une tour pouvait avoir quelque inconvénient : mais il tourna à mon avantage. Cette manière violente de me traiter me laissa le courage d'un homme, sans m'ôter cette sensibilité d'imagination dont on voudrait aujourd'hui* priver la jeunesse. Au lieu de chercher à me convaincre qu'il n'y avait point de revenants, on me força de les braver. Lorsque mon père me disait avec un sourire ironique : « Monsieur le chevalier aurait-il peur ? » il m'eût fait coucher avec un mort.
[…] Mon succès fut si complet que les vents de la nuit, dans ma tour déshabitée, ne servaient que de jouets à mes caprices et d'ailes à mes songes.

* 1817

Chateaubriand, *Mémoires d'outre-tombe.*

4 Vocabulaire.

Règles 8, 16

❶ Quels mots du texte sont synonymes de : *moqueur, rêve, obstination, fantôme, persuader, déserte* ?
❷ Relevez des antonymes de : *dissuader, avantage, apaisant, ajouter.*
❸ Citez deux homonymes de *comte*, de *sans* et de *père*. Écrivez-les dans une expression qui en éclairera le sens.
❹ Réécrivez les passages contenant un infinitif du 1er groupe, en le remplaçant par un verbe de sens voisin : *vouloir, combattre, détruire, déposséder, dormir, agir*. Ajustez les phrases si nécessaire.

5 Grammaire et orthographe.

Règles 31, 58, 67, 76

❶ Quel groupe nominal représente chaque pronom **il** ? Que remarquez-vous ?
❷ Justifiez le singulier de *quelque inconvénient.*
❸ Trois verbes conjugués ne sont pas à l'indicatif. Écrivez leur infinitif, puis dites à quel mode et à quel temps chacun d'eux est employé.
❹ Relevez les verbes du texte employés au passé simple, avec leur groupe sujet.

6 Réécriture.

Règles 18, 37

Imaginez que cette histoire soit racontée par deux garçons. Comment écririez-vous le passage : « *Au lieu de* » jusqu'à « *mort* » ?

… /20

3 Fiche de révision

TEXTE À ÉTUDIER.

Au grenier. Jeanne monta, un jour, dans le grenier. Elle demeura saisie d'étonnement ; c'était un fouillis d'objets de toute nature, les uns brisés, les autres salis seulement, les autres montés là on ne sait pourquoi, parce qu'ils ne plaisaient plus, parce qu'ils avaient été remplacés. Elle apercevait mille bibelots connus jadis et disparus tout à coup sans qu'elle y eût songé, des riens qu'elle avait maniés, ces vieux petits objets insignifiants qui avaient traîné quinze ans à côté d'elle, qu'elle avait vus chaque jour sans les remarquer, et qui, tout à coup, retrouvés là, dans ce grenier à côté d'autres plus anciens dont elle se rappelait parfaitement les places aux premiers temps de son arrivée, prenaient une importance soudaine de témoins oubliés, d'amis retrouvés.

Guy de Maupassant, *Une vie*.

7 Vocabulaire.

Règles 5, 6, 8

❶ Relevez les trois mots terminés par *-ment*. Quelle est leur nature ? Sont-ils construits à partir d'un verbe ou d'un adjectif ?

❷ Quels mots du texte pourraient être remplacés par : *petits objets décoratifs, entassement, autrefois, sans valeur* ?

❸ Écrivez ces mots en cinq couples de la même famille : *témoignage, main, farfouiller, grain, signe, manier, témoin, insignifiant, fouillis, grenier.*

8 Grammaire et orthographe.

Règles 36, 39, 41, 42, 61

❶ Justifiez les accords des mots : *saisie*, *brisés*, *salis*, *riens*, *premiers*.

❷ À quel mode et à quel temps est employé le verbe *remplacer* ?

❸ Relevez les verbes conjugués avec l'auxiliaire *avoir* et justifiez l'orthographe du participe passé pour chacun d'eux.

❹ Pourquoi l'auxiliaire *avoir* a-t-il un accent circonflexe dans « *elle y eût songé* » ?

9 Réécriture.

Règles 21, 37, 54, 55

❶ Imaginez que le texte se passe au moment présent : *Jeanne monte.* Réécrivez les verbes qui seraient modifiés, avec leurs sujets.

❷ Si le premier mot du texte était remplacé par *Jeanne et Paul*, quels passages seraient modifiés ? Écrivez-les.

Corrigé p. 237 … /10

4 Fiche de révision

TEXTE À ÉTUDIER.

À la scierie. En approchant de son usine, le père Sorel appela Julien de sa voix de stentor ; personne ne répondit. Il ne vit que ses fils aînés, espèce de géants qui, armés de lourdes haches, équarrissaient les troncs de sapins, qu'ils allaient porter à la scie. Ils n'entendirent pas la voix de leur père. Celui-ci se dirigea vers le hangar ; en y entrant, il chercha vainement Julien à la place qu'il aurait dû occuper, à côté de la scie. Il l'aperçut à cinq ou six pieds plus haut, à cheval sur l'une des pièces de la toiture. Au lieu de surveiller attentivement l'action et tout le mécanisme, Julien lisait. Rien n'était plus antipathique au vieux Sorel. Il eût peut-être pardonné à Julien sa taille mince, peu propre aux travaux de force, et si différente de celle de ses aînés ; mais cette manie de lecture lui était odieuse, il ne savait pas lire lui-même.

Stendhal, *Le Rouge et le Noir.*

10 Vocabulaire.

Règles 6, 8, 11

❶ Écrivez ces mots par groupes de trois, selon leur sens : *forte, hangar, tailler, de stentor, exécrable, bâtiment, équarrir, charpenter, atelier, odieux, retentissante, détestable.*

❷ Trouvez dans le texte :
- un adverbe de la famille de ces adjectifs : *vain, attentif.*
- un antonyme de ces mots : *agréable, s'éloigner, abandonner, punir.*
- un synonyme de : *poutre, sans succès, insupportable.*

❸ Écrivez les noms correspondant à ces adjectifs. Quel est l'intrus ? *Lourd, propre, vieux, antipathique, mince, différent, odieux, attentif.*

❹ Quel est le sens des éléments formant le mot « *antipathique* » ? Écrivez son contraire.

11 Grammaire et orthographe.

Règles 58, 69, 72

❶ Relevez les verbes qui sont au passé simple en les groupant suivant la terminaison de leur infinitif.

❷ Quels verbes sont au conditionnel ou ont le sens d'un conditionnel ?

❸ Écrivez l'infinitif du verbe *équarrissaient*. Se conjugue-t-il comme *finir*, *dormir* ou *sourire* ?

12 Réécriture.

Règles 36, 37

Réécrivez le début du texte au présent de l'indicatif (jusqu'à « *la voix de leur père* ») en imaginant que le père Sorel n'a que deux fils, Julien étant le cadet.

… /20

5 Fiche de révision

TEXTE À ÉTUDIER.

Le corridor de la tentation. Un huissier vint chercher et introduire chaque candidat, l'un après l'autre, par ce passage dans lequel on le laissait seul quelques minutes. Le roi [...] avait étalé tous ses trésors dans cette galerie. Lorsque tous les prétendants furent arrivés dans le salon, Sa Majesté ordonna qu'on les fît danser. Jamais on ne dansa plus pesamment et avec moins de grâce ; ils avaient tous la tête baissée, les reins courbés, les mains collées à leurs côtés. « Quels fripons ! » disait tout bas Zadig. Un seul d'entre eux formait des pas avec agilité, la tête haute, le regard assuré, les bras étendus, le corps droit, jarret ferme. « Ah ! l'honnête homme ! le brave homme ! » disait Zadig. Le roi embrassa ce bon danseur, le déclara trésorier, et tous les autres furent punis [...] car chacun, dans le temps qu'il avait été dans la galerie, avait rempli ses poches et pouvait à peine marcher.

Voltaire, *Zadig ou la Destinée*.

13 Vocabulaire.

Règles 1, 3, 6, 8

❶ Trouvez dans le texte un mot de la famille de : *prétendre, ordre, sûr, huisserie, bras, conduire*.

❷ À partir de quel adjectif est formé l'adverbe du texte terminé par *-ment* ?

❸ Reconstituez sept mots du texte avec ces radicaux et ces suffixes : *tent, ête, candid, côt, ité, trésor, age, agil, at, pass, ier, ation, honn, é*.

14 Grammaire et orthographe.

Règles 29, 57, 58, 61, 74

❶ Complétez par quatre mots qui se prononcent /tɑ̃/ : *Des pièces d'or ? Le fripon a eu le ... de ... voler ... que sa poche se ... à s'en déchirer.*

❷ Relevez les verbes qui sont à l'indicatif. Regroupez-les suivant le temps utilisé, en les écrivant chaque fois avec leur sujet.

❸ Dans la phrase commençant par « *Sa Majesté* », quel est l'infinitif du second verbe ? À quel mode et à quel temps est-il employé ? Réécrivez cette phrase en remplaçant « *ordonna* » par « *ordonne* ».

❹ Donnez la nature des mots *tout* et *tous* du texte, en justifiant leur orthographe.

15 Réécriture.

Règles 24, 36, 40

Imaginez que les candidats soient des femmes, puis réécrivez le passage qui va de « *ils avaient tous la tête baissée* » jusqu'à « *punis* ».

Corrigé p. 238 ... /20

6 Fiche de révision

TEXTE À ÉTUDIER.

Le petit train. Le petit train d'utilité locale s'arrête quand il veut, quand les voyageurs lui font signe. [...] Aux passages à niveau, point de barrières. Le train donne aux rares voitures le temps nécessaire, regarde prudemment à droite et à gauche, siffle longuement, s'assure s'il n'y a plus personne, et repart. [...] À chaque gare, il s'amuse, lâche un wagon, en accroche un autre, en tamponne un troisième par mégarde, feint de manœuvrer, et, vite essoufflé, se désaltère à la prise d'eau. [...]
Le médecin de Talléhou, dont la clientèle est dispersée sur la ligne, fait ses visites aux stations, entre l'arrivée et le départ. Il saute de wagon, arrache une dent, tâte un pouls, et accourt en agitant son chapeau. Le chef de gare siffle ; le chef de train siffle aussi ; la locomotive siffle à son tour, et le petit train familier s'ébranle.

Jules Renard, *L'Écornifleur*.

16 Vocabulaire.

Règles 1, 6, 8

❶ Écrivez les deux adverbes terminés par *-ment*, puis les deux adjectifs à partir desquels ils sont construits.
❷ On peut trouver sept radicaux dans ces six mots. Lesquels ?
Barrière, essoufflé, manœuvrer, arrivée, utilité, accroche.
❸ Écrivez un mot qui justifie les lettres muettes de : *pouls*, *niveau*, *chapeau*, *client*, *dent*.
❹ Ces mots s'écrivent avec un **h**, comme *Talléhou*. Pourtant, l'un d'eux est un intrus à cause de son **h**. Lequel et pourquoi ?
dahlia, luth, chorale, synthèse, thym, ahuri, théorie, esthétique.

17 Grammaire et orthographe.

Règles 40, 54

❶ Écrivez l'infinitif de : *feint, se désaltère, accourt*. Justifiez leur terminaison.
❷ À quel mode et à quel temps sont employés les verbes du texte ? Quelle est la valeur de ce temps ?
❸ Justifiez l'accord du participe passé *dispersée*.

18 Réécriture.

Règles 56, 57

❶ Imaginez que l'auteur soit un contemporain qui évoque les petits trains d'autrefois. Réécrivez ainsi le début du texte, jusqu'à « *repart* ».
❷ Imaginez ensuite que l'auteur soit un réalisateur qui décrit ce qu'il filmera. Réécrivez ainsi le second paragraphe jusqu'à « *chapeau* ».

... /20

7

Fiche de révision

TEXTE À ÉTUDIER.

Timidité. Elle ne se doutait pas qu'il était en train d'adorer sa gaucherie et qu'il gardait le silence pour la faire durer. Lèvres tremblantes, elle lui proposa une tasse de thé. Il accepta avec impassibilité. Guindée, les joues enflammées, elle versa du thé sur le guéridon, dans les soucoupes, et même dans les tasses, demanda pardon, tendit ensuite d'une main le petit pot à lait et de l'autre les rondelles de citron. Laine ou coton ? demanda-t-elle. Il eut un rire et elle osa le regarder. Il eut un sourire et elle lui tendit les mains. Il les prit et il plia le genou devant elle. Inspirée, elle plia les genoux devant lui, et si noblement qu'elle renversa la théière, les tasses, le pot à lait et toutes les rondelles de citron. Agenouillés, ils se souriaient, dents éclatantes, dents de jeunesse. Agenouillés, ils étaient ridicules, ils étaient fiers et beaux, et vivre était sublime.

Albert Cohen, *Belle du Seigneur*.

19 Vocabulaire.

Règles 1, 2, 3, 17

❶ Quels mots ou expressions peuvent s'appliquer à la jeune femme ? *Maladroite, audacieuse, embarrassée, spontanée, sans éducation, manquant de naturel, prétentieuse, gauche, orgueilleuse, sotte.*

❷ Que voulait dire la jeune femme par *laine ou coton* ?
Suivant le même principe, trouvez dans le texte les paronymes de : *abhorrer, guérison, guidée, aspirée* et *impossibilité.*

❸ Reconstituez dix mots du texte à partir de ces préfixes, radicaux et suffixes : *gauch, ation, elle, mand, illé, rire, noble, en, rond, er, sou, ment, esse, r, erie, ac, en, vers, jeun, a, flamm, ées, cept, de, genou, er.*

20 Grammaire et orthographe.

Règles 23, 36, 57, 58, 60

❶ Dans quelles expressions rencontre-t-on les pronoms compléments *le, la* ou *les* ? Que représentent-ils ?

❷ L'auteur emploie deux temps de l'indicatif dans ce passage. Lesquels ? Quelle est la valeur de ces temps ?

❸ Relevez les adjectifs qualificatifs et les participes passés qui portent une marque du pluriel. Justifiez chaque fois l'accord.

21 Réécriture.

Règle 58

Imaginez que la jeune fille raconte elle-même son aventure. Réécrivez ainsi, à la première personne du singulier, le début du texte, à partir de « *Lèvres tremblantes* » jusqu'à « *regarder* ».

Corrigé p. 238 ... /20

Fiche de révision

TEXTE À ÉTUDIER.

Le coiffeur. Un jour – j'avais sept ans – mon grand-père n'y tint plus : il me prit par la main, annonçant qu'il m'emmenait en promenade. Mais, à peine avions-nous tourné le coin de la rue, il me poussa chez le coiffeur en me disant : « Nous allons faire une surprise à ta mère. » [...] Les coups de théâtre faisaient mon petit ordinaire et je regardai avec bienveillance les boucles rouler le long de la serviette blanche qui me serrait le cou et tomber sur le plancher, inexplicablement ternies ; je revins glorieux et tondu. Il y eut des cris mais pas d'embrassement et ma mère s'enferma dans sa chambre pour pleurer : on avait troqué sa fillette contre un garçonnet. Il y avait pis : tant qu'elles voltigeaient autour de mes oreilles, mes belles anglaises lui avaient permis de refuser l'évidence de ma laideur. [...] Il fallut qu'elle s'avouât la vérité. Mon grand-père semblait lui-même tout interdit ; on lui avait confié sa petite merveille, il avait rendu un crapaud.

Jean-Paul Sartre, *Les Mots*.

22 Vocabulaire.

Règles 5, 6, 8

1 Quelles expressions du texte ont le sens de : *les surprises, fier, échangé, mes boucles, stupéfait, étaient fréquents* ?

2 Il y a deux mots en *-ment*. Indiquez leur nature. De quels mots viennent-ils ?

3 Écrivez les mots du texte qui sont de la famille de : *servir, mener, planche, veiller, gloire, fermer, garçon*.

23 Grammaire et orthographe.

Règles 39, 41, 63, 70, 74

1 Que représente le pronom *elles* dans *qu'elles voltigeaient* ?

2 Justifiez l'accord ou l'absence d'accord de ces mots : *tourné, faisaient, ternies, tondu, permis, interdit*.

3 À quels temps de l'indicatif sont employés les verbes : *pousser, s'enfermer, voltiger, troquer et confier* ? Justifiez l'usage de ces temps.

4 À quel mode et à quel temps est le verbe *s'avouer* ? Expliquez pourquoi. Réécrivez la phrase en la situant au moment présent.

24 Réécriture.

Règles 58, 59

Réécrivez les deux premières phrases en imaginant que vous êtes le narrateur et que vous emmenez votre petit-fils chez le coiffeur.

... /20

9 Fiche de révision

TEXTE À ÉTUDIER.

Le livre de chimie. Je n'avais encore que treize ans, mais je proteste qu'aucun étudiant jamais ne plongea dans ce livre avec plus d'activité que je ne fis. Il va sans dire, toutefois, qu'une partie de l'intérêt que je prenais à cette lecture tenait aux expériences que je me proposais de tenter. J'admire encore que ma mère m'ait laissé faire ; soit qu'elle ne se rendît pas nettement compte des risques que couraient les murs, le plancher et moi-même, ou peut-être estimant qu'il valait la peine de les courir s'il devait en sortir pour moi quelque profit, elle mit à ma disposition, hebdomadairement, une somme assez rondelette que j'allais aussitôt dépenser en tubes, cornues, éprouvettes, sels, métalloïdes et métaux, acides enfin, dont certains, je m'étonne aujourd'hui qu'on consentît à me les vendre. Il arriva nécessairement qu'un beau matin le récipient dans lequel je fabriquais de l'hydrogène m'éclata au nez…

André Gide, *Si le grain ne meurt.*

25 Vocabulaire.

Règles 6, 8, 11

❶ Quels noms du texte correspondent aux verbes : *intéresser, étudier, expérimenter, profiter, disposer* ?
❷ Relevez les adverbes en *-ment*. À quels adjectifs correspondent-ils ?
❸ Quels mots du texte pourraient être remplacés par ces synonymes ? *Cependant, inévitablement, plutôt, immédiatement, exploser.*
❹ Écrivez les sept mots du texte formés avec un élément que l'on retrouve dans : *oxygène, bientôt, astéroïde, parfois, aigrelette, nervosité, désormais.*

26 Grammaire et orthographe.

Règles 37, 58, 60, 72, 74

❶ Quel est le sujet des verbes : *tenir, courir, éclater* ?
❷ Relevez les verbes du texte employés à un temps simple du passé, en indiquant lequel. Précisez la fonction de chacun de ces temps.
❸ Quels verbes du texte sont au mode subjonctif ? Écrivez leur infinitif et précisez le temps de chacun d'eux.
❹ Pourquoi l'auteur emploie-t-il deux temps de l'indicatif différents dans la dernière phrase ?

27 Réécriture.

Règles 37, 74

Réécrivez le passage « *J'admire* » jusqu'à « *rondelette* » en remplaçant « ma mère » par « mes parents ».

Corrigé p. 239 … /20

Fiche de révision

TEXTE À ÉTUDIER.

Les guerriers. Si l'un d'eux capturait un renard des sables encore jeune et qu'il pût nourrir de ses mains, il le nourrissait [...], et le renard des sables chaque jour lui devenait plus précieux de s'enrichir de ses poils soyeux et de son espièglerie et surtout de ce besoin de nourriture qui exigeait si impérieusement la sollicitude du guerrier. Et celui-là vivait de l'illusion vaine de faire passer de lui au petit animal quelque chose de soi comme si l'autre était nourri, formé et composé de son amour.
Puis un jour s'échappait dans le sable le renard appelé par l'amour, qui vidait d'un coup le cœur de l'homme. [...] Et me revint à la mémoire, quand nous apprîmes sa mort, la phrase mystérieuse qu'il avait prononcée après la fuite de son renard, lorsque ses compagnons [...] lui avaient suggéré d'en capturer un autre : « Il faut trop de patience, avait-il répondu, non pour le prendre mais pour l'aimer. »

Saint-Exupéry, *Citadelle.*

28 Vocabulaire.

Règles 1, 2, 3, 8

❶ Relevez les mots de la même famille que : *riche, soie, mystère, espiègle, solliciter, impérial, nourrir, prix.*
❷ Écrivez les noms qui font référence à des êtres vivants.
❸ Quels mots du texte sont synonymes de ces mots ?
Soins attentifs, proposer, attraper, malice, rêve.
❹ Retrouvez sept mots du texte à partir de ces préfixes, radicaux et suffixes. Un même élément peut être utilisé plus d'une fois.
Pro, com, pos, il, chapp, de, gér, ir, ap, ion, ven, pel, lus, er, nonc, sug, é.

29 Grammaire et orthographe.

Règles 41, 42, 58, 61, 74

❶ Quels verbes sont au plus-que-parfait de l'indicatif ? Écrivez-les avec leur sujet et justifiez l'emploi de ce temps.
❷ Deux verbes portent un accent circonflexe. À quel mode et à quel temps sont-ils employés ? Justifiez ces emplois.
❸ Expliquez l'accord de ces participes passés : *composé, prononcée, suggéré, répondu.*

30 Réécriture.

Règles 36, 37, 74

Imaginez que c'étaient des guerrières qui capturaient des renards. Le texte commencerait ainsi : *Si plusieurs*... . Continuez jusqu'à *« espièglerie ».*

... /20

DICTÉES

■ Les vingt dictées qui suivent, extraites d'œuvres de grands auteurs, ont été essentiellement choisies en fonction de leur intérêt orthographique. Elles sont présentées dans un ordre croissant de longueur et de difficulté.

■ Différents types de dictées sont possibles :

- la **dictée préparée** : avant la dictée, le professeur attire l'attention de ses élèves sur les difficultés qu'ils vont rencontrer, pose ou incite à poser des questions qui peuvent provoquer des éclaircissements ;
- la **dictée dirigée** : au fur et à mesure qu'il dicte, le professeur guide la réflexion de ses élèves sur les points où ils risqueraient de se tromper ;
- la **dictée-copie** : les élèves écrivent, au rythme où on le leur dicte, un texte qu'ils ont sous les yeux ;
- l'**autodictée** : les élèves écrivent un texte qu'ils ont appris par cœur ;
- la **dictée dialoguée** où chaque phrase du texte peut être dictée par un élève différent, ce qui oblige à un effort de diction ;
- la traditionnelle **dictée de contrôle** qui est une activité de synthèse utile pour évaluer la compétence orthographique, et qui entraîne les élèves à se concentrer sur le sens de ce qu'ils écrivent.

1 Les fenêtres

Celui qui regarde du dehors à travers une fenêtre ouverte ne voit jamais autant de choses que celui qui regarde une fenêtre fermée. Il n'est pas d'objet plus profond, plus mystérieux, plus fécond, plus ténébreux, plus éblouissant qu'une fenêtre éclairée d'une chandelle. Ce qu'on peut voir au soleil est toujours moins intéressant que ce qui se passe derrière une vitre. Dans ce trou noir ou lumineux vit la vie, rêve la vie, souffre la vie.

Charles Baudelaire, *Le Spleen de Paris.*

2 Mon pays, ma maison

Quelle journée admirable ! J'ai passé toute la matinée étendu sur l'herbe, devant ma maison, sous l'énorme platane qui la couvre, l'abrite et l'ombrage tout entière.

J'aime ce pays, et j'aime y vivre parce que j'y ai mes racines, ces profondes et délicates racines, qui attachent un homme à la terre où sont nés et morts ses aïeux, qui l'attachent à ce qu'on pense et à ce qu'on mange, aux usages comme aux nourritures, aux locutions locales, aux intonations des paysans, aux odeurs du sol, des villages et de l'air lui-même.

Guy de Maupassant, *Le Horla.*

3 Le nouveau

– Débarrassez-vous donc de votre casque, dit le professeur, qui était un homme d'esprit.

Il y eut un rire éclatant des écoliers qui décontenança le pauvre garçon, si bien qu'il ne savait s'il fallait garder sa casquette à la main, la laisser par terre ou la mettre sur sa tête. Il se rassit et la posa sur ses genoux.

– Levez-vous, reprit le professeur, et dites-moi votre nom.

Le nouveau articula, d'une voix bredouillante, un nom inintelligible.

– Répétez !

Le même bredouillement de syllabes se fit entendre, couvert par les huées de la classe.

Gustave Flaubert, *Madame Bovary.*

4 Sauvetage

Les assistants haletaient. Les roues avaient continué de s'enfoncer et il était déjà devenu presque impossible que Madeleine sortît de dessous la voiture. Tout à coup, on vit l'énorme masse s'ébranler, la charrette se soulevait lentement, les roues sortaient à demi de l'ornière. On entendit une voix étouffée qui criait : « Dépêchez-vous, aidez ! » C'était Madeleine qui venait de faire un dernier effort.

Ils se précipitèrent. Le dévouement d'un seul avait donné de la force et du courage à tous. La charrette fut enlevée par vingt bras. Le vieux Fauchelevent était sauvé.

Victor Hugo, *Les Misérables.*

5 Un homme pressé

Commençons par numéroter les mouvements : «un, repasser la lame du rasoir et profiter de ce que les jambes me sont inutiles à ce moment-là pour me livrer à des flexions du cou-de-pied, ce qui diminuera d'autant la durée de ma culture physique; deux, visser le rasoir de la main droite entre le pouce et l'index, tandis que la main gauche trempe l'éponge dans l'eau chaude; trois, se raser au bain et éviter ainsi le temps gaspillé dans l'eau.»

Pierre est célèbre parmi ses amis pour la rapidité avec laquelle il se rase, deux minutes vingt-huit secondes, record jamais battu.

Paul Morand, *L'Homme pressé.*

6 Si c'était…

– Si c'était un arbre, ce serait un palmier à cause des poils fauves qui en couvrent le tronc. Si c'était un oiseau, ce serait le corbeau du Pacifique à cause de son cri rauque et aboyant. Si c'était une partie de mon corps, ce serait ma main gauche à cause de la fidélité avec laquelle elle aide ma main droite. Si c'était un poisson, ce serait le brochet chilien à cause de ses dents aiguisées. Si c'était un fruit, ce serait deux noisettes, à cause de ses petits yeux bruns. Qu'est-ce que c'est?

– C'est Tenn notre bon chien, répondit Robinson. Je l'ai reconnu avec son poil fauve, son aboiement, sa fidélité, ses crocs aiguisés et ses petits yeux noisette.

Michel Tournier, *Vendredi ou la Vie sauvage.*

7 La concierge

Je vis seule avec mon chat, un gros matou paresseux, qui n'a pour particularité notable que de sentir mauvais des pattes lorsqu'il est contrarié. Lui comme moi ne faisons guère d'efforts pour nous intégrer à la ronde de nos semblables. Comme je suis rarement aimable, quoique toujours polie, on ne m'aime pas mais on me tolère tout de même parce que je corresponds si bien à ce que la croyance sociale a aggloméré en paradigme de la concierge d'immeuble que je suis un des multiples rouages qui font tourner la grande illusion universelle selon laquelle la vie a un sens qui peut être aisément déchiffré.

Muriel Barbery, *L'Élégance du hérisson.*

8 Les livres

Aucune pièce n'est interdite aux livres. Aucune ne leur répugne. Ceux qui n'ont pu accéder au salon, au bureau ou à la chambre se contentent des toilettes, de l'office, des couloirs, ou même d'un cagibi sombre dans lequel transitent les pommes de terre, les pots de confiture, le vin cacheté, l'aspirateur et les pelotes de ficelle. Ils cohabitent avec les araignées. Ils ne sont pas allergiques à la poussière. Groupés, serrés les uns contre les autres, ils ont la stabilité et la patience des menhirs. Autrefois, les souris, hardiment, les grignotaient. Mais, devant la prolifération des couvertures, elles y ont à peu près renoncé. Les souris sont la preuve qu'une trop grande accumulation d'imprimé peut décourager.

Bernard Pivot, revue *Lire.*

9 Dans la ville

Moi, j'avais l'idéal logé dans un coin de ma cervelle, et il ne me fallait que quelques jours d'entière liberté pour le faire éclore. Je le portais dans la rue, les pieds sur le verglas, les épaules couvertes de neige, les mains dans les poches, l'estomac un peu creux quelquefois, mais la tête d'autant plus remplie de songes, de mélodies, de couleurs, de formes, de rayons et de fantômes. Je n'étais plus une dame, je n'étais pas non plus un monsieur. On me poussait sur le trottoir comme une chose qui pouvait gêner les passants affairés. Cela m'était bien égal, à moi qui n'avais aucune affaire. On ne me connaissait pas, on ne me regardait pas, on ne me reprenait pas : j'étais un atome perdu dans cette immense foule.

George Sand, *Histoire de ma vie.*

10 Les cloches

Voici l'aube ! Elles se répondent, dolentes, un peu tristes, amicales, tranquilles. Au son de leur voix lente, montent des essaims de rêves, rêves du passé, désirs, espoirs, regrets des êtres disparus, que l'enfant ne connut point, et que pourtant il fut, puisqu'il fut en eux, puisqu'ils revivent en lui. Des siècles de souvenirs vibrent dans cette musique. Tant de deuils, tant de fêtes ! Et, du fond de la chambre, il semble, en les entendant, qu'on voit passer les belles ondes sonores qui coulent dans l'air léger, les libres oiseaux, le tiède souffle du vent. Un coin de ciel bleu sourit à la fenêtre. Un rayon de soleil se glisse sur le lit, à travers les rideaux.

Romain Rolland, *Jean-Christophe.*

11 Le distrait

Ménalque a une fois perdu au jeu tout l'argent qui est dans sa bourse, et, voulant continuer de jouer, il entre dans son cabinet, ouvre une armoire, y prend sa cassette, en tire ce qu'il lui plaît, croit la remettre où il l'a prise : il entend aboyer dans son armoire qu'il vient de fermer ; étonné de ce prodige, il l'ouvre une seconde fois, et il éclate de rire d'y voir son chien, qu'il a serré pour sa cassette. Il joue au trictrac, il demande à boire, on lui en apporte ; c'est à lui de jouer, il tient le cornet d'une main et un verre de l'autre, et comme il a une grande soif, il avale les dés et presque le cornet, jette le verre d'eau dans le trictrac et inonde celui contre qui il joue.

Jean de La Bruyère, *Les Caractères.*

12 Le départ du bateau

Lorsque l'heure du départ approchait, le bateau lançait trois coups de sirène, très longs, d'une force terrible, ils s'entendaient dans toute la ville et du côté du port le ciel devenait noir. Les remorqueurs s'approchaient alors du bateau et le tiraient vers la travée centrale de la rivière. Lorsque c'était fait, les remorqueurs larguaient leurs amarres et revenaient vers le port. Alors le bateau encore une fois disait adieu, il lançait de nouveau ses mugissements terribles et si mystérieusement tristes qui faisaient pleurer les gens, non seulement ceux du voyage, ceux qui se séparaient mais ceux qui étaient venus regarder aussi, et ceux qui étaient là sans raison précise, qui n'avaient personne à qui penser.

Marguerite Duras, *L'Amant*.

13 Voyager

« Voyager est une occasion magnifique d'acquérir un pouvoir singulier, il suffit d'écouter ces êtres surprenants qui surgissent des horizons inconnus : les étrangers », répétait Yasmina ma grand-mère, une femme illettrée qui vivait dans un harem, c'est-à-dire une maison aux portes jalousement fermées. Des portes que les femmes étaient supposées ne jamais entrouvrir. « Tu dois concentrer ton attention sur l'étranger de passage et essayer de le comprendre. Mieux tu comprends un étranger, mieux tu te connais toi-même. Et mieux tu te connais, plus grand est ton pouvoir. » Pour Yasmina, le harem était une prison, un lieu où les femmes étaient enterrées vives. D'où sa glorification des voyages. Pour elle, passer les frontières était un privilège, la voie royale pour sortir de son impuissance.

Fatema Mernissi, *Le Harem et l'Occident*.

14 Les Vikings

Les Vikings furent de remarquables navigateurs. Ils ne disposaient pourtant ni de boussole, ni du moindre instrument astronomique leur permettant de faire le point. Ils se basaient, dans leurs navigations, sur le soleil, la lune et les étoiles chaque fois qu'ils le pouvaient. Mais les mers qu'ils fréquentaient étaient, on le sait, extrêmement brumeuses.

On imagine alors quel fut leur sens de l'orientation [...].

Ils devaient savoir interpréter le moindre indice, comme l'humidité de l'air, les odeurs, les couleurs, la vie animale, les courants marins.

On sait qu'ils emportaient avec eux des oiseaux, des corbeaux notamment, qu'ils lâchaient en mer pour connaître la direction de la terre.

Paul-Émile Victor, *L'Homme à la conquête des pôles*.

15 Rencontre

Sur le débarcadère, les passagers durent attendre un instant, serrés les uns contre les autres, qu'un des bateliers eût ouvert le cadenas de la barrière. Avec quel émoi Meaulnes se rappelait dans la suite cette minute, où, sur le bord de l'étang, il avait eu très près du sien le visage désormais perdu de la jeune fille ! Il avait regardé ce profil si pur de tous ses yeux, jusqu'à ce qu'ils fussent prêts de s'emplir de larmes. Et il se rappelait avoir vu, comme un secret délicat qu'elle lui eût confié, un peu de poudre restée sur sa joue.

À terre, tout s'arrangea comme dans un rêve. [...] Meaulnes s'avança dans une allée, où, dix pas devant lui, marchait la jeune fille. Il se trouva près d'elle, sans avoir eu le temps de réfléchir :

– Vous êtes belle, dit-il simplement.

Alain-Fournier, *Le Grand Meaulnes.*

16 Désert enchanté

Versailles resplendissait de lumière [...]. À mesure que le chevalier marchait, il était frappé d'un étonnement et d'une admiration difficiles à imaginer ; car ce qui rendait tout à fait merveilleux le spectacle qui s'offrait à lui, ce n'était pas seulement la beauté, l'éclat de ce spectacle même, c'était la complète solitude où il se trouvait dans cette sorte de désert enchanté.

À se voir seul, en effet, dans une vaste enceinte, que ce soit dans un temple, un cloître ou un château, il y a quelque chose de bizarre, et, pour ainsi dire, de mystérieux. Le monument semble peser sur l'homme : les murs le regardent ; les échos l'écoutent ; le bruit de ses pas trouble un si grand silence qu'il en ressent une crainte involontaire, et n'ose marcher qu'avec respect.

Alfred de Musset, *La Mouche.*

17 La mouette blanche

Alors Lalla s'assoit sur la plage, entre les dunes, et elle regarde la troupe des mouettes qui vole le long du rivage. Elles volent facilement, sans faire beaucoup d'efforts, leurs longues ailes courbes appuyées sur le vent, la tête rejetée un peu de côté. Elles cherchent à manger, parce que non loin de là il y a la grande décharge de la ville, là où viennent les camions. Elles crient toujours en faisant leur drôle de gémissement ininterrompu où éclatent tout à coup, sans raison, des cris aigus, des glapissements, des rires.

Et puis, de temps en temps, la mouette blanche, celle qui est comme un prince de la mer, vient voler auprès de Lalla, elle trace de grands cercles au-dessus des dunes, comme si elle l'avait reconnue.

Jean-Marie Gustave Le Clézio, *Désert.*

18 L'araignée

Élisabeth tourna le commutateur. Une lumière vive l'éblouit. Elle allait s'avancer vers l'armoire, quand son cœur se crispa, et ses jambes fléchirent. Muette d'horreur, elle considérait fixement le mur, en face d'elle. Dans ce désert de plâtre, une énorme araignée noire s'étalait comme une tache d'encre aux prolongements filiformes. Les poils même de ses pattes se détachaient avec une netteté affreuse sur le fond blanc. Accroupie sur ses huit membres pliés, elle était prête à trotter. Élisabeth sentit sur sa peau la galopade légère du monstre. Un frisson la chatouilla dans la région des reins. Elle poussa une clameur folle, se rua vers la porte, dévala les marches et, toujours hurlant, tomba dans les bras de tante Thérèse, qui s'était levée de table pour la recevoir.

Henri Troyat, *La Grive*.

19 Les sachants et les savants

« Vous devriez m'apprendre un peu de ce que vous savez, dit Dantès, ne fût-ce que pour ne pas vous ennuyer avec moi. [...] »

L'abbé sourit.

« Hélas ! mon enfant, dit-il, la science humaine est bien bornée, et quand je vous aurai appris les mathématiques, la physique, l'histoire et les trois ou quatre langues que je parle, vous saurez ce que je sais : or toute cette science, je serai deux ans à peine à la verser de mon esprit dans le vôtre.

– Deux ans ! dit Dantès, vous croyez que je pourrais apprendre toutes ces choses en deux ans ?

– Dans leur application, non ; dans leurs principes, oui : apprendre n'est pas savoir ; il y a les sachants et les savants : c'est la mémoire qui fait les uns, c'est la philosophie qui fait les autres. »

Alexandre Dumas, *Le Comte de Monte-Cristo*.

20 Émotion musicale

Ma sœur Mary se mettait au piano et jouait des airs que je n'ai reconnus que beaucoup plus tard, mais qui m'ont suivi ma vie entière. Assis sur le tapis, je collais mon oreille à la surface de bois lisse et me sentais pris dans un orage de sons qui me jetait dans un état extraordinaire où une joie touchant à l'exaltation se mêlait à une agréable fureur. J'aurais voulu que cela durât, que jamais ne prît fin l'étourdissement que me causait le fracas des accords. À d'autres moments, je me tenais à distance du piano et ce que j'entendais était différent. Tous ces airs rendaient heureux, mais d'une façon particulière, car en les écoutant, on éprouvait une tristesse qui se fondait, je ne sais comment, dans un sentiment de profond bonheur.

Julien Green, *Partir avant le jour*.

CORRIGÉS

Règles d'orthographe : exercices corrigés

1. plafond, profond, approfondir, fonder → -**fond**- ■ atomique, atome, anatomie, atomiseur, anatomique → -**tom**- ■ passager, passerelle, passoire → -**pass**- ■ adhérent, cohérent, adhérer, incohérence → -**hér**- ■ territoire, Méditerranée, terrine, terrasse → -**terr**-.

3. ralentir → -lent- ; s'attrister → -trist- ; aplatir → -plat- ; emballer → -ball- ; démentir → -ment- ; ensanglanter → -sanglant- ; embellir → -bell- ; desceller → -scell- ; imposer → -pos- ; déchiffrer → -chiffr-.

4. balance ; radical des autres mots : -ball- ■ salle ; radical des autres mots : -sal- ■ baraque ; radical des autres mots : -barr- ■ manteau ; radical des autres mots : -ment- ■ vantard ; radical des autres mots : -vent-.

6. profession, confesseur, pro**f**esseur ; coffre, coffrage, co**ff**ret. ■ boiter, boiteux, b**oi**tiller ; boîte, déboîter, b**oî**tier. ■ nourriture, nourrir, nou**rr**isson ; couramment, accourir, concou**r**ir. ■ selle, sellerie, **sell**ette ; célèbre, célébrer, **cél**ébrité. ■ chevalet, chevalier, cheva**l**ière ; métallique, métallurgiste, mét**all**urgie.

8. desserrer -serr- ; opération → -opér- ; gaufrette → -gaufr- ; illustration → -lustr- ; barreau → -barr- ; balayage → -balay- ; déception → -cept- ; endurance → -dur- ; précision → -cis- ; encollage → -coll-.

10. s'adonner → -donn- ; embraser → -bras- ; anéantir → -néant- ; condenser → -dens- ; délibérer → -libér- ; élaborer → -labor- ; ressemeler → -semel- ; vénérer → -vénér- ; se prémunir → -mun- ; agripper → -gripp-.

12. abrupt, rupture → oui (radical -rupt-) ; encolure, encolleuse → non (famille de *col*, *cou* ≠ famille de *colle*) ; erreur, aberrant → oui (radical -err-) ; exhibition, hiberner → non *(exhibition, exhiber ≠ hiberner, hiver)* ; cellule, cellier → oui (radical -cell-) ; souffrir, soufre → non *(souffrir, souffrance ≠ soufre, sulfureux)* ; susceptible, inspecteur → non (radical -cept- ≠ radical -spect-) ; collerette, décolleté → oui (famille de *cou*, mots avec 2 l : radical -coll-) ; agressif, progresser → oui (radical -gress-) ; horrifié, horaire → non *(horrifié, horreur ≠ horaire, heure)*.

13. bâillement, bâillonner, entrebâiller → -bâill- ; contresens, sensible, sensation → -sens- ; politesse, dépolir, impoli → -poli- ; aplanir, planeur, esplanade → -plan- ; censure, recensement, recenser → -cens- ; panne, dépanneuse, dépannage → -pann- ; plantation, transplantation, implanter → -plant- ; polluer, pollution, dépolluer → -pollu- ; sympathique, antipathique, sympathiser → -path- ; approximatif, proximité, approximation → -proxim-.

15. **contre**dire, **inter**dire ; **per**cevoir, **dé**cevoir ; **pro**mettre, **é**mettre ; **ac**crocher, **dé**crocher ; **dé**lier, **re**lier ; **in**citation, **ex**citation ; **dé**river, **ar**river ; **a**vancer, **de**vancer ; **a**valer, **dé**valer ; **intro**duire, **con**duire, **dé**duire.

17. **sou**-terrain, **abs**-tenir, **ar**-rangement, **res**-source, **ef**-fectif, **sym**-pathie, **in**-humain, **em**-paqueter, **im**-maculé, **ex**-pressif, **em**-bellir, **entre**-vue, **at**-terrir, **al**-lumette, **dif**-férent, **é**-riger, **ex**-cès, **dé**-clamer, **é**-lection, **col**-lectif.

18. im- + -mortel, mais **imaginer** n'a pas de préfixe ; ir- + -résistible, mais **iris** n'a pas de préfixe ; ar- + -rêter, mais **araignée** n'a pas de préfixe ; at- + -tendrir, mais **athlète** n'a pas de préfixe ; com- + -mère, mais **comique** n'a pas de préfixe ; op- + -poser, mais **opéra** n'a pas de préfixe ; a- + -percevoir, mais **âge** n'a pas de préfixe ; ac- + -croc, mais **acrobate** n'a pas de préfixe ; é- + -tonner, mais **école** n'a pas de préfixe ; ex- + -porter, mais **examen** n'a pas de préfixe.

20. **uni**forme = 1 ; **tri**dimensionnel = 3 ; **bi**centenaire = 2 ; **quinqu**ennal = 5 ; **déca**litre = 10 ; **uni**jambiste = 1 ; **bi**colore = 2 ; **mono**place = 1 ; **tri**angle = 3 ; **quadru**pède = 4 ; **tri**mestre = 3 ; **déci**mètre = 10 ; **bi**corne = 2 ; **penta**gone = 5 ; **tri**dent = 3 ; **octo**gonal = 8 ; **sextu**pler = 6 ; **bis**cuit = 2 ; **mono**game = 1 ; **quadru**pler = 4.

22. ▪ **dé**-daigneux, **ef**-faroucher, **em**-baumer, **é**-pousseter, **con**-venance, **en**-dommager, **im**-pitoyable, **ex**-cusable, **res**-sentir, **inter**-vention.
▪ **contre**-façon, **bis**-cornu, **cor**-respondance, **il**-lettré, **sup**-planter, **dés**-avantageux, **ad**-ministration, **super**-marché, **pour**-suivre, **im**-médiat.

23. (contre)poison, (dé)clamer, (com)passion, (é)battre, (dis)simuler, (in)né, (con)disciple, (entre)vue, (il)légal, (pré)somptueux.

25. **il**légal, **im**moral, **ir**résolu, **im**partial, **dis**proportionné, **il**licite, **in**valider, **dés**équilibrer, **dé**tendre, **a**normal.

27. **con**geler, **con**courir, **con**jurer, **con**venir, **con**sentir. ▪ **sur**passer, **sur**vêtement, **sur**sauter, **sur**élever, **sur**voler. ▪ **entre**bâiller, **entr**ouvrir, **entre**voir, **entre**choquer, **entre**mêler. ▪ **pour**suivre, **pour**fendre, **pour**chasser, **pour**lécher. ▪ **pré**histoire, **pré**nom, **pré**avis, **pré**exister, **pré**caution.

28. ▪ Ont deux préfixes : **in**-**ac**-coutumé, **r**-**a**-baisser, **dés**-**ap**-pointé, **r**-**é**-prouver, **r**-**af**-finer. ▪ Un ou trois préfixe(s) : **entre**-croiser, **a**-doucir, **r**-habiller, **ir**-**r**-**em**-plaçable, **bis**-annuel.

30. fouillis, bourru, embarcation, lampion, plâtrier, débrouillard, dénouement, imperceptible, statuette, sentimental.

32. débarqu**er**, -ement ; bouill**ir**, -oire ; hach**er**, -is ; éternu**er**, -ement ; sonn**er**, -ette ; déchir**er**, -ure ; exagér**er**, -ation ; gouvern**er**, -ail ; assassin**er**, -at ; réuss**ir**, -ite.

33. un clou ; un vitrier (*ou* une vitre, un vitrail, la vitrification...) ; un poignard ; un emprunt ; un colon (*ou* une colonie) ; une fracture ; une bosse ; un soupçon ; un abîme (*ou* un abime) ; l'imagination (*ou* une image).

36. just**ifier** *ou* ajust**er**, appauvr**ir**, égal**iser**, vulgar**iser**, aplat**ir**, fertil**iser**, assombr**ir**, ampl**ifier**, civil**iser**, uniform**iser**.

38. le mérite ; le miel ; une confidence (*ou* un confident, une confidente) ; un symbole (*ou* le symbolisme, un symboliste) ; la subversion ; la démocratie (*ou* un démocrate) ; le dédain ; la fraternité ; une cellule ; une querelle.

39. vigneron, bâtisse, châssis, fâcheux, pourriture, pressoir, crochu, fourreau, servitude, infamie.

41. -**eron** (moucheron) ; -**ard** (traînard) ; -**ation** (modération, continuation) ; -**ée** (destinée) ; -**amment** (pesamment, méchamment) ; -**ité** (objectivité, sévérité) ; -**aire** (exemplaire) ; -**aison** (floraison) ; -**escence** (dégénérescence, phosphorescence) ; -**aille** (broussaille).

43. ▪ Mots n'ayant pas de suffixe (radical souligné) : dé<u>gel</u>, pla<u>fond</u>, trans<u>port</u>, incor<u>rect</u>, insou<u>mis</u>, bon<u>heur</u>, suc<u>cès</u>, <u>métal</u>, sur<u>nom</u>, sur<u>saut</u>.
▪ Mots ayant un suffixe : rod**age**, agress**if**, geôl**ier**, inert**ie**, racont**ar**, paill**asse**, huil**eux**, servit**ude**, press**oir**.

45. additionner, impressionner, cautionner, espionner, stationner, actionner, commissionner, mentionner, rationner, auditionner.

47. avionneur, fractionner, ambitionner, championnat, légionnaire, pensionnat, contorsionniste, illusionniste, questionner, millionnaire.

48. manié, applaudi, entêté, engourdi, déblayé, gémi, croisé, dévoué, tinté, rapatrié, senti, rayonné, déployé, zézayé, henni, dénué, déraillé, rallié, larmoyé, enjoué.

50. *Exceptions :* 1. *Exemple sent**ir**/sent**iment*** : tressaill**ement** (tressaill**ir**, 3e groupe). ▪ 2. *Exemple agrand**ir**/agrand**issement*** : rég**iment** (rég**ir**, 2e groupe) ; bât**iment**

(bât**ir**, 2e groupe); assort**iment** (assort**ir**, 2e groupe). ■ 3. *Exemple dévou**er**/ dévou**ement*** : supplé**ment** (supplé**er**); châti**ment** (châti**er**); agré**ment** (agré**er**). *Sont construits comme les exemples de la leçon :* débarqu-ement; empress-ement; frém-issement.

51. fraternel, habituel, harmonieux, nouvel *ou* nouveau, pensif, bref, définitif, fou *ou* fol, vertical, gentil.

53. amplement, actuellement, ardemment, instamment, spontanément, horizontalement, mystérieusement, suffisamment, pareillement, hardiment, confusément, effrontément, notamment, apparemment, strictement, vaillamment, précipitamment, évidemment, incessamment, imprudemment.

55. quatre-vingt-quinze; trois cent cinquante-huit; neuf cent deux; six cent quatre-vingts; deux mille soixante-quinze; mille sept cent trente-quatre (*ou* dix-sept cent trente-quatre); quatre-vingt mille; quarante et un mille trois cents; douze mille trois cent soixante-deux; cent mille dix-neuf. (cf. pp. 241-243)

57. page deux cent; paragraphe quatre-vingt; les vingt ans de ma sœur; l'an huit cent; j'ai lu trois cents pages; les quatre cents places; deux cents millions six cent mille habitants; les cent premières photos; quatre-vingt-deux pour cent des élèves; avril mille neuf cent quatre-vingt-trois.

58. p**a**ire *et* app**a**rier; ban**c** *et* ban**qu**ette; m**a**ître *et* m**a**gistrat; pie**d** *et* pié**d**estal; fi**l**s *et* fi**l**ial; cor**p**s *et* cor**p**orel; distin**ct** *et* distin**ct**if; sourci**l** *et* sourci**ll**er; tapi**s** *et* tapi**ss**ier; biai**s** *et* biai**s**er.

59. stupéf**a**it → stupéf**a**ction; gr**a**isse → gr**a**s; niai**s** → niai**s**e (*ou* niai**s**erie); respe**ct** → respe**ct**er (*ou* respe**ct**ueux, respe**ct**able); outi**l** → outi**ll**age; v**a**urien → v**a**loir; se**pt** → se**p**tembre; écl**a**irer → cl**a**rté; pl**e**in → pl**é**nitude (*ou* pl**é**nipotentiaire); ch**a**ir → ch**a**rnu (*ou* ch**a**rnel, déch**a**rné, ch**a**rnier, ch**a**rcutier...).

62. bijoutier → bijou; numéroter → numéro; dénoyauter → noyau; tuyauterie → tuyau; dépi**t**é → dépi**t**; abrité → abri; bleuté → bleu; filouter → filou; schématique → schéma; amitié → ami.

64. embarrasser → embarras; exquise → exquis; abuser → abus; verdâtre → vert; accrochage → accroc; égoutier → égout; horizontal → horizon; outillage → outil; soumission → soumis; nudité → nu.

65. décl**in** → décliner; chalan**d** → achalander; décre**t** → décréter; câl**in** → câliner; tami**s** → tamiser; (pour) acqui**t** → acquitter; trépa**s** → trépasser; essai**m** → essaimer; surno**m** → surnommer; apprê**t** → apprêter.

67. san**g** → san**g**uin; échev**e**au → échev**e**lé; brièv**e**té → brè**v**e (*ou* bre**f**, avec alternance f/v); flan**c** → efflan**qu**é; **a**igle → **a**quilin; hasar**d** → hasar**d**eux; **a**imer → **a**moureux (*ou* **a**miable); fron**t** → fron**t**al (*ou* fron**t**alier, effron**t**é); exqui**s** → exqui**s**e; capo**t** → décapo**t**able.

69. opport**u**n *et* opport**u**niste; exempl**ai**re *et* exempl**a**rité; rom**a**ncier *et* rom**a**nesque; pol**a**ire *et* pol**a**riser; tron**c** *et* tron**qu**er; ar**c**eau *et* ar**c**; r**e**in *et* r**é**nal; f**a**ux *et* f**a**illir; préc**a**ire *et* préc**a**rité; **a**igre *et* **â**cre.

71. coû**t**eux → coû**t**; poireau**t**er → poireau; exam**i**ner → exam**en**; bra**c**elet → bra**s**; chagr**in**er → chagr**in**; caillou**t**eux → caillou; se hasar**d**er → hasar**d**; rigolo**t**e → rigolo; caoutchou**t**eux → caoutchou**c**; complo**t**er → complo**t**; captivité → capti**f**; toussoter → tou**x**; inconfortablement → confor**t**; essayiste → essa**i**; empaquetage → paque**t**; immortalité → mor**t**; meurtrissure → meurtr**i**; appétissant → appéti**t**; filouter → filo**u**; s'abriter → abr**i**.

73. suicide, ignifuge, herbivore, manucure, décilitre, agricole, ovipare, conifère, cruciverbiste, digitigrade.

74. piscine → pisci (poisson); aqueduc → aqu (eau), duc (conduire); multitude → multi (nombreux); équilibre → équi (égal), libra (balance); arène → aren (sable); centimètre → cent (centième); radiateur → radi (rayon); capillaire → capill (cheveu); immobile → mobile (qui se meut); viril → vir (homme); rectangle → rect (droit); granulé(s) → gran (grain); cordial → cord (cœur); pédale → péd (pied); avion → avi (oiseau); calcaire → calc (chaux); prestidigitateur → digit (doigt); tricolore → colore (couleur); carbone → carbon (charbon); vorace → vor (dévorer).

76. 1. Victor; 2. Honoré; 3. Fabrice; 4. Béatrice; 5. Léo; 6. Dominique; 7. Agnès; 8. Lucie; 9. Sylvie; 10. Maxime.

78. loyal *et* légal; avoué *et* avocat; raide *et* rigide; camp *et* champ; opérer *et* œuvrer; sûreté *et* sécurité; cantique *et* chant; blâmer *et* blasphémer; fragile *et* frêle; relaxer *et* relâcher.

80. avocat → voc (son, voix); uniforme → uni (un seul) + forme (qui a une forme); extraverti → extra (vers l'extérieur) + vert (changer de direction); primevère → prim (premier) + ver, veris (printemps); clavier → clav (clé); diurne → di (jour); élocution → locut (parler); viabilité → via (route); soliloque → soli (seul) + loqu (parler); circonspect → circon (autour) + spect (observer).

82. **grat** (= reconnaissant), sauf dans *grattement*; **frater** (= frère), sauf dans *ternir*; **puér(i)** (= enfant), sauf dans *purifier*; **gran(i)** (= grain), sauf dans *gratiné*; **ocul** (= œil), sauf dans *occupation*.

85. ❶ dés**honn**eur, **honor**aire, **honor**er, **honn**ête, **honor**able, **honn**eur, **honor**ifique : -honn- et -honor-. ❷ **nourr**isson, **nourr**iture, **nutr**itif, **nourr**issant, dé**nutr**i, **nutr**iment : -nourr- et -nutr-. ❸ **cheval**in, **cheval**eresque, **caval**ier, **cheval**et, **caval**erie : -cheval- et -caval-. ❹ at**trap**er, rat**trap**age, **trapp**e, **trapp**eur : -trap- et -trapp-. ❺ sur**nomm**er, **nomm**er, pré**nomm**é, dé**nomin**ateur, pro**nomin**al : -nomm- et -nomin-.

87. ❶ nullité *et* nullement; annuler *et* annulation. ❷ pétrifier *et* pétrole; empierrer *et* pierreux. ❸ monnayer *et* monnaie; démonétiser *et* monétaire. ❹ donneur *et* donner; donateur *et* donation. ❺ sonneur *et* sonner; insonoriser *et* sonorité.

88. cinéphile, anthropophage, chronomètre, technologie, dactylographie, aérodrome, polygone, hélicoptère, téléphone (*ou* télescope), microphone (*ou* microscope).

89. ▪ avec *thérapie* (= soins) : hydrothérapie → soins par l'eau (*hydro* = eau); héliothérapie → soins par le soleil (*hélio* = soleil); électrothérapie → soins par l'électricité; chimiothérapie → soins par la chimie; thalassothérapie → soins par l'eau de mer (*thalassa* = mer) ▪ monologue → ce que dit une personne qui parle seule (*mono* : seul + *logo* : discours) ▪ microcoupure → coupure très brève de la tension électrique (*micro* = petit) ▪ avec *phile* (= qui aime) : haltérophile → qui aime les poids et haltères; bibliophile → qui aime les livres *(biblio* = livre) ▪ homonyme → mot qui se prononce comme un autre (*homo* : semblable + *onym* : nom).

91. *Cinq mots au choix pour chaque élément :* ▪ **-graph-** : graphique, graphite, paragraphe, orthographe, graphologie, graphisme, photographe, biographie, chorégraphie, radiographie, bibliographie, sismographie, typographie, océanographie, etc. ▪ **-phon-** : microphone, magnétophone, téléphone, symphonie, stéréophonie, monophonie, saxophone, homophone, cacophonie, aphone, bigophone, xylophone, etc.

93. appendicite, otite, péritonite, bronchite, méningite, réunionite, laryngite, espionite, poliomyélite, hépatite.

95. hémisphère, xylophone, cinémathèque, pédiatre, antipode, neurologue, sémaphore, astéroïde, topologie, névralgie.

98. l'anémone *(fleur qui s'ouvre au vent)*; la clématite; le géranium *(le fruit de la plante ressemble au bec de la grue)*; l'azalée; l'héliotrope *(qui se tourne vers le soleil)*; la marguerite; le myosotis *(doit son nom à la forme de ses feuilles)*; l'orchidée *(doit son nom à la forme de ses tubercules)*; le chrysanthème *(les premiers étaient jaunes)*; le rhododendron.

99. ❶ Théophile; ❷ Delphine; ❸ Hippolyte; ❹ Sophie; ❺ Georges.

101. un échantillon → un spécimen; un accord → un consensus; un reçu → un récépissé; de justesse → in extremis; intégralement → in extenso; un remplacement → un intérim; un préjugé → un a priori (*ou* apriori); un carnet → un mémento *ou* un agenda; une justification → un alibi; un malentendu → un quiproquo.

102. des aléas, un alinéa, un déficit, le fémur, un intérim, un mémento, un palmarès, un récépissé, un référendum, un véto.

104. Déroulement de carrière → curriculum vitæ ▪ Réciproquement → vice versa ▪ Notez bien → nota bene ▪ Affichette → prospectus ▪ À plus forte raison → a fortiori.

105. lieu où l'on gare les voitures → parking; bouffon de cirque → clown; gardien de but → goal; tranche de pain grillée → toast; tranche de bœuf → bifteck; palmarès des succès de la chanson → hit-parade; fabriqué en France → made in France; un chandail → pull-over; un violon d'Ingres → hobby; voleur à la tire → pickpocket.

107. un badge → un insigne; un flash → un éclair; une lotion after-shave → une lotion après-rasage; une kitchenette → une cuisinette (*ou* petite cuisine); un attaché-case → une mallette (*ou* porte-documents); un tee-shirt → un maillot; un kidnapping → un enlèvement; un caddy → un chariot; un building → un immeuble *ou* un bâtiment; le fair-play → la loyauté (*ou* la bonne foi).

108. un klaxon → un avertisseur; un meeting → une réunion; un gangster → un bandit; un challenge → une épreuve; le business → les affaires; un barman → un serveur; être nominé → être sélectionné; un pipeline → un oléoduc; un walkman → un baladeur; faire un break → faire une pause.

110. la presse → un magazine; la scène → un sketch; le sport → un penalty; le crime → le racket; le commerce → le shopping; la correspondance → un e-mail; la publicité → un slogan; la signalisation → un stop; la ruse → le bluff; la compétition → un rallye.

112. entrevue → une interview; tenez → le tennis; estiquet, etiquet → un ticket; esquare → un square; tonnelle → un tunnel; toster → un toast ; chalenge → un challenge ; bacon → du bacon ; corniere → un corner (au foot) ; poulenet → un poney.

113. ▪ *Mots venant de l'arabe :* chiffre, algèbre, zéro, algorithme.
▪ *Mots venant du néerlandais :* matelot, digue, dock, bâbord, chaloupe, hublot.

115. ▪ *Mots venant d'une langue étrangère (h inutile en français) :* dahlia *(du nom du botaniste suédois Andrea Dahl, 1751-1789)*; aurochs *(de l'allemand «ochse» = bœufs)*; whisky *(abréviation de «uisce(beathad)» = eau-de-vie, en gaélique)*; yoghourt *(du turc «yoghourt»)* ; mammouth *(du russe «mamut» avec un h sous l'influence de l'anglais).*
▪ *Mots avec un **h** utile en français* : in- + -humain; véhicule *(**h** sépare ei)*; dés- + -habiller; cahier *(**h** sépare ai)*; envahir *(**h** sépare ai).*

117. ▪ *Avec indication de la date probable de premier emploi du mot :*
Calepino → un calepin (1845); Sax → un saxophone (1843); Rustin → une rustine

(1910); Mansart → une mansarde (1676); Plessis-Praslin → une praline (1680); Sandwich → un sandwich (1762 en anglais, 1801 en français); François Barrême → un barème (1803); les frères Montgolfier → une montgolfière (1782); Nicot → la nicotine (1818); Guillotin → la guillotine (1790).

118. ■ *Avec indication de la date probable de premier emploi du mot :*
Le Kashmir → le cachemire (1803); Les Baux-de-Provence → la bauxite (1847); Bayonne → la baïonnette (1575); Cordoue → le cordonnier (XIIIe siècle); Olumpia (Olympie) → olympique (XVIe siècle, 1894 pour le sens moderne).

120. côte *et* accoster; cote *et* cotisation ■ repère *et* repérer; repaire *et* patrie ■ corps *et* corpuscule; cor *et* corne ■ seller *et* selle; sceller *et* sceau ■ tare *et* tarer; tard *et* tardif.

122. coin et coin**g**; joue et jou**g**; seau et **s**ceau; fard et **ph**are; aire et **è**re; lit et li**e**; tord et tor**t**; main et main**t**; poil et po**ê**le; reine et re**nn**e.

123. ■ *Par exemple :*
hareng **saur** → le **sort** *(être content de son sort)*; **fonds** de commerce → le **fond** *(toucher le fond de la piscine)*; en **étain** → il **éteint** *(éteindre la lumière en sortant)*; une **mante** religieuse → la **menthe** *(du thé à la menthe)*; le **hockey** → le **hoquet** *(avoir un hoquet persistant)*; il **boite** → une **boîte** *(une boîte de sardines)*; une **poêle** → un **poil** *(avoir un poil dans la main)*; le **pouls** du malade → le **pou** *(des poux dans les cheveux)*; verser des **arrhes** → l'**art** *(l'art du peintre)* ou **are** *(un jardin de six ares)*; un **différend** → **différent** *(prendre des chemins différents).*

125. rôder et r**o**der; appas et un app**ât**; mite et un m**yth**e; verseau et le vers**o**; forêt et un for**et**; roman et roman**d**; septique et **sc**eptique; crack et un **krach** (boursier); amende et une am**an**de; poids et la poi**x**.

127. un vol avec **eff**raction; une **in**fraction au règlement ■ Édouard avait un **pré**cepteur; payés au **per**cepteur ■ il **ra**bat le capot; tu me **re**bats les oreilles ■ il est **ab**horré de tous; elle a **ad**héré à l'association ■ une **situ**ation gênante; une **cita**tion de Saint-Exupéry.

129. allo**c**ation, pr**o**position, colli**s**ion, pr**e**scription, a**c**cès, réd**u**ction, con**s**entement, **é**mission, pr**o**éminent, fr**i**ction.

130. ❶ Spacieux. ❷ Altitude. ❸ Adhérer. ❹ Enduire. ❺ Privation. ❻ Amnistie. ❼ Véracité. ❽ Inculper. ❾ Simuler. ❿ Réfection.

132. insolence → impudence; gênant → importun; alliance → coalition; haïr → abhorrer; remplacer → suppléer; professeur particulier → précepteur; absurde → aberrant; trompeur → spécieux; détérioration → avarie; familier → usuel.

134. ■ *Phrases libres :*
ava**n**ie → ava**r**ie *(réparer une **avarie** sur la coque du bateau)*; a**t**titude → a**l**titude *(l'**altitude** du mont Blanc)*; colli**s**ion → coll**u**sion *(la **collusion** entre deux partenaires pour nuire)*; ad**o**pter → ad**a**pter *(**adapter** un réseau pour obtenir un meilleur rendement)*; perpét**u**er → perpét**r**er *(**perpétrer** un crime)*; a**ll**usion → allu**v**ion *(les **alluvions** d'un fleuve)* ou **i**llusion *(une **illusion** d'optique)*; é**p**anouir → é**v**anouir *(s'**évanouir** de faiblesse)*; pr**o**vision → pr**é**vision *(les **prévisions** météorologiques)*; compl**é**ter → compl**o**ter *(**comploter** contre un régime politique)*; in**f**ection → in**j**ection *(l'**injection** de rappel d'un vaccin).*

136. chrono → chronomètre; moto → motocyclette; croco → crocodile; polio → poliomyélite; kilo → kilogramme; pro → professionnel (-elle); dico → dictionnaire; prof → professeur; tram → tramway; mélo → mélodrame.

138. **C**ourrier d'**e**ntreprise à **d**istribution **ex**ceptionnelle → **cedex**; **O**rganisation des **N**ations **u**nies → **ONU**; **P**ersonal **C**omputer → **PC**; **Q**uestionnaire à **c**hoix **m**ultiple → **QCM**; **O**rganisation de **c**oopération et de **d**éveloppement **é**conomiques → **OCDE**.

140. **Oh**! qu'elle est belle! ▪ **Ô**, vous [...] ! ▪ **Ô**, vous [...] ! ▪ **Oh**! comment [...] ? ▪ **Ho**! vous, le plus grand [...] ! ▪ **Oh**! hisse! ▪ **Oh**! çà, [...] ! ▪ **Ho**! tu viens? ▪ **Oh**! il a cassé [...]! ▪ Allons, **Ho**! debout [...]!

142. 1. **Eh** bien! ▪ **hé**! là-bas [...] ! ▪ **Eh** quoi! ▪ **Eh** oui! ▪ **Hé!** pas si vite!
2. **Bah**! tout cela [...]. ▪ **Patatras**! c'est tombé [...]. ▪ Hip, hip, hip, **hourra**! ▪ Il poussa un «**Pouah**! » en signe de dégoût. ▪ **Ouf**! je suis soulagée.

176. elles l'**ont** bien observé; qu'**on** lui obéisse; d'**on** ne sait où; elles m'**ont** choisi; beaucoup n'**ont** rien dit; qu'est-ce qu'**on** fait; qu'**ont**-ils capturé; que t'**ont**-elles donné; parfois **on** rit; parfois **on** pleure.

178. qu'**on** ait jamais mangée; qu'**on** hésitera à le choisir; **On n'**a **qu'**une courroie; si l'**on** opère le malade; **on n'**envoie **jamais**; **on** accélérait de plus en plus; **on n'**accueillera **que** les enfants; la plus belle qu'**on** ait jamais vue; **on n'**aime **pas** flâner; **on n'**introduit **personne**.

179. **c'est** à toi de jouer; il **s'est** trompé; **c'est** le sentier; la laie et **ses** petits; **ses** albums; **c'est** une chance; il **s'est** appliqué; **ses** cahiers; **ces** derniers temps; **ces** oiseaux-là.

181. **S'est**-on enfin décidé à le réparer? ▪ **Sait**-elle si **c'est** lui qui viend**ra**? ▪ On ne **sait** pas qui **s'est** échappé, si **c'est** elle ou si **c'est** lui. ▪ **Sait**-on qui va diriger la réunion? ▪ **S'est**-elle absentée, ces jours-ci? ▪ **C'est** on ne peut plus délicat à choisir.

182. **s'**est-il vexé; **c'**était usé; elle **se** sera vue; cet homme **s'**était usé; **c'**est vexant; on **s'**est servi; **c'**est recousu; on **s'**était égaré; dès que **ce** sera vu; **c'**est servi.

184. elle **se** sera permis; **ce** sera filmé; l'eau **s'**était évaporée; **ce** fut une catastrophe; **c'**étaient des rats; qui **s'**étaient tapis; il **se** sera tourné; quand **ce** sera autorisé; **ce** fut terminé; quand il **se** fut occupé d'elle.

185. de **là**, nous les verrons; on **l'a** éclairée; c'est un ours qui **l'a** faite; ce bruit **la** fit sursauter; il est **las** d'attendre; l'ouvrier **l'a** modifié; je ne **la** critique pas; mais je **la** défie; cherche-**la**; on **l'a** ornée.

187. on **la** vit osciller; cette pièce-**là**; c'est toi qui **l'as** compris; un témoin qui **l'a** [...] identifié; son érudition **l'a** [...] subjugué; il **la** parcourut *(verbe au passé simple)*; on **l'a** résolu *(verbe au passé composé)*; elle ne **l'a** jamais crue; ce jour-**là**; elle **la** lut *(verbe au passé simple)*.

188. **toutes** d'accord; un film **tous** publics; **toutes** celles; **tous** debout; de **tout** cœur; **tous** les clients; un flan pour **tout** dessert; à **toute** allure; la plupart [...] étaient **tout** blancs; la dernière de **toutes** (*ou* **tous**).

190. voilà des torchons **tout** neufs *(= entièrement) ou* **tous** neufs *(= sans exception)*; **tout** compte fait; de **tout** temps; à **tout** hasard; **tout** timides qu'ils soient; à **tout** propos; à **tous** égards; elle est [...] **tout** habillée; des assiettes **tout** ébréchées *(= très) ou* **toutes** ébréchées *(= sans exception)*; **tout** adroits qu'ils soient.

191. *Réponses libres. Par exemple :* Je ne suis ***à** la maison* pour personne. Il se voit déjà ***sur** la scène, **à** la télévision*. Nous t'enverrons ***à** la bibliothèque*. Je me perds ***dans** ces calculs, **à** Londres*. Les enfants s'ébattaient bruyamment ***dans** le jardin*. Je viens de passer ***à** la mairie, **devant** son magasin*. Les matelots s'agrippèrent ***à** un cordage*. Ne te fie pas ***à** mon cousin*! Je le rencontre souvent ***à** l'arrêt de bus*. Qu'as-tu trouvé ***à** cet endroit désert*?

193. de **m'y** faire penser; comment **t'y** prends-tu; elle **s'y** est rendue; il aura **mis** la barre; **d'y** lancer la balle; on **l'y** invite toujours; vous **n'y** penserez plus; **ni** moi non plus; ci-**gît** (*ou* ci-git) un héros; **d'y** étancher ma soif.

194. *Réponses libres. Par exemple :* Je reprendrais volontiers ***de** cette tarte*. Veuillez me dispenser ***de** cette épreuve*. Le que dira-t-on ***de** ses habitudes, **de** son aventure*.

On n'a jamais assez **de** *vos encouragements.* Oui, c'est **de** *la jolie musique*! Nous t'achèterons un **de** *ces baladeurs.* Tous tes amis se réjouissent **de** *ton succès.* Envoyez-moi quelques-uns **de** *vos produits.* Que ressort-il **de** *cette réunion*? Il me rebat les oreilles **de** *ses exploits.*

196. je **n'en** avais jamais entendu parler; **sans** souci; tu ne **t'en** soucies pas; donnez-**m'en**; je **t'en** tirerai (*ou* **l'en** tirerai); elle ne **s'en** laissa pas imposer; **c'en** est fait; apporte-**m'en**; ne **t'en** vante pas; (pas) **tant**.

197. **sans** mot dire; dix pour **cent**; **sans** filet; cette cave **sent** le renfermé; **s'en** rend-il compte; **c'en** est trop; mon **sang**; **sans** se rendre compte; **sans** qu'on; (qu'on) **s'en** doute.

199. On fabrique des appareils **sans** défaut. Elle **s'en** est fait un collier. Pourquoi **s'en** défend-il [...]? Mon frère ne **s'en** croit pas capable. Le crayon était si petit que **c'en** était ridicule.

200. **si** je m'y étais prise autrement; veuillez trouver **ci**-joint; elle **s'y** plaît; il **s'y** est [...] intéressé; une **scie** à métaux; **si** intelligent soit-il; on **s'y** rend; elle est **si** amusante; ces jours-**ci**; bien sûr que **si**.

202. L'immeuble **sis** au n° 27 sera démoli. Au retour, ils **s'y** arrêteront. Pourquoi pars-tu **si** tôt ce matin? Donnez-moi celui-**ci**. On **s'y** attend.

203. je **t'en** prie; **tant** de chefs-d'œuvre; il y en a **tant**; **tends**-lui la main; le **taon**; **t'en** occuper; tu m'en diras **tant**; le pêcheur **tend** ses filets; **t'en** débarrasser; son **temps**.

205. Peux-tu **t'en** charger? Je vous écris **en tant que** délégué de classe. Elle **tend** le tissu pour en effacer les plis. Plus tard, on **t'en** remerciera. Quel bavard, il ne devrait pas **tant** parler!

206. **qu'en** fuyant; **quand** il tira; **qu'en** penses-tu; **qu'en** un mois; **quand** même; **quant** à lui; dans quel **camp**; **quant** aux enfants; **qu'en** reculant; **quant** à moi.

208. Notre maison t'est ouverte n'importe **quand**. J'ai lu **qu'en** 1910 des inondations dévastèrent la région. Vos passeports sont prêts; **quant aux** vaccins, renseignez-vous. Tu me réclames ces planches, mais **qu'en** feras-tu? **Quant à** l'itinéraire le plus court, je vais le chercher sur Internet.

209. **quelle** que soit ta surprise; **quel** que soit le sujet; **quelle** que soit la quantité; **quelle** que soit ta décision; **quels** que soient les essais; **quelles** que soient leurs demandes; **quels** que soient les passeports; **quelles** que soient les nouvelles; **quelle** que soit votre profession; **quels** que soient mes copains.

211. dans **quelques** jours; **quel que** soit le temps; **quelle que** soit sa bonne volonté; m'avait [...] joué **quelque** tour; **quelque** six kilos de pêches; **quels que** soient les risques; **quelques** bisons; **quelque** chose; **quelques** pièces; **quel qu'**en soit le prix.

213. Les **quelques** livres que vous m'avez prêtés m'ont beaucoup plu. **Quelle que** soit votre opinion, je la respecterai. **Quelques-uns** d'entre vous semblent ne pas avoir compris. J'ai **quelque** peine à le croire. J'accepte **quel que** soit votre choix.

215. ils esquissèrent **même** quelques pas; les **mêmes** danses; Il n'écoutait **même** pas; les **mêmes** éloges; **même** les éloges; Les chats, les chiens **même** *(= aussi)*; les **mêmes** races de chiens; **même** leurs professeurs; les **mêmes** professeurs; **même** nos professeurs.

217. ses paroles **mêmes** *(= elles-mêmes)*; les **mêmes** traditions; **même** les oiseaux; nous-**mêmes**; les **mêmes** galeries; les **mêmes** bâtisses; ceux-là **même** qui l'affirment; en **même** temps; **même** des branches; le **même** âge; les **mêmes** goûts.

218. **ce qu'il** fait m'intéresse ; **ceux qui** ne comprendront pas ; **ce qui** me plaît en vacances ; **ce qui** n'est pas [...] pratique ; **ceux qui** vivent ; ce sont **ceux qui** luttent ; **ce qu'il** propose ; **ce qu'ils** chantent ; **ce qui** t'ennuie ; **ce qu'ils** ont l'intention de faire.

219. **ce qu'il** a acheté ; c'est **ce qui le** gêne ; **ceux qui le** prendront ; **ce qui le** protégera ; **ceux qui le** suivront ; **ceux qui l'**attendent ; **ce qu'il** attend de nous ; Alexandre sait [...] **ce qui l'**attend ; **ce qu'il** adore ; **ceux qui l'**aiment se souviendront.

220. **plutôt** comme celui-ci ; **quoiqu'**on ne lui ait rien fait ; **quoi qu'**on fasse ; au **plus tôt** ; **quoique** convalescent ; **quoi qu'**il raconte ; **plutôt** monotone ; **quoique** ayant blâmé sa sœur ; **plus tôt** qu'on ne le pensait ; **plutôt** deux fois qu'une.

239. *Noms masculins :* intervalle, harmonica, tentacule, autographe, artifice, mythe, amiante, cerne, ermite, éther, apogée, scarabée. ■ *Noms féminins :* espèce, écritoire, apostrophe, octave, ellipse, escadre, ouate, prémices.

242. des isthmes vu**s** d'avion ; de long**ues** épîtres ; des moufles fourré**es** ; les méandres obscur**s** de sa pensée ; ces indices sont suffisant**s** ; aucun**e** échappatoire possible ; de grand**s** planisphères ; des aphtes douloureu**x** ; des orchidées parfumé**es** ; quel**le** bon**ne** acoustique.

244. **Elle** aura lieu cette nuit. **Il** est de 10 %. **Elle** peut se soigner. **Elle** venait de Byzance. **Il** nous amusa. **Il** fut terrible. **Elle** plongea. **Il** est juste. **Elle** est irrespirable. **Elle** est difficile.

245. sérieu**se** *(la = cette affaire)* ; publique**s** *(les propositions)* ; excellent**es** *(les = ces truffes)* ; bleuté**s** *(les = cette lumière et ces éclairs)* ; réel**s** *(les = ces ragots)* ; impropre**s** *(les)* ; content**s** *(vous = messieurs)* ; malade**s** *(les)* ; lent**e** *(leur avance)* ; ralenti**e** *(la = leur avance).*

247. les panneaux [...] guid**ent** ; Pierre [...] travaill**e** ; le prix et la raison lui impos**ent** ; se déroul**e** un spectacle [...] ; les hommes manœuvrai**ent** ; et le dirigeai**ent** ; David et Romain préfèr**ent** ; le mécanicien [...] essayai**t** ; certains pens**ent** ; la vie [...] exist**e**.

249. un reportage succè**de** ; l'enregistreur se programm**e** ; une bonne hygiène abaiss**e** ; ce professeur donn**e** ; les devoirs correspond**ent** ; ils voi**ent** ; on cherch**e** ; il cess**e** ; je feuillett**e** (*ou* feuillète) ; beaucoup pai**ent**.

251. la plupart du temps se pass**ait** ; aucun [...] ne voul**ait** ; un essaim [...] bourdonn**ait** ; que je n'aim**ais** pas ; toutes les couleurs criardes attir**aient** ; que [Jean et Christophe] lis**aient** ; le journal trait**ait** ; des camionneurs la livr**aient** ; la foule se dispers**ait** ; [le visage] s'esquiss**ait**.

253. eux qui distribu**ent** ; elle [...] prêt**e** ; il cour**t** ; où [des dizaines de cases] s'align**ent** ; où [la ciboulette et le basilic] se trouvai**ent** ; la troupe [...] se dirigeai**t** ; [Hercule] se reposai**t** ; les moucherons [...] dans**ent** ; peu de gens savai**ent** ; les bijoux l'avai**ent** fasciné.

255. moins de deux ans avai**ent** suffi ; Charles et vous [...] rester**ez** ; moi qui me faisai**s** prier ; plus d'un brigand se perdi**t** ; celui qui veu**t** ; celui [...] qui l'interrogeai**t** ; moi qui répondr**ai** ; cinquante hommes étai**ent** cachés ; qui es-tu [toi] qui ne di**s** ; un attroupement se form**e**.

256. dors, [toi] qui ne rêv**es** pas ; toi qui m'aim**es** ; celui [...] qui lui offr**e** ; six heures et demie **viennent** de sonner ; [...] rien ne **peut**.

258. mon cœur [...] s'identifi**e** ; ceux qui le flatt**ent** ; [mon cœur] s'entour**e** ; [mon cœur] s'enivr**e**. ■ pour qu'ils le fourniss**ent** ; son bois de chauffage étai**t** coupé ; il enlevai**t** ; ses fermiers le lui charroyai**ent** ; [ses fermiers] le rangeai**ent** ; [ses fermiers] recevai**ent**.

259. reten**ue**, elle ; coll**ées**, des affiches ; des affiches mal imprim**ées** ; habit**ée**, la grange ; ils [...] habill**és** ; acclam**és**, les clowns ; Sonia, accompagn**ée** ; la joue enfl**ée** ; l'actrice, flatt**ée** ; ils, transport**és**.

261. ▪ *Texte écrit par Anna :* Je suis exaspéré**e**. [...]. Je suis parti**e** tôt le matin [...]. Mais quand je suis revenu**e**, j'étais si chargé**e** que je suis tombé**e** [...] !
▪ *Texte écrit par Pierre et Anna :* **Nous sommes** (*ou* On est) exaspéré**s**. [...]. **Nous sommes** (*ou* On est) parti**s** tôt le matin [...]. Mais quand **nous sommes** (*ou* on est) revenu**s**, nous étions (*ou* on était) si chargé**s** que **nous sommes** (*ou* on est) tombé**s** [...] !

263. *Exemples pour les compléments d'agent :* Ces massifs de fleurs *ont été piétiné**s** par les enfants des voisins.* Ces médicaments lui *ont été prescrit**s*** le mois dernier *par son nouveau médecin.* Les vibrations *ont été atténué**es** par la pose d'un isolant spécial.* La lecture des cadrans *a été faussé**e** par la proximité du pôle.* Les auditeurs *ont été subjugué**s** par la qualité de l'interprétation.* Ces mesures *ont été préconisé**es** par les autorités sanitaires.* Des projets de construction *ont été ébauché**s** par l'architecte de la ville.* Les locaux *ont été* à nouveau *endommagé**s** par une brusque montée des eaux.* Chaque place *a été numéroté**e** par les organisateurs.* La bande de voleurs *a été arrêté**e*** à l'aube *par les gendarmes.*

264. les objets seront rang**és**; les dahlias ont frissonn**é**; nous n'avons jamais hésit**é**; elle a vainc**u**; quand ils furent part**is**; ils auraient appréci**é**; lui ont-ils donn**é**; le ciel s'est [...] éclairc**i**; les quais avaient été envah**is**; Rome [...] a laiss**é**.

266. les arbres *ont été coupé**s***; *ont été utilisé**s***; elle *a guér**i***; elle *a suiv**i***; tous les candidats *ont été reç**us***; les chiens *ont* [...] *rôd**é***; la succursale *a été transféré**e***; vous *avez trah**i***; tu *as demand**é*** ou *as-tu demand**é***; ils *ont résid**é***.

267. les fleurs que j'ai plant**ées**; je les *(= les fleurs)* ai toutes chois**ies**; les promeneurs ont cueill**i**; [ils] les ont savour**ées** *(les = les fraises)*; les encouragements que lui avait donn**és**; mes parents ont consult**é**; l'expert [...] leur a montr**é**; il a souhait**é**; les lettres que j'ai écrit**es**; [les lettres que j'ai] expédi**ées**.

269. ses discours vous ont endorm**ies** (*vous = mesdames*); l'avoir appel**ée** *(l' = cette fille, Prune)*; la grêle a endommag**é**; elle avait acquiesc**é**; je les ai bien réitér**ées** *(les = mes demandes)*; les avions ont atterr**i**; son stage l'aura form**ée** *(l' = elle)*; n'aurait-il pas tent**é**; les poésies qu'elle avait ânonn**ées**; les plans qu'ils ont ébauch**és**.

270. se ressembler → ressembler à soi-même; se parler → parler à soi-même; se nuire → nuire à soi-même; se complaire → complaire à soi-même; s'en vouloir → en vouloir à soi-même; se plaire → plaire à soi-même; se sourire → sourire à soi-même; se mentir → mentir à soi-même; se succéder → succéder à soi-même; se suffire → suffire à soi-même.

271. **ils** se sont [...] repos**és**; ils se sont repos**é** (la question); elle s'est regard**é** (les genoux); **elle** s'est regard**ée** dans la glace; **les filles** se sont impos**ées**; elles se sont impos**é** (de nouvelles règles de vie); **ils** se sont expliqu**és**; ils se sont expliqu**é** (leurs solutions); **la foule** s'est press**ée**; ma sœur s'est press**é** (trois mandarines).

273. elle s'est coup**é** (une robe); **ils** se sont coup**és**; **ils** se sont disput**és**; les hyènes se sont disput**é** (la proie); **elles** se sont prépar**ées**; ils se sont prépar**é** (une assiette de crudités); **les légumes** qu'elles se sont prépar**és**; elle s'est lav**é** (les mains); **ils** se sont lav**és**; vous vous en êtes tous lav**é** (les mains).

274. les deux amies se sont serv**i** (une tasse de café); le père et le fils se sont pardonn**é**; **les objectifs** qu'elle s'est donn**és**; elles se sont rend**u** (des services); quels rois se sont succéd**é**; elle s'était jur**é** (de revenir); **les campeurs** s'étaient douch**és**; elle s'est fai**t** (une robe de soirée); **les deux hommes** se sont rencontr**és**; [les deux hommes] se sont racont**é** (leur histoire).

276. les oiseaux que j'ai entend**us** *(en train de)* chanter; une romance que j'ai [...] entend**u** chanter *(par quelqu'un)*; la maison que j'ai v**u** saccager *(par quelqu'un)*; les voyous que j'ai v**us** *(en train de)* saccager; les personnes que j'ai envoy**ées**

(pour faire l'action de) mener ; on les a envoy**é** chercher *(par quelqu'un)* ; les élèves qu'on a autoris**és** (*ou* **ées**) à *(faire l'action de)* se réunir ; les décisions que j'ai voul**u** prendre *(par moi-même)* ; les tableaux qu'il a tant aim**é** peindre *(par lui-même)* ; des artistes que j'ai souvent regard**és** *(en train de)* peindre.

278. des skieurs que j'ai vu**s** *(en train de)* dévaler ; mes cousins [...], je les ai entend**us** *(en train de)* rentrer ; les paysages ou les visages que tu as préfér**é** filmer *(par toi-même)* ; la chanson que j'ai voul**u** écrire *(par moi-même)* ; sa voiture, tu l'as vu**e** *(en train de)* démarrer.

279. les guitaristes que vous avez **entendus** *(en train de)* jouer ; la mélodie qu'on a **entendu** siffler *(par quelqu'un)* ; la pièce de bois qu'il avait **voulu** raboter *(par lui-même)* ; les bois qu'ils auraient **voulu** défricher *(défrichés par eux-mêmes)* ; les tirades qu'ils avaient **voulu** apprendre *(apprises par eux-mêmes)* ; les projets que vous avez **vu** élaborer *(par quelqu'un)* ; l'équipe que vous avez **vue** *(en train d')* élaborer ; je [...] les avais **vus** *(en train de)* rire ; ces maisons que j'ai **vu** démolir *(par quelqu'un)* ; ces insectes, nous les avons **vus** *(en train de)* proliférer.

282. quelle patience il vous a fall**u** ; les trente mille euros qu'il a val**u** ; vous trouverez ci-join**t** ; des documents ci-join**ts** ; combien de camions a-t-il fall**u** ; pass**é** la surprise, on se précipita ; les cent euros qu'ils m'ont coût**é** ; les efforts que cette lettre m'a coût**és** ; ces deux incidents except**és** ; la rentrée s'est très bien pass**ée**.

284. son amitié qu'il avait recherch**ée** ; des pansements bien appliqu**és** ; [des pansements] ont protég**é** ; les murs sont tapiss**és** ; des générations qui se sont succéd**é** ; par qui seront prêt**és** les haut-parleurs ; suspend**ues** [...], les cerises ; quelle réponse lui as-tu fai**te** ; la déléguée que les élèves ont él**ue** ; [la déléguée] a rend**u** compte.

286. plus longtemps qu'il ne l'avait prév**u** ; des idées que l'éducation avait ancr**ées** ; moins grave que le médecin ne l'avait cr**u** ; les mots [...] ont été agenc**és** ; les voitures qu'elle avait vu**es** *(en train de)* passer ; [les voitures] étaient [...] arrêt**ées** ; ils se sont [...] jet**és** dans la bagarre ; leurs relations, que la plus petite querelle aurait altér**ées** ; [leurs relations] avaient [...] dur**é** ; ils se sont fait**s** beaux.

288. nos vacances ont été gâch**ées** ; par les orages qu'il a fai**t** *(forme impersonnelle)* ; ils se sont déclar**é** la guerre ; des diplomates les ont v**us** *ou* v**ues** *(en train d')* arriver ; quand elle m'a aperç**u** *ou* aperç**ue** ; une grimace s'est ébauch**ée** ; la peine qu'il s'est donn**ée** ; les suffrages qu'il a brigu**és** ; [les suffrages qu'il] a obten**us** ; [les suffrages] lui sont appar**us**.

290. ❶ **Vrai**. Ex. : un pèse-bébé (verbe + nom), un petit-neveu (adjectif + nom). ❷ **Faux**. Les noms et les adjectifs peuvent porter la marque du pluriel, mais les verbes, les adverbes et les prépositions sont invariables. ❸ **Vrai**. *Chasse-neige* est invariable car il désigne une machine pour *chasser la neige* : verbe *chasser* invariable + nom *neige* au singulier. ❹ **Vrai**, car plusieurs *clés* sont en général accrochées à un *porte-**clés***. ❺ **Faux**. Ex. : des *pèse*-bébés, des *chasse*-neige. (Cf. pp. 241 à 243)

292. des garde**s**-malade**s** ; des arrière-boutique**s** ; des taille-crayon**s** ; des porte-bagages ; des sous-vêtement**s**. (Cf. pp. 241 à 243)

293. des coffre**s**-fort**s** ; des casse-tête *ou* des casse-têtes ; des sous-chef**s** ; des lève-tard *(invar.)* ; des poisson**s**-chat**s** ; des essuie-glace**s** ; des sourd**s**-muet**s** ; des lave-vaisselle *(invar.)* ; des wagon**s**-restaurant**s** ; des ramasse-miettes *(invar.)*. (Cf. pp. 241 à 243)

295. un attrape-nigaud ; un beau-frère ; une plate-forme ; un sous-bois ; un essuie-mains ; un bouche-trou ; un passe-droit ; un porte-avions ; un prête-nom ; un trois-mâts. (Cf. pp. 241 à 243)

297. des chef**s**-d'œuvre ; des sans-culotte**s** ; des belle**s**-sœur**s** ; des timbre**s**-poste ; des porte-monnaie *(invar.)* ; des rendez-vous *(invar.)* ; des tire-bouchon**s** ; des garde-pêche *(invar.)* ; des cache-nez *(invar.)* ; des pur-sang (*ou* des purs-sangs) ; des cerf**s**-volant**s** ; des chef**s**-lieu**x** ; des demi-heure**s** ; des porte-crayon**s** ; des haut-parleurs ; des clin**s** d'œil ; des porte-bonheur *(invar.)* ; des tiroir**s**-caisse**s** ; des pare-chocs *(invar.)* ; des croque-monsieur *(invar.)*. (Cf. pp. 241 à 243)

299. des substances semi-conduct**rices** ; les îles anglo-normand**es** ; les accords franco-allemand**s** ; les paupières mi-clos**es** ; trois enfants nouveau-né**s** ; les services après-vente ; les relations sino-japonais**es** ; des propos aigre**s**-doux ; des personnes sous-employé**es** ; les signes avant-coureur**s** d'un séisme.

301. des enfants sous-alimenté**s** ; des temples gréco-romain**s** ; des histoires tragi-comique**s** ; des fonctionnaires haut placé**s** ; une avant-derni**ère** représentation ; les peuples sud-américain**s** ; des rayons ultra-violet**s** ; une main-d'œuvre sous-qualifié**e** ; ma ville bien-aimé**e** ; la frontière nord-coré**enne**.

302. des enveloppes tilleul ; des taches blanch**es** ; et des noir**es** ; une robe de soie gris perle ; des cravates olive ; et d'autres bronze ; des cheveux plutôt brun**s** ; des joues écarlate**s** ; des pulls rose**s** ; voire rose orangé.

304. les cheveux blanc**s** ; les moustaches gris**es** ; ses pantalons vert épinard ; sa cape [...] noir**e** ; ou bleu marine ; une robe bleu pervenche ; de charmants yeux noisette ; [des] éclairs mauve**s** ; une voiture bleu roi ; des sièges gris ardoise.

305. elle ne coûte pas [...] **cher** ; ils ne valent pas [...] **cher** ; elle est trop **chère** ▪ des raisonnements [...] **justes** ; il reste **juste** dix minutes ; ces montres sont **justes** ; elles ne jouent pas **juste** ▪ ils tapent [...] **fort** ; ils sont **forts** ; que vous inspiriez **fort**.

307. le blé pousse **dru** ; des herbes **drues** ; la pluie tombait **dru** ; les grains les plus **fins** ; la voici **fin** prête ; les filles filaient **doux** ; d'une voix **haut** perchée ; les témoins m'ont paru [...] **francs** ; les légumes **secs** ; les deux boxeurs frappaient **sec**.

308. des sujets [...] embarrass**ants** ; ces gâteaux sont [...] étouff**ants** ; arriv**ant** tard ; les policiers, reconnaiss**ant** leur voleur ; des bijoux étincel**ants** ; les archéologues, s'intéress**ant** au mystère ; ils sont [...] souri**ants** ; et [ils sont] obéiss**ants** ; ils couraient, cri**ant** la bonne nouvelle ; les sapins apparaiss**ant**, elle comprit.

309. les emplois va**cants** ; criti**quant** tout, les jeunes gens ; des vases communi**cants** ; nous sortîmes [...] en suffo**quant** ; ces expériences sont [...] convain**cantes**.

311. ▪ *L'auteur pense à un groupe de personnes :* **une foule** [de gens] av**ait** envahi ; **la moitié** [des joueurs] ét**ait** malade ; **une file** [de lycéens] attend**ait** ; **la moitié** [des spectateurs] s'ét**ait** endormie ; **le reste** [des voyageurs] attend**ait** au soleil.
▪ *L'auteur pense à plusieurs individus :* on était arriv**és** ; peu de gens ven**aient** ; la moitié des députés **ont** voté ; un grand nombre de soldats fur**ent** faits prisonniers ; la plupart des gamins détal**èrent**.

313. ▪ *N'ont qu'une seule couleur :* les vaches *(des noir**es** et des blanch**es**)* ; les drapeaux *(des bleu**s** et des blanc**s**)* ; les stylos *(des bleu**s** et des rouge**s**)*.
▪ *Ont plus d'une couleur :* les chats *(chacun est noir et blanc)* ; les chemises *(chacune a 3 couleurs : bleu blanc rouge)* ; les fleurs *(chacune est jaune et rouge)* ; les fanions *(chacun est vert et blanc)*.
▪ *Sont très petits :* le tas *(très petit)* ; les bonbons *(très petits)* ; le bâton *(très petit)*.

340. se rallient-ils ; retire-**t'**en ; puisse-**t**-elle ; n'applaudit-il pas ; l'a-**t**-on vue ; garde-**t'**en ; me reste-**t**-il ; l'entend-elle ; t'en a-**t**-on offert ; il ne **t'**en donnera plus.

342. va**s**-y ; met**s**-y ; cherche**s**-en ; ne les importun**e** pas ; hache**s**-en ; reprend**s**-en ; parle en articulant ; promène**s**-y ; écout**e**-les ; colle**s**-en un.

343. il remédi**e** ; je te rejoin**s** ; on ressen**t** ; ce pull déteint ; tu agi**s** ; tu enfrein**s** ; je consen**s** ; je dédui**s** ; il dissoci**e** ; il s'identifi**e**.

345. le maire certifi**e** ; cette crème adouci**t** ; il secou**e** ; cet appareil amplifi**e** ; l'envi**es**-tu ; le chef d'équipe salu**e** ; les enfants se réconcili**ent** ; j'interromp**s** ; Capucine modifi**e** ; je résou**s**.

346. je cong**è**le, ils (*ou* elles) cong**è**lent ; j'ép**ell**e *ou* j'épèle, ils ép**ell**ent *ou* ils épèlent ; je m'ass**ois** *ou* je m'ass**ieds**, ils s'ass**oient** *ou* ils s'ass**eyent** ; je convainc**s**, ils convain**qu**ent ; je requ**iers**, ils requ**iè**rent ; je décach**ett**e *ou* je décach**è**te, ils décach**ett**ent *ou* ils décach**è**tent ; j'appar**ais**, ils appar**aiss**ent ; je proj**ett**e, ils proj**ett**ent ; je déplai**s**, ils déplais**ent** ; je remod**è**le, ils remod**è**lent.

348. vous rés**olvez** ; tu t'ass**ois** *ou* tu t'assi**eds** ; mes cousins coop**èrent** ; il rapi**èce** ; l'expert déc**èle** ; Victor me défi**e** ; le vendeur empaqu**ette** *ou* empaqu**ète** ; le témoin dépein**t** ; la conversation s'interrom**pt** ; elle épouss**ette** *ou* épouss**ète**.

350. on y acc**ède** ; qui trop embrasse, mal étrein**t** ; le prédateur épi**e** ; il rec**èle** ; il me convain**c** ; ces compétences s'acqu**ièrent** ; cette mode corrom**pt** ; ils me reba**ttent** les oreilles ; ils [...] évacu**ent** ; nous [...] prodigu**ons**.

351. j'él**è**verai, ils (*ou* elles) él**è**veront ; j'accueill**erai**, ils accueill**eront** ; je concou**rr**ai, ils concou**rr**ont ; je desservi**r**ai, ils desservi**r**ont ; je prévoi**r**ai, ils prévoi**r**ont ; je suppli**e**rai, ils suppli**e**ront ; j'amplifi**e**rai, ils amplifi**e**ront ; je concl**ur**ai, ils concl**ur**ont ; je décri**r**ai, ils décri**r**ont ; je me méfi**e**rai, ils se méfi**e**ront.

353. cette épreuve [...] requ**erra** ; nous te confi**erons** ; les enfants accou**rront** ; j'acquitt**erai** ; je m'associ**erai** ; les architectes suggér**eront** *ou* suggèreront ; la Croix-Rouge env**erra** ; [elle] distribu**era** ; on s'ass**oira** *ou* s'assi**éra** ; tu régl**eras** *ou* règleras.

354. il commen**ç**ait, vous commenciez ; je me récriais, vous vous récr**ii**ez ; tu abrégeais, nous abrégions ; nous par**ii**ons, ils pariaient ; elle avertissait, nous avertissions.

356. les joueurs patau**geaient** ; pourquoi dév**iiez**-vous ; son maillot rouge rétréci**ssait** ; il nous évin**çait** ; nous n'appré**ciions** pas ; vous vous réconcil**iiez** ; vous vous brouill**iez** ; elle s'adju**geait** ; le froid [...] ger**çait** ; nous nous rall**iions**.

357. il vit → voir ; je pourvus → pourvoir ; je sus → savoir ; il dut → devoir ; je fis → faire ; il plut → pleuvoir *et* plaire ; elle fut → être ; je cousis → coudre ; nous prévînmes → prévenir ; je mus → mouvoir ; je convins → convenir ; nous bûmes → boire ; vous crûtes → croire *et* croître ; je contins → contenir ; nous créâmes → créer ; nous dûmes → devoir ; elle se souvint → se souvenir ; il adjugea → adjuger ; on tint → tenir.

359. ma grand-mère m'influen**ça** ; nous cess**âmes** ; les participants rés**olurent** ; ils s'abst**inrent** ; [ils] poursui**virent** ; son ami surv**int** ; la 4[e]B él**ut** ; ses compétences préval**urent** ; nous conv**înmes** ; je m'agripp**ai**.

360. je déversai → déverser ; il advint → advenir ; il abdiqua → abdiquer ; tu omis → omettre ; ils détinrent → détenir ; nous corrompîmes → corrompre ; on requit → requérir ; je restreignis → restreindre ; ils moulurent → moudre ; ils proscrivirent → proscrire.

362. ▪ *N'ont pas de passé simple* : soustraire, éclore, paître, distraire, traire, quérir, braire, seoir, gésir, extraire.

▪ *Ont un passé simple* : résoudre *(il résolut)*, conclure *(il conclut)*, nier *(il nia)*, adjoindre *(il adjoignit)*, vêtir *(il vêtit)*, nuire *(il nuisit)*, fuir *(il fuit)*, s'astreindre *(il s'astreignit)*, lire *(il lut)*, démordre *(il démordit)*.

363. j'essay**ais** ; lorsque je trébuch**ai** ; elle reparti**t** ; la souris grignot**ait** ; quand le chat surv**int** ; [le chat] l'agripp**a** ; nous jou**ions** ; je m'effor**çais** ; quand mon frère f**it** irruption ; [mon frère] renvers**a**.

365. il pleuv**ait**; nous réuss**îmes**; nous nous y abrit**âmes**; les murs [...] exhal**aient**; Kevin s'ass**it**; Léana s'approch**a**; quelques bûches [...] sembl**aient**; elle craqu**a**; le feu pr**it**; nous p**ûmes**.

366. on était allé; vous vous êtes moqué(e)s; qu'ils soient descendus *ou* qu'ils aient descendu *(quelque chose)*; je serai parti(e); je me serais absenté(e); tu eus persévéré; qu'on se soit avancé; elles se sont méfiées; nous aurions pu; tu seras venu(e).

368. je me suis assis(e); on aurait parié; qu'ils eussent appris; elles eurent perdu; il avait envié; qu'ils se soient approchés; qu'on ait acheté; que je me fusse endormi(e); elle fut née; qu'elle se fût abstenue.

369. son fils lui prom**it**; ce qu'elle voyait la m**it**; il aurait **eu**; il ne se serait pas [...] réjou**i**; ils avaient [...] un**i**; elle ressent**it**; il **eut** beau; il ne pu**t** améliorer; il fin**it**; puis [il] s'endorm**it**.

371. ce chat fui**t**; ce produit noirci**t**; l'automobiliste s'aperçu**t**; ses craintes se furent évanou**ies**; ce livre ne m'appri**t** rien; il a [...] concour**u**; on n'eu**t** guère plus; son prix vari**e**; la pièce était obscurci**e**; il s'y habitu**e**.

372. une rue interd**ite**; une émission retransm**ise**; une signature contrefai**te**; une façade repein**te**; une histoire maud**ite**; une idée adm**ise**; une ordonnance prescr**ite**; une règle enfrein**te**; une place conqu**ise**; une pièce étein**te**.

374. il aurait [...] comm**is**; les acrobates ont sédu**it**; qu'ils aient inscr**it**; il a roug**i**; la voyante a préd**it**; nous [...] avons acqu**is**; ce contrat [...] avait garant**i**; on a rédu**it**; ce tricot a rétréc**i**; je lui avais [...] soum**is**.

375. évalue, évaluons, évaluez; offre, offrons, offrez; souris, sourions, souriez; méfie-toi, méfions-nous, méfiez-vous; crois, croyons, croyez; sache, sachons, sachez; cours, courons, courez; apprécie, apprécions, appréciez; reçois, recevons, recevez; appuie, appuyons, appuyez.

377. soyez lav**é(e,s)**; soyez habill**é(e,s)**; ayez rédig**é**; ayez achev**é**; soyez reven**u(e,s)**; ayez achet**é**; ayez rem**is**; ayez trouv**é**; ayez répond**u**; soyez mont**é(e,s)**.

378. avez-vous râp**é**; on l'a compliment**é**; il le mérit**ait**; il faut [...] export**er**; évalu**ez**-vous; la décision [...] all**ait**; l'enchant**er**; je vais vous demand**er**; les bisons affol**és**; ont failli piétin**er**.

380. être [...] sépar**ée**; on ne peut pas [...] jur**er**; je ne pens**ais** pas; défense d'entr**er**; terrain priv**é**; le conférencier a [...] retrac**é**; ne leur inflig**ez** pas; je n'ai pas devin**é**; ce qui pouvait vous tracass**er**; lui a-t-on restitu**é**.

382. qu'ils **aient**; tu **es** la meilleure; c'est moi qui **ai** tiré; ce produit **est** [...] utilisé; qu'il **ait** renié sa parole; qu'ils **aient** procédé; lui qui **est** là; qu'elle **ait** [...] ses livres; toi qui **es** désigné; ne l'**ai**-je pas oublié.

384. moi qui **ai** le vertige; qu'elle **ait** gagné; que tu **aies**; parce qu'il **est** [...] arrivé; que je n'**aie** pas la patience; toi qui **es**; qu'elle **ait** répondu; que tu **aies** d'excellentes notes; elle qui **est** douée; qu'on n'**ait** plus de café.

385. je simplifi**erais**, ils (*ou* elles) simplifi**eraient**; je ref**erais**, ils ref**eraient**; je m'endormi**rais**, ils s'endormi**raient**; je convi**e**rais, ils convi**e**raient; je reve**rr**ais, ils reve**rr**aient; j'accou**rr**ais, ils accou**rr**aient; je salu**e**rais, ils salu**e**raient; j'enduirais, ils enduiraient; j'enlèverais, ils enlèveraient; je recueill**e**rais, ils recueill**e**raient.

387. comment constitu**eriez**-vous; se confi**erait**-elle; ils cou**rraient** plus vite; [ils] amélior**eraient**; ils se mari**eraient**; le chien lèch**erait** *ou* lècherait; tu sèm**erais**; on s'y habitu**erait**; je publi**erais**; je démenti**rais**.

388. J'étais sûr que tout **irait** mieux. ■ Il disait que tu réussi**rais**. ■ Si j'obtenais un prêt, je cré**erais** une entreprise. ■ Je le fer**ais** si j'avais à le faire. ■ Je me promène**rais** s'il faisait beau.

390. je ne le rev**errai** jamais ; qu'ils se réconcili**eraient** ; je l'embelli**rai** ; je sollicite**rais** ; qu'il restreind**rait** ; que je ne la critique**rais** plus ; nous évacu**erons** ; que je n'en **serais** pas étonné ; j'**irai** volontiers ; **aurais**-je commis.

391. j'aurais reproduit ; tu aurais atteint ; il aurait souri ; elle aurait atterri ; nous aurions déménagé ; on aurait revu ; vous vous seriez promené(e,s) ; ils auraient persévéré ; tu aurais apprécié le film ; il aurait dirigé la réunion.

393. tu **aurais trouvé** ; qu'il **aurait fini** ; il **serait venu** ; un accident **aurait eu** lieu ; nous **aurions rentré** ; tout le monde t'**aurait aidé(e)** ; j'**aurais voulu** ; quand bien même vous m'**auriez** tout **dit** ; je savais [...] qu'il **aurait** tout **fait** ; on l'**aurait abonné(e)**.

394. il faut que j'obt**ienne**, que nous obten**ions** ; que je concour**e**, que nous concour**ions** ; que je m'endorm**e**, que nous nous endorm**ions** ; que j'acqu**ière**, que nous acquér**ions** ; que j'étudi**e**, que nous étudi**ions** ; que je rejoi**gne**, que nous rejoign**ions** ; que je recueill**e**, que nous recueill**ions** ; que j'averti**sse**, que nous avertiss**ions** ; que je revoi**e**, que nous revoy**ions** ; que je sa**che**, que nous sach**ions**.

396. que cela ne t'astr**eigne** ; que tu évalu**es** ; qu'elle **soit** consciente ; que Nicolas interv**ienne** ; qu'il adv**ienne** de lui ; que l'on débatt**e** ; que tu te soumett**es** ; que tu introdui**ses** ; qu'on ne prévoi**e** pas l'avenir ; que tu **aies** des ennuis.

397. que cela n'en **vaille** pas la peine ; que tu **restitues** cet objet ; que tu **souries** sur la photo ; qu'il **exclue** cette solution ; que nous **interrompions** la communication.

399. que tu ri**es** ; que nous te contrai**gnions** ; que nous éli**sions** ; que tu te souci**es** si peu ; que l'on constitu**e** un dossier ; qu'il recour**e** ; que vous cro**yiez** ; que vous résili**iez** ce contrat ; que tu t'assag**isses** ; que vous vous enfu**yiez**.

401. que je conclu**e** ; je conclu**s** mon exposé ▪ il veut que je cour**e** ; elle cour**t** plus vite ▪ notre société acqui**ert** ; il faut qu'on acqu**ière** ▪ lorsque vous étudi**ez** ; que vous étudi**iez** vos leçons ▪ sans que je le voi**e** ; je le voi**s** souvent.

403. que tu concour**es** ; que vous l'envoy**iez** ; que tu le croi**es** ; si vous prévoy**ez** ; qu'on l'exclu**e** ; où elle s'enfui**t** ; que vous vous reni**iez** ; pourquoi vous le défi**ez** ; pourquoi tu soustrai**s** ; que vous châti**iez**.

404. que tu ne **veuilles** pas ; que tu n'**aies** pas **voulu**. ▪ qu'il **parte** ; qu'il **soit parti**. ▪ que vous **reveniez** ; que nous **soyons revenu**(e)**s**. ▪ pour que tu **ries** ; bien que nous **ayons ri**. ▪ qu'il en **réfère** ; qu'il en **ait référé**.

406. que je n'**aie** rien trouv**é** ; que vous n'**ayez** pas téléphon**é** ; qu'elle **soit** mont**ée** ; que tu **aies** résol**u** ; que vous l'**ayez** raill**é(e)** ; que vos propos l'**aient** vex**é(e)** ; que tout cela **soit** prouv**é** ; que vous ne **soyez** pas encore ressort**i(e,s)** ; que tu **sois** exténu**é(e)** ; que nous **ayons** commi**s**.

407. possible qu'ils **aient suivi** ; sûr qu'ils **ont suivi** ▪ pourquoi il **a aimé** ; je doute qu'il l'**ait aimé**(e) ▪ il se plaint que nous l'**ayons attaqué** ; il affirme que nous l'**avons attaqué** ▪ dès que vous **êtes sorti**(e,s) ; avant que vous ne **soyez sorti**(**e**,**s**) ▪ je regrette qu'il **se soit départi** ; il ne **s'est** pas **départi**.

409. bien qu'il **ait** fall**u** ; **j'ai** fin**i** ; que vous y **soyez** retourn**é** ; que vous l'**ayez** rencontr**ée** ; que vous **ayez** agenc**é** ; quoique tu **aies** sem**é** ; rien qui ne **soit** vérifi**é** ; sûr que vous l'**avez** défin**i** ; il faut que nous **ayons** pri**s** ; je ne crois pas qu'il **ait** abdiqu**é**.

410. *Il fallait...* que j'écriv**isse** ; que tu re**çusses** ; qu'il dorm**ît** ; qu'on travaill**ât** ; que nous man**geassions** ; que vous autoris**assiez** ; que j'interv**insse** ; qu'ils l**ussent** ; qu'elle s**ût** ; qu'elles voul**ussent**.

411. *Il fallait...* qu'il all**ât**, que nous allassions ; qu'il part**ît**, que nous partissions ; qu'il joign**ît**, que nous joignissions ; qu'il appel**ât**, que nous appelassions ;

qu'il sort**ît**, que nous sortissions ; qu'il port**ât**, que nous portassions ; qu'il réun**ît**, que nous réunissions ; qu'il cont**înt**, que nous continssions ; qu'il pes**ât**, que nous pesassions ; qu'il cour**ût**, que nous courussions.

413. qu'il me prév**înt** ; que Jules **fût** bavard ; qu'il chant**ât** ; qu'on **fît** si peu de cas ; jusqu'à ce qu'il aper**çût** ; qu'on d**ît** la vérité ; je craignais qu'elle ne pr**ît** ; je voulais qu'il écriv**ît** ; la seule chose qui dépend**ît** ; que rien ne leur manqu**ât**.

415. que vouliez-vous qu'il f**ît** ; qu'il combatt**ît** ▪ peu importait que cette toile **eût** ; qu'elle p**ût** ; de peur qu'on la lui vol**ât**.

417. le policier la contr**aignit** ; qu'on le contr**aignît** ▪ il rés**olut** [...] le problème ; qu'on rés**olût** les difficultés ▪ Verlaine naqu**it** ; que son fils naqu**ît** ▪ il **dut** s'agripper ; si solide que **dût** être la corde ▪ il cré**a** une entreprise ; afin qu'il cré**ât**.

419. que je **fusse** entré**(e)** ; que tu **eusses été** ici ; qu'il **fût** part**i** ; que nous **eussions** pay**é** ; que vous **eussiez** dit ; qu'on **eût** cr**u** ; qu'ils **se fussent** cach**és** ; qu'elle **eût** contribu**é** ; que j'**eusse** fait ; qu'elles **eussent** cueill**i**.

421. qu'il m'**eût** parl**é** ; bien que mon réveil n'**eût** pas [...] sonn**é** ; qu'ils se **fussent** endorm**is** ; avant que son message ne m'**eût** attein**t** ; bien que nous nous **fussions** ass**is** ; que l'animal ne se **fût** attach**é** ; avant qu'il **eût** décid**é** ; qu'ils **eussent** oubli**é** ; qu'il n'**eût** pas travaill**é** ; quoique la pluie **eût** cess**é**.

422. après qu'il **eut** protest**é** ; non sans qu'il **eût** protest**é** ▪ bien qu'il **eût** reç**u** ; après qu'il **eut** reç**u** ; avant même qu'il **eût** reç**u**.

424. quand bien même il en **eût** essay**é** cent ; après qu'elle en **eut** essay**é** dix ; avant qu'il n'**eût** essay**é** le deuxième ; quand elle **eut** essay**é** la troisième ; bien qu'elle en **eût** déjà essay**é** dix.

425. que l'affaire **eût été** si facile ; bien que l'affaire **eût été** facile ; tout cela **avait été** facile ▪ un différend qu'il **eût été** [...] facile ; ce différend **avait été** difficile.

427. j'eus peur qu'on m'**eût** oubli**é** ; qu'on **fût** à table ; et j'all**ai** rapidement vers le salon ; [...] je trouv**ai** ; un domestique qui attend**ait** [...] ; du même respect qu'il **eût** m**is*** [...] ; qu'il m'**eût** attend**u*** [...] ; et je pens**ai** [...] ; surtout que j'av**ais** prom**is** [...] ; le ministre espagnol [...] me condu**isit** [...].
(* Plus-que-parfait du subjonctif à valeur de conditionnel : les réponses *aurait mis* et *aurait attendu* peuvent être acceptées.)

Révisions

***Barème** : toute réponse entre deux crochets rouges vaut un point si elle est entièrement juste. Total : 20 pts par fiche.*
Fiches non corrigées dans le livre : le barème est indiqué pour chaque question.

Fiche 1, page 202

1. ❶ [viser → ajuster ; répliquer → riposter ; projectile → mitraille] ■ [sacoche de cartouches → giberne ; rebelles → insurgés ; vaciller → chanceler]
❷ [anxiété → anxieux ; pied → pédestre] ■ [enfant → enfantin ; homme → humain]
❸ [juste → ajuster ; insurrection → insurgé(s)] ■ [barrique → barricade ; nation → (gardes) nationaux.]

2. ❶ [**suivaient** → verbe qui s'accorde avec son sujet, *les insurgés*, masculin pluriel.] ■ [**haletants** → adjectif, s'accorde avec *les insurgés*, masculin pluriel] ■ [**ajustée** → participe passé employé comme adjectif, s'accorde avec *une balle*, fém. sing.] ❷ [se coucher, se redresser, s'effacer] ■ [se sauver, s'affaisser] ❸ 13 verbes : [rire, se coucher, se redresser, s'effacer, bondir, disparaître, reparaître, se sauver, revenir, riposter, piller, vider, remplir.] ■ Ils sont [tous à l'imparfait de l'indicatif.] ■ Ce temps marque des [actions passées qui se répètent, sans idée de limite.] ❹ [le passé simple] ■ [temps du passé pour des faits réels brefs] *(dont en connaît au moins une limite dans le temps, ici la durée).*

3. ❶ [Il se coucha, puis se redressa, s'effaça dans un coin de porte, puis bondit, disparut, reparut, se sauva] ■ [revint, riposta à la mitraille par des pieds de nez, et cependant pilla les cartouches, vida les gibernes et remplit son panier.] ❷ [Le passé simple marque des actions passées comme l'imparfait, mais limitées dans le temps (brèves).] ■ [Au contraire, l'imparfait marque des actions qui durent, ce qui donne l'impression que Gavroche ne peut pas être stoppé. La fin au passé simple n'en apparaît que plus brutale et tragique.]

Fiche 2, page 203

4. ❶ 2 pts. ❷ 1 pt. ❸ 2 pts. ❹ 3 pts. ■ **5.** ❶ 4 pts. ❷ 1 pt. ❸ 2 pts. ❹ 2 pts. ■ **6.** 3 pts.

Fiche 3, page 204

7. ❶ [étonnement → nom commun, construit à partir d'un verbe (**étonner**)] ■ [seulement *et* parfaitement → adverbes, construits à partir d'un adjectif féminin (**seule**, **parfaite** + suffixe -ment).] ❷ [petits objets décoratifs → **bibelots** ; entassement → **fouillis**] ■ [autrefois → **jadis** ; sans valeur → **insignifiants**.] ❸ [témoignage *et* témoin ; main *et* manier ; farfouiller *et* fouillis] ■ [grain *et* grenier ; signe *et* insignifiant.]

8. ❶ [saisi**e** : s'accorde avec **elle** (fém. sing.) ; brisé**s** : s'accorde avec **les uns** (masc. plur.)] ■ [sali**s** : s'accorde avec **les** autre**s** (= des objets, masc. plur.)] ■ [**des** rien**s** (rien est employé comme un nom, au sens de *objets*, et prend donc le **s** du pluriel) ; premier**s** : s'accorde avec le nom *temps* qui est au pluriel, cf. le **x** de au**x**.] ❷ [Indicatif plus-que-parfait (forme passive).] ❸ [elle y eût songé → participe passé invariable, intransitif *(n'a jamais de COD)*] ■ [elle avait maniés → part. passé masc. plur., s'accorde avec *qu'* = *des riens*, placé avant le verbe] ■ [qui avaient traîné → participe passé invariable, n'a pas de COD (intransitif dans cette phrase)] ■ [elle avait vus → participe passé masc. plur., s'accorde avec *qu'* = *ces vieux petits objets insignifiants*, placé avant le verbe.] ❹ [elle y eût songé : subjonctif plus-que-parfait.]

9. ❶ [Jeanne mont**e**, elle demeur**e**, c'**est** un fouillis, ils ne plais**ent** plus, ils **ont** été remplacés, elle aper**çoit**, [sans qu']elle y **ait** songé] ■ [elle **a** maniés, [ces vieux petits objets insignifiants] qui **ont** traîné, qu'elle **a** vus, elle se rappe**lle**, [ces vieux petits objets insignifiants] pre**nnent**.] ❷ [Jeanne et Paul mont**èrent** [...]. **Ils** demeur**èrent** saisi**s** d'étonnement [...] **Ils** apercevai**ent** mille bibelots [...] disparus tout à coup] ■ [sans qu'**ils** y **eussent** songé, des riens qu'**ils** avai**ent** maniés, ces vieux petits objets insignifiants qui avaient traîné quinze ans à côté d'**eux**.] ■ [qu'**ils** avait vus chaque jour [...] d'autres plus anciens dont **ils** se rappelai**ent** parfaitement les places aux premiers temps de **leur** arrivée [...]]

Fiche 4, page 205

10. ❶ 2 pts. ❷ 3 pts. ❸ 3 pts. ❹ 2 pts. ■ **11.** ❶ 3 pts. ❷ 2 pts. ❸ 1 pt. ■ **12.** 4 pts.

Fiche 5, page 206

13. ❶ [prétendre → prétendant(s); ordre → ordonna (ordonner); sûr → assuré] ■ [huisserie → huissier; bras → embrassa; conduire → introduire.] ❷ [pes**amm**ent : adjectif qualificatif **pesant**.] ❸ [tentation, honnête, candidat, côté] ■ [trésorier, agilité, passage.]

14. ❶ [Le fripon a eu le **temps** de **t'en** voler **tant** que sa poche se **tend** à s'en déchirer.] ❷ [**Passé simple** : un huissier vint; Sa Majesté ordonna; on (ne) dansa; le roi embrassa; (le roi le) déclara] ■ [tous les autres furent punis *(forme passive)*.] ■ [**Imparfait** : on (le) laissait; ils avaient; disait [...] Zadig *(2 fois)*; Un seul [...] formait; il pouvait.] ■ [**Plus-que-parfait** : le roi avait étalé; il avait été; (il) avait rempli.] ■ [**Passé antérieur** : tous les prétendants furent arrivés.] ❸ [**fît** → faire; subjonctif imparfait.] ■ [Sa Majesté ordonne qu'on les **fasse** danser.] ❹ [**tous** ses trésors, **tous** les prétendants → masculin pluriel, font partie du groupe nominal, s'accordent avec le nom; **tous** les autres → masculin pluriel, fait partie du groupe nominal, s'accorde avec *autres*] *(pronom employé comme un nom = les fripons).* ■ [ils avaient **tous** la tête baissée → pronom masculin pluriel, s'accorde avec ce qu'il représente *(ils = les prétendants)*;] ■ [disait **tout** bas → adverbe *(= très)*, invariable.]

15. [**elles** avaient **toutes** la tête baissée, les reins courbés [...]. «**Quelles friponnes**!» disait tout bas Zadig.] ■ [**Une seule** d'entre **elles** formait des pas avec agilité [...]. «Ah! l'honnête **femme**! **la** brave **femme**!» disait Zadig.] ■ [Le roi embrassa **cette bonne danseuse**, **la** déclara **trésorière**] ■ [et **toutes** les autres furent **punies**.]

Fiche 6, page 207

16. ❶ 2 pts. ❷ 4 pts. ❸ 2 pts. ❹ 1 pt. ■ **17.** ❶ 3 pts. ❷ 1 pt. ❸ 1 pt. ■ **18.** ❶ 3 pts. ❷ 3 pts.

Fiche 7, page 208

19. ❶ [maladroite, embarrassée] ■ [manquant de naturel, gauche.] ❷ [laine ou coton → lait ou citron] ■ [abhorrer → adorer; guérison → guéridon] ■ [guidée → guindée; aspirée → inspirée; impossibilité → impassibilité.] ❸ [gaucherie, demander, sourire, noblement, rondelle] ■ [renverser, jeunesse, enflammées, acceptation, agenouillé.]

20. ❶ [pour **la** faire durer → **la** = sa gaucherie] ■ [elle osa **le** regarder → **le** = il (l'homme qui est en face d'elle)] ■ [il **les** prit → **les** = les mains.] ❷ [l'imparfait et le passé simple] ■ [**imparfait** : temps utilisé ici pour décrire des faits du passé qui durent] *(dont les limites ne sont pas données ou pas connues)* ■ [**passé simple** : temps utilisé pour des faits du passé qui sont brefs] *(dont on connaît la durée parce qu'elle est brève).* ❸ [tremblant**es** : s'accorde avec *lèvres*, féminin pluriel ; enflammé**es** : s'accorde avec *joues*, féminin pluriel] ■ [inspiré**e** : s'accorde avec *elle*, féminin singulier ; agenouillé**s** (2 fois) : s'accorde avec le pronom *ils (= les jeunes gens)*, masculin pluriel] ■ [éclatant**es** : s'accorde avec *dents*, féminin pluriel ; ridicule**s** : s'accorde avec le pronom *ils (= les jeunes gens)*, masculin pluriel ; fier**s** et beau**x** : s'accordent avec le pronom *ils (= les jeunes gens)*, masculin pluriel.] *[Remarque : les adjectifs* tremblant**es**, enflammé**es** *et* éclatant**es** *sont des épithètes ; les adjectifs* ridicule**s**, fier**s** *et* beau**x** *sont des attributs du sujet ;* inspiré**e** et agenouillé**s** *sont des participes passés employés sans auxiliaire.]*

21. [Lèvres tremblantes, **je** lui propos**ai** une tasse de thé. Il accepta [...]] ■ [les joues enflammées, **je** vers**ai** du thé sur le guéridon, [...] demand**ai** pardon,] ■ [tend**is** ensuite d'une main [...]. Laine ou coton ? demand**ai-je.**] ■ [Il eut un rire et **j'**os**ai** le regarder.]

Fiche 8, page 209

22. ❶ 2 pts. ❷ 1 pt. ❸ 2 pts. ■ **23.** ❶ 1 pt. ❷ 5 pts. ❸ 3 pts. ❹ 2 pts. ■ **24.** 4 pts

Fiche 9, page 210

25. ❶ [intéresser → intérêt ; étudier → étudiant] ■ [expérimenter → expérience(s) ; profiter → profit ; disposer → disposition.] ❷ [nettement, hebdomadairement, nécessairement] ■ [Correspondent aux adjectifs : net (*ou* nette), hebdomadaire, nécessaire.] ❸ [cependant → toutefois ; inévitablement → nécessairement] ■ [plutôt → peut-être ; immédiatement → aussitôt ; exploser → éclater.] ❹ [oxy**gène** → hydro**gène** ; bien**tôt** → aussi**tôt** ; astér**oïde** → métall**oïde**] ■ [par**fois** → toute**fois** ; aigr**elette** → rond**elette** ; nervos**ité** → activ**ité** ; désor**mais** → ja**mais**].

26. ❶ [tenir → une partie de l'intérêt (que je prenais à cette lecture)] ■ [courir → les murs, le plancher et moi-même *(sujet inversé)*] ■ [éclater → le récipient (dans lequel je fabriquais de l'hydrogène)] ❷ [**Indicatif imparfait** : avais, prenais, tenait, proposais, couraient, valait, devait, allais, fabriquais ; temps utilisé ici pour décrire des faits du passé qui durent *(dont les limites ne sont pas données ou pas connues)*] ■ [**Indicatif passé simple** : plongea, fis, mit, arriva, éclata ; temps utilisé pour des faits du passé qui sont brefs, donc limités dans le temps] ■ [**Subjonctif imparfait** : rendît, consentît ; mode utilisé pour des actions envisagées par l'esprit à un moment du passé (hypothèses).] ❸ [ait laissé → laisser, subjonctif passé ; rendît → rendre, subjonctif imparfait ; consentît → consentir, subjonctif imparfait.] ❹ [L'imparfait *fabriquais* sert à la description de ce que fait l'auteur et qui dure] ■ [le passé simple *arriva* marque un moment précis du passé et le passé simple *éclata* une action brève.]

27. [J'admire encore que **mes parents** m'ai**ent** laissé faire] ■ [soit qu'**ils** ne se rend**issent** pas nettement compte des risques [...] estimant qu'il valait la peine de les courir s'il devait [...]] ■ [**ils** mi**rent** à ma disposition, hebdomadairement, une somme assez rondelette].

Fiche 10, page 211

28. ❶ 2 pts. ❷ 2 pts. ❸ 2 pts. ❹ 2 pts. ■ **29.** ❶ 2 pts. ❷ 2 pts. ❸ 4 pts. ■ **30.** 4 pts.

Références des extraits.

Page 141 : Marcel Proust, *Le Côté de Guermantes,* © Éditions Gallimard.
Page 145 : Marcel Proust, *Le Côté de Guermantes,* © Éditions Gallimard.
Page 202 : Victor Hugo, *Les Misérables.*
Page 203 : François-René de Chateaubriand, *Mémoires d'outre-tombe.*
Page 204 : Guy de Maupassant, *Une vie.*
Page 205 : Stendhal, *Le Rouge et le Noir.*
Page 206 : Voltaire, *Zadig ou la Destinée.*
Page 207 : Jules Renard, *L'Écornifleur*
Page 208 : Albert Cohen, *Belle du Seigneur,* © Éditions Gallimard.
Page 209 : Jean-Paul Sartre, *Les Mots,* © Éditions Gallimard.
Page 210 : André Gide, *Si le grain ne meurt,* © Éditions Gallimard.
Page 211 : Antoine de Saint-Exupéry, *Citadelle,* © Éditions Gallimard.

Dictées pages 214 à 219.

1. Charles Baudelaire, *Le Spleen de Paris.*
2. Guy de Maupassant, *Le Horla.*
3. Gustave Flaubert, *Madame Bovary.*
4. Victor Hugo, *Les Misérables.*
5. Paul Morand, *L'Homme pressé,* © Éditions Gallimard.
6. Michel Tournier, *Vendredi ou la Vie sauvage,* © Éditions Gallimard.
7. Muriel Barbery, *L'Élégance du hérisson,* © Éditions Gallimard.
8. Bernard Pivot, © Revue *Lire* n° 132, septembre 1986.
9. George Sand, *Histoire de ma vie.*
10. Romain Rolland, *Jean-Christophe,* © Éditions Albin Michel.
11. La Bruyère, *Les caractères.*
12. Marguerite Duras, *L'Amant,* © Éditions de Minuit, 1984.
13. Fatema Mernissi, *Le Harem et l'Occident,* © Éditions Albin Michel.
14. Paul-Émile Victor, *L'Homme à la conquête des pôles,* © Éditions Plon.
15. Alain-Fournier, *Le Grand Meaulnes,* © Librairie Arthème Fayard.
16. Alfred de Musset, *La Mouche.*
17. Jean-Marie Gustave Le Clézio, *Désert,* © Éditions Gallimard.
18. Henri Troyat, *La Grive,* © Éditions Plon.
19. Alexandre Dumas, *Le Comte de Monte-Cristo.*
20. Julien Green, *Partir avant le jour,* © Éditions Grasset.

ÉVOLUTION DE L'ORTHOGRAPHE

Des modifications orthographiques ont été proposées par le Conseil supérieur de la langue française en 1990. Ces propositions de rectifications sont modérées. Elles ne concernent pas les règles fondamentales de l'orthographe française.
Le résumé qui suit montre qu'elles portent sur le trait d'union, les mots composés, les accents, l'accord d'un participe passé et diverses anomalies.
L'évolution de l'orthographe est lente et certaines propositions peuvent heurter le sens de la langue, tel, par exemple, le **s** ajouté au mot *neige* dans *des perce-neiges.* Elles ne sont pas encore passées dans les habitudes d'écriture. Seul l'usage peut témoigner d'une évolution.

1. Le trait d'union

- Il disparaît de certains mots composés qui sont alors soudés (cf. § 8).
- On lie par des traits d'union les numéraux formant un nombre complexe, qu'il soit inférieur ou supérieur à cent.

Ex. : *deux cent soixante et onze* → *deux-cent-soixante-et-onze.*

2. Le pluriel des noms composés

- Les noms composés d'un verbe et d'un nom ou d'une préposition et d'un nom suivent la règle des mots simples et prennent la marque du pluriel seulement quand ils sont au pluriel, cette marque étant portée sur le second élément.

Ex. : *un pèse-lettre* → *des pèse-lettres* | *un perce-neige* → *des perce-neiges*
un abat-jour → *des abat-jours* | *un après-midi* → *des après-midis*
un sans-abri → *des sans-abris*
un garde-meuble → *des garde-meubles (qu'il s'agisse d'homme ou de lieu).*

- Quand l'élément nominal prend une majuscule ou quand il est précédé d'un article singulier, il ne prend pas de marque du pluriel.

Ex. : *un prie-Dieu* → *des prie-Dieu ; un trompe-l'œil* → *des trompe-l'œil.*

3. L'accent grave

- On accentue sur le modèle de *semer (je sèmerai)* les verbes du type *céder* au futur et au conditionnel.

Ex. : *je céderai, je céderais* → *je cèderai, je cèderais.*

- Dans les inversions interrogatives, la première personne du singulier en **e** suivie du pronom sujet *je* porte un accent grave.

Ex. : *puissé-je* → *puissè-je ; aimé-je* → *aimè-je.*

4. L'accent circonflexe

Il n'est plus obligatoire sur les lettres **i** et **u**.
Ex. : *voûte* → *voute ; abîme* → *abime ; piqûre* → *piqure ; assidûment* → *assidument ;*
il plaît → *il plait.*

– sauf dans les terminaisons verbales (les 1re et 2e personnes du pluriel du passé simple ; la 3e personne du singulier de l'imparfait et du plus-que-parfait du subjonctif) ;

– sauf dans quelques mots où il apporte une distinction de sens utile (*dû, jeûne, mûr, sûr,* verbe *croître,* mais les dérivés et composés de ces mots perdent l'accent circonflexe) ;

– sauf dans les noms propres, où il demeure.

5. Les verbes en -eler et -eter

On double la consonne seulement pour *appeler (rappeler)* et *jeter* (ainsi que les verbes de la famille de *jeter*).
Les autres verbes se conjuguent sur le modèle de *peler* et d'*acheter*.
Ex. : *elle ruisselle* → *elle ruissèle; j'étiquetterai* → *j'étiquèterai;*
on amoncelle → *on amoncèle.*
Les noms en *-ement* dérivés de ces verbes suivent la même orthographe.
Ex. : *ruissellement* → *ruissèlement, dénivellement* → *dénivèlement,*
amoncellement → *amoncèlement.*

6. Le participe passé

Le participe passé de *laisser* suivi d'un infinitif est rendu invariable (comme celui de *faire* suivi d'un infinitif). Ex. : *Elle s'est laissé mourir. Je les ai laissé partir.*

7. Les mots empruntés

- Pour l'accentuation et le pluriel, ils suivent les règles des mots français.

Ex. : *un imprésario* → *des imprésarios; un ravioli* → *des raviolis;*
un scénario → *des scénarios; un média* → *des médias.*

- Le pluriel des mots composés étrangers est simplifié par la soudure.

Ex. : *des bluejeans, des weekends, des hotdogs.*

8. Graphies particulières fixées ou modifiées

Il s'agit de mots dont la graphie est irrégulière ou variable; on la rectifie, ou bien on retient la variante qui permet de créer les plus larges régularités.

- **Noms composés.** On écrit soudés certains noms composés sur la base d'un élément verbal généralement suivi d'une forme nominale ou de *tout*, ainsi que certains noms composés d'éléments nominaux et adjectivaux.

Ex. : *portemonnaie, piquenique, croquemonsieur, faitout, porteclé, tirebouchon*...
(34 mots concernés); *autostop, bassecour, chauvesouris, hautparleur, millefeuille, millepatte, sagefemme, téléfilm*... (33 mots concernés).

- **Onomatopées.** Quinze onomatopées et mots expressifs sont écrits soudés.

Ex. : *pingpong, mélimélo, pêlemêle, tamtam, tsétsé.*

- **Tréma.** Il n'est plus placé sur une voyelle qui ne se prononce pas. Dans ce cas, on le place sur la voyelle qui doit être prononcée. On écrit ainsi *aigüe* (au lieu de *aiguë*), *contigüité* (au lieu de *contiguïté*). Cet usage du tréma s'applique également aux mots où une suite *-gu-* ou *-geu-* conduit à des prononciations défectueuses.

Ex. : *il argue* → *il argüe; une gageure* → *une gageüre.*

- **Accents :**

– on ajoute un accent à quinze mots où il avait été omis, ou dont la prononciation a changé.
Ex. : *refréner* → *réfréner; besicles* → *bésicles.*

– l'accent est modifié sur vingt-quatre mots qui se conforment ainsi à la règle générale d'accentuation.
Ex. : *céleri* → *cèleri; événement* → *évènement; crémerie* → *crèmerie;*
sécheresse → *sècheresse; réglementaire* → *règlementaire.*

- **Mots composés empruntés.** Vingt-sept mots d'origine latine ou étrangère sont écrits soudés.

Ex. : *ex libris* → *exlibris; a priori* → *apriori; statu quo* → *statuquo;*
cow boy → *cowboy; moto cross* → *motocross; hara-kiri* → *harakiri.*

- **Accentuation des mots empruntés.** On ajoute des accents à cinquante et un mots empruntés à la langue latine ou à d'autres langues.
Ex. : *referendum → référendum ; memento → mémento ; veto → véto ;*
diesel → diésel ; pedigree → pédigrée ; revolver → révolver.

- **Anomalies :**

– rectifications proposées par l'Académie en 1975, reprises et complétées par d'autres du même type (40 mots concernés).
Ex. : *asseoir → assoir ; chariot → charriot ; eczéma → exéma ; oignon → ognon ;*
relais → relai ; vantail → ventail.

– on écrit en *-iller* cinq noms où le **i** qui suit la consonne ne s'entend pas.
Ex. : *serpillière → serpillère ; joaillier → joailler.*

– on écrit avec un seul **l** treize mots en *-olle.*
Ex. : *corolle → corole ; girolle → girole.*
Folle, molle, colle (et les composés de *colle*) ne changent pas.

– le *e muet* n'est pas suivi d'une consonne double.
Ex. : *interpeller → interpeler ; dentellière → dentelière.*

Règles d'ORTH 4e-3e concernées par ces propositions

R7
Les nombres.
Tous les numéraux formant un nombre complexe peuvent être reliés par un trait d'union. Ex. : *cinq-cent-vingt-et-un.*

R47
L'accord des noms composés.
Les noms composés peuvent être accordés de façon plus mécanique, sans avoir recours au sens de leurs composants. Ils prennent ainsi la marque du pluriel sur le second élément, seulement quand ils sont au pluriel.
Ex. : *un chou-fleur → des chou-fleurs ;*
un petit neveu → des petit-neveux ;
un chasse-neige → des chasse-neiges.

R55
Les difficultés du présent de l'indicatif.

- **Les verbes en -eler, -eter.**

La consonne est doublée seulement pour *appeler (rappeler)* et *jeter* (ainsi que pour les verbes de sa famille). On peut conjuguer comme *acheter* et *geler* tous les autres verbes.
Ex. : *j'amoncèle, j'épèle, je cachète, je feuillète.*

- **Le verbe asseoir.**

On peut écrire l'infinitif de ce verbe sans le **e** : *assoir.*

R78 à R126
Orthographe lexicale.

Une dizaine de mots sont suivis d'un astérisque : ce sont ceux pour lesquels l'accent circonflexe peut être remplacé par un point sur **i**, et peut être supprimé sur **u**.

Remarque
L'Académie française a précisé : *L'orthographe actuelle reste d'usage, et les « recommandations » du Conseil supérieur de la langue française ne portent que sur des mots qui pourront être écrits de manière différente sans constituer des incorrections ni être considérés comme des fautes.*

ALPHABET PHONÉTIQUE INTERNATIONAL

Voyelles

phonèmes (sons)	graphies fréquentes (écritures possibles)	exemples	écriture phonétique
/a/	a à	barbe	/baʀb/
/ɑ/	a	bas	/bɑ/
/e/	é	école	/ekɔl/
/ɛ/	e (+ consonne) è ai ei	avec mère maison neige	/avɛk/ /mɛʀ/ /mɛzɔ̃/ /nɛʒ/
/ə/	e	vendredi	/vɑ̃dʀədi/
/i/	i (+ consonne)	livre	/livʀ/
/j/	i (+ voyelle) ill y	lion fille payer	/ljɔ̃/ /fij/ /peje/
/y/	u	rue	/ʀy/
/ɥ/	u (+ voyelle)	cuisine	/kɥizin/
/u/	ou	rouge	/ʀuʒ/
/w/ →/wɑ/ →/wa/	oi	soir	/swaʀ/
→/wɛ̃/	oin	coin	/kwɛ̃/
/o/	o au eau	rose autour marteau	/ʀoz/ /otuʀ/ /maʀto/
/ɔ/	o	porte	/pɔʀt/
/ø/	eu	deux	/dø/
/œ/	eu	bonheur	/bɔnœʀ/
/ɑ̃/	an en	maman vendredi	/mamɑ̃/ /vɑ̃dʀədi/
/ɔ̃/	on	maison	/mɛzɔ̃/
/ɛ̃/	in (i)en ain ein	jardin chien main plein	/ʒaʀdɛ̃/ /ʃjɛ̃/ /mɛ̃/ /plɛ̃/
/œ̃/	un	lundi	/lœ̃di/

Consonnes

phonèmes (sons)	graphies fréquentes (écritures possibles)	exemples	écriture phonétique
/p/	p	pain	/pɛ̃/
/b/	b	bébé	/bebe/
/t/	t	terre	/tɛʀ/
/d/	d	dimanche	/dimɑ̃ʃ/
/k/	c qu	carte quartier	/kaʀt/ /kaʀtje/
/g/	g gu	gare vague	/gaʀ/ /vag/
/f/	f ph	femme pharmacie	/fam/ /faʀmasi/
/v/	v	ville	/vil/
/s/	s ss c ç t(+ i)	sucre classe place garçon action	/sykʀ/ /klas/ /plas/ /gaʀsɔ̃/ /aksjɔ̃/
/z/	s z	raison bazar	/ʀɛzɔ̃/ /bazaʀ/
/ʃ/	ch	cheval	/ʃəval/
/ʒ/	j ge g	jeu plage girafe	/ʒø/ /plaʒ/ /ʒiʀaf/
/l/	l	libre	/libʀ/
/ʀ/	r	radio	/ʀadjo/
/m/	m	matin	/matɛ̃/
/n/	n	nageur	/naʒœʀ/
/ɲ/	gn	ligne	/liɲ/

INDEX DES RÈGLES

A

à (préposition) 21
a (verbe **avoir**) 21, 131
abréviations 58
accents
accents aigu, circonflexe, grave 20
accents dans les verbes 121, 122, 126
accords
accord des adjectifs qualificatifs 24, 88
accord des adjectifs de couleur 107
accord des adjectifs composés 106
accord des noms 24
accord des noms composés 104
accord du participe passé :
employé avec **avoir** 95, 96
employé avec **être** 94
employé sans auxiliaire 93
accord du verbe avec son sujet 89, 91
accord et nuances de sens 110
acheter : difficultés de conjugaison 121
acquérir : difficultés de conjugaison 121, 126
adjectifs de couleur 107
adjectifs numéraux 37
adjectif ou **adverbe** 108
adjectif ou **participe présent** 109
adjectifs qualificatifs 88
adverbes
ce qu'est un adverbe 20
la négation 20
adverbe ou adjectif 108
adverbes terminés par **-ment** 36
appeler : difficultés de conjugaison 121
asseoir : difficultés de conjugaison 121
auquel, **auxquels**, **auxquelles** 24
avoir (verbe ou auxiliaire)
ne pas le confondre avec **à** 21
ne pas le confondre avec le verbe **être** 131

C

ç (c cédille)
dans les mots 20
dans les verbes conjugués 121, 122, 126
ce 22, 68
céder : difficultés de conjugaison 121
ce qu'il, ce qui le, ceux qui le 80
c'est 67, 68
ci (-ci, ci-) 74

consonnes doubles 25, 28, 34, 36, 38
conditionnel passé 134
conditionnel présent 132, 133
conjugaison (les terminaisons)
conditionnel passé 134
conditionnel présent 132, 133
imparfait de l'indicatif 122, 125
impératif passé 129
impératif présent 129
futur de l'indicatif 121
futur ou conditionnel 133
passé composé de l'indicatif 126
passé composé de l'indicatif ou subjonctif passé 139
passé simple de l'indicatif 123, 124
passé simple de l'indicatif ou subjonctif imparfait 142
passé simple ou imparfait de l'indicatif 125
présent de l'indicatif 118, 119
présent de l'indicatif ou du subjonctif 137
subjonctif imparfait 140
subjonctif passé 138
subjonctif plus-que-parfait 143
subjonctif présent 135
temps composés de l'indicatif 126

D

démonstratifs 22, 67
doubles consonnes 25, 28, 34, 36, 38

E

e prononcé /a/ 36
é, **u**, **i**, **is**, **it** à la fin d'un participe passé 128
en (pronom, préposition) 72
et (conjonction de coordination) 22
est (verbe **être**) 22, 67, 131
être (ne pas le confondre avec le verbe **avoir**) 131

F

familles de mots 25, 38
féminin des adjectifs 24, 88
fin des verbes
en **-cer**, **-ger** 121, 126
en **-eler**, **-eter** 121
en **-quer**, **-guer** 121, 126
en **-yer** 121
futur antérieur 126
futur ou **conditionnel** 133
futur simple de l'indicatif 121

G

ge dans les verbes conjugués 121, 126
geler : difficultés de conjugaison 121
genre des noms 86
groupe nominal (ou groupe du nom) 20
gu dans les verbes conjugués 121, 126

H

histoire des mots 41, 45, 48, 49, 51, 52
homonymes 53

I

-i, **-is**, **-it** à la fin d'un participe passé 128
imparfait de l'indicatif 122
imparfait de l'indicatif ou **passé simple** 125
imparfait du subjonctif 140
imparfait du subjonctif ou **passé simple** 142
impératif passé, présent 129
indicatif ou **subjonctif** présent 137
infinitif ou **participe passé** 130
interjections 59

J

jeter : difficultés de conjugaison 121

L

l'a, **l'as**, **la**, **là**, **las** 69
lequel, laquelle, lesquels, lesquelles 24
lettres euphoniques 117
lettres muettes 38
leur, **leurs** 23

M

mais 23
même, **mêmes** 79
-ment à la fin des adverbes 36
-ment à la fin des noms 35
mes, **met**, **mets**, **m'est** 23
mode indicatif ou **mode subjonctif** 144
mots avec **n** ou **nn** 34
mots de la **même famille** 25, 38
mots en **-ion** 34
mots empruntés au **latin** 48
mots empruntés à l'**anglais** 49
mots ayant une autre origine 51
mots venant d'un nom propre 52
mots qui se prononcent de la même façon 53
mots qui se ressemblent 55
muettes (lettres) 38

N

n ou **nn** dans les mots 34
négation 20, 66
nombres 37
noms composés 104
noms : genre du nom (difficultés) 86
nom, **groupe nominal** 20
noms homophones (même prononciation) 53
nom : le nombre (singulier ou pluriel) 24
nom : même prononciation qu'un verbe 24

noms propres (origine des mots) 52
noms terminés par **-eu**, **-ail**, **-au**, **-eau**, **-ou** 24
noms terminés par **-ment** 35

O

on (pronom) 66
onomatopées 59
ont (verbe **avoir**) 66
ou ou bien **où** 21
origine des mots
anglais 49
grec 45
latin 41, 48
origine autre 51
un nom propre 52

P

parce que, **par ce que** 81
paronymes (mots qui se ressemblent) 55
participe passé
difficultés de l'accord 101, 102
d'un verbe impersonnel 101
d'un verbe pronominal 97
du verbe **faire** 99
employé avec **être** 94, 95
employé avec **avoir** 95, 96
employé sans auxiliaire 93
suivi d'un infinitif 99
participe passé qui se termine par
-é, **-u**, **-i**, **-is** ou **-it** 128
ne pas le confondre avec l'infinitif 130
participe présent 109
passé antérieur 126
passé composé 126
passé du subjonctif 138
passé simple 123, 124
peu (adverbe) 22
peux, **peut** (verbe pouvoir) 22
pluriel des adjectifs 88
pluriel des noms 24
plus-que-parfait de l'indicatif 126
plus-que-parfait du subjonctif 143
plutôt, **plus tôt** 81
ponctuation 21
possessifs (son, ses, leur, mes) 22, 23, 67
préfixe 28
près, **prêt**, **pré** 22
présent
de l'impératif 129
de l'indicatif 118, 119
du conditionnel 132
du subjonctif 135
pronom (ce qu'est un pronom) 20

Q

qu dans les verbes 121, 126
quand, **qu'en**, **quant** 76
qu'elle(s), **quel(s)**, **quelle(s)** 23
quel(s) que, **quelle(s) que**, **quelque(s)** 77
quoique, **quoi que** 81

R

radical 25

S

s pour marquer le pluriel 24, 88
s'en, **sans**, **sens**, **sent**, **c'en** 73
s'est (verbe pronominal) 67, 68
sais, **sait** (verbe **savoir**) 67
se (verbe pronominal) 22, 68
ses 67
si, **s'y**, **sis** 74
sigles 58
son 22
sont (verbe **être**) 22
subjonctif imparfait 140
subjonctif ou **indicatif présent** 137
subjonctif passé 138
subjonctif plus-que-parfait 143
subjonctif présent 135, 137
suffixe 31
sujet (accord du verbe) 89, 91
surtout, **sur tout** 81

T

tant, **t'en**, **temps**, **tend(s)**, **taon** 75
temps composés de l'indicatif 126
temps simple ou **temps composé** 127
terminaisons de la conjugaison
  conditionnel présent 132, 133
  futur 121, 133
  imparfait de l'indicatif 122, 125
  impératif passé 129
  impératif présent 129
  passé composé 126
  passé simple 123, 125
  présent de l'indicatif 118, 119
  subjonctif imparfait 140
  subjonctif passé 138
  subjonctif plus-que-parfait 143
  subjonctif présent 135, 137
tiret entre verbe et pronom 117
tout, **tous**, **toute(s)** 70
trait d'union dans les nombres 37
tréma 20

V

vaincre : difficultés de conjugaison 121, 126
verbe
accord avec son sujet 89, 91
avec même prononciation qu'un nom 24
verbes pronominaux...68
verbes terminés par **-ais**, **-ait**, **-aient**, **-é**, **-er**, **-ez** 130
verbes terminés à l'infinitif
par **-cer**, **-ger** 121
par **-eler**, **-eter** 121
par **-quer**, **-guer** 121
par **-ître** 121, 126
par **-yer** 121

XY

x pour marquer le pluriel 24
y (pronom) 71

TABLE DES MATIÈRES

pages

Présentation 3
Conseils d'utilisation 4
Présentation d'une règle 5
Liste des règles 6

Tests d'orthographe 9

Règles d'orthographe 19

Rappel de règles 20
Orthographe d'usage 25
Exercices supplémentaires 60
Homophones grammaticaux 66
Exercices supplémentaires 82
Accords en genre et en nombre 86
Exercices supplémentaires 111
Formes verbales 117
Exercices supplémentaires 146
Orthographe lexicale 151

Révisions 201

Dictées 213

Corrigés 221
Évolution de l'orthographe et tolérances 241
Alphabet phonétique international 244
Index des règles 247

Achevé d'imprimer en Italie par Rotolito Lombarda
Dépôt légal n° 117321 - Mai 2009